臺灣歷史與文化 研究輯刊

十 五 編

第 9 冊

長老教會在後龍的開拓與經營(1872～1995)

彭美玲 著

花木蘭文化事業有限公司

國家圖書館出版品預行編目資料

長老教會在後龍的開拓與經營（1872～1995）／彭美玲 著 ─
初版 ─ 新北市：花木蘭文化事業有限公司，2019〔民 108〕
目 4+218 面；19×26 公分
（臺灣歷史與文化研究輯刊十五編；第 9 冊）
ISBN 978-986-485-611-4（精裝）
1. 台灣基督長老教會 2. 歷史
733.08   108000392

ISBN-978-986-485-611-4

9 789864 856114

臺灣歷史與文化研究輯刊
十五編　第 九 冊   ISBN：978-986-485-611-4

長老教會在後龍的開拓與經營（1872～1995）

作　　者　彭美玲
總 編 輯　杜潔祥
副總編輯　楊嘉樂
編　　輯　許郁翎、王筑　美術編輯　陳逸婷
出　　版　花木蘭文化事業有限公司
發 行 人　高小娟
聯絡地址　235 新北市中和區中安街七二號十三樓
　　　　　電話：02-2923-1455／傳真：02-2923-1452
網　　址　http://www.huamulan.tw 信箱 hml810518@gmail.com
印　　刷　普羅文化出版廣告事業
初　　版　2019 年 3 月
全書字數　182567 字
定　　價　十五編 25 冊（精裝）台幣 60,000 元

長老教會在後龍的開拓與經營（1872～1995）

彭美玲　著

作者簡介

　　彭美玲，1971 年出生於台北，成長於苗栗縣後龍鎮。

　　1993 年自台北市立師範學院初教系畢業。迄今都在國民小學任教。目前任職苗栗縣中和國民小學總務主任。熱愛自然、數學、哲學、藝術和運動。喜歡挑戰自己有效能完成任務、以靈活的創意激發學習的樂趣。

　　2001 年加入苗栗縣後龍長老教會，曾任後龍長老教會執事、長老，參與教會福音及慈惠工作。深入體驗此地的信仰生活，而觸發對教會歷史的好奇心，終於 2017 年完成本文，於中原大學宗教研究所畢業。

提　　要

　　後龍鎮屬苗栗縣最早開發的地區之一，各種民間信仰自清朝時期起就十分活絡。此地基督信仰偏屬少數，最先於此地耕耘的是源自長老教會馬偕牧師。

　　北部台灣基督長老教會馬偕牧師於 1873 年 4 月 6 日在苗栗縣後壠地區設立新港社教會，1879 年 10 月 1 日設立後壠禮拜堂。新港教會延續發展 41 年，就在馬偕牧師過世 13 年後完全消失；但後龍教會雖曾經浮沉於歷史中，如今仍然持續運作發展。

　　本研究主要以北部台灣基督長老教會馬偕牧師在後龍鎮所開拓的教會：新港社教會和後龍教會的歷史發展爲研究對象。屬地域性的歷史探究，聚焦在個別教會歷史的梳理考證。時間斷限從西元 1872 年馬偕拜訪苗栗縣新港社爲起點，直到後龍教會於 1995 年完成第二次建堂爲主要研究時期。延伸探究新竹中會考慮關閉後龍教會，直到後龍教會轉型成爲新竹中會輔導的小組、進而變成新竹中會之支會，而後於 2009 年 10 月升格爲堂會的發展軌跡。人的信心與神的作爲，交互編織教會的歷史發展。

　　從探究後龍地區昔與今的歷史人文，理解基督教會在後龍地區的經營，根據後龍地區教會歷任傳道師和信徒在這地的工作，其人其事其生命影響力，重現基督徒群體在後龍教會歷史之原貌，進而研究長老教會在後龍的變遷和發展，並歸納發現前輩宣教智慧，詮釋後龍教會未來宣教經營的可能。

誌　謝

　　這篇論文能夠完成，要謝謝指導教授吳昶興老師悉心指導，耐心地替學生提點論文上要修正的種種問題。同時非常感謝口試委員查時傑老師、查忻老師，在百忙中耐心閱讀學生的論文，並在口試時提供許多寶貴的建議和修正方向，使學生獲益良多。中原宗教研究所辦公室的師長們總是熱心提供學生許多協助，在此致上最高的謝意和敬意。

　　還要感謝台灣神學院圖書館及史料中心，慨允使用館藏文件、書籍、資料，讓學生能夠收集總會及新竹中會議錄相關資料，補充論文的說明。最要感謝的是鄭青萍牧師和陳純瑾師母鼓勵我恆心寫作，鄭牧師親贈《馬偕日記》中文版、《北部教會大觀》、《臺灣基督長老教會設教 120 週年年鑑》等珍貴史料供我研究參考；黃益祥長老提供《台灣基督長老教會百年史》幫助我得窺見長老教會百年歷史；江雪芳長老耐心傳述後龍傳道人在此牧會之寶貴的口述歷史；後龍教會弟兄姐妹們經常爲我的工作及研究論文祝福代禱，樂於分擔教會服事任務。謝謝您們！讓我格外珍惜這幾年能探尋教會歷史的機會。

　　另外，感謝和我一起工作的同事們總不忘記提醒我積極寫作，分擔許多工作任務、減輕我的壓力。最後，謝謝我親愛的母親和兄弟姐妹，在我一邊工作一邊求學的過程中，幫助我提供我各方面的支持，因爲家人的愛，使我有勇氣面對挑戰與挫折，繼續堅持直到完成學業。

　　完成拙作的過程中，讓我有機會深入閱讀許多傳道前輩的信仰經歷，體認基督徒的生活信念「愛、奉獻與分享」。是的，我們愛，因爲神先愛我們。是上帝奇妙的恩典，拓展我的視野。願榮耀都歸於永活眞神！

彭美玲 2017.6.26

目

次

表　次

第一章 緒 論

第一節 研究動機與目的

一、研究動機

　　後龍鎮，西接台灣海峽，是苗栗沿海鄉鎮最早開發的地區之一。早期閩粵地區的移民入墾苗栗縣，主要是從後龍溪口，逐步往山區開發。目前主要是閩籍移民佔多數，粵籍和原住民居少數，並有其他少數東南亞籍或他國籍新娘及其後代等住民混合分布。自清朝以來，閩粵移民帶來媽祖王爺等民間信仰。根據民國 91 年的統計，後龍鎮有 90 座寺廟神壇，數量位居苗栗縣第二位。〔註1〕是一民間信仰興盛的農漁鄉鎮。此地有偕叡理牧師（George Leslie Mackay, 1844～1901）（本文以下將以馬偕或偕牧師簡稱之）所開拓的二所長老教會：新港社教會〔註2〕、後壠教會，在此關心當地住民之靈性生活，傳揚愛、接納、悔改與饒恕的聖經真理。

　　馬偕設立新港社教會後的第六年（1879 年），他在當時的後壠街市又設立一間後壠教會。〔註3〕迄今歷經一百四十多年的變遷，後龍鎮目前唯一的一間長老教會，即是後龍教會。2001 年 8 月筆者加入後龍教會，禮拜以閩南語誦

〔註1〕　徐清明，《重修苗栗縣誌—住民志》卷五上冊，苗栗：苗縣府，2005。頁221。
〔註2〕　為與台南西拉雅族新港社有所區別。本文在後壠（龍）之新港禮拜堂（教會），皆以馬偕洗禮簿登載之「新港社禮拜堂（教會）」稱之。
〔註3〕　偕叡理著，《馬偕日記Ⅰ》，北部台灣基督長老教會大會史蹟委員會策劃翻譯，台北：玉山社，2012，頁388、391。

讀「台灣基督長老教會的信仰告白」〔註4〕時，認知「告白」中指明教會宣教目標在於「關懷教會所在當地的住民」，教會將當地住民視爲基督徒表達愛與關懷的鄰舍，宣告認同當地住民的鄉土文化和生活方式。教會存在的意義，就是藉著信仰耶穌、負責任與祂管理世界、並與當地住民共同開創公義、平安、喜樂的生活。

> ……阮信，教會是上帝百姓的團契，受召來宣揚耶穌基督的拯救，做和解的使者，是普世的，復釘根在本地，認同所有的住民，通過愛與受苦，來成做盼望的記號。……阮信，上帝使人有尊嚴、才能，以及鄉土，來有份於祂的創造，負責任和祂相與管理世界。對如此，人有社會、政治及經濟的制度，也有文藝、科學，復有追求眞神的心。……所以，人著倚靠耶穌基督的救恩。祂要使人對罪惡中得著釋放，使受壓制的得著自由、平等，在基督成做新創造的人，使世界成做祂的國，充滿公義、平安與歡喜。

筆者於西元 2005 年起受選爲後龍教會執事，並在 2008 年間參與編輯後龍教會第一本教會簡史及信徒見證合集——名爲《老樹嫩芽》，整理盧文獻牧

〔註4〕 台灣基督長老教會信仰告白初稿擬於西元 1979 年 2 月 15～17 日，完成稿於西元 1985 年 2 月 4 日確認，西元 1985 年 4 月 11 日於總會第卅二屆通常年議事通過，完成逐句修改。民國 74 年 4 月 9～12 日在台北馬偕醫院禮拜堂召開之《台灣基督長老教會總會第卅二屆通常年議事錄》，台北：長老教會總會，1985，頁 24。以下爲台語漢字版全文：「阮信上帝，創造、統治人與萬物的獨一眞神。祂是歷史與世界的主，施行審判和拯救。祂的子對聖神投胎，對在室女馬利亞出世做人，做咱的兄弟，就是人類的救主耶穌基督，對祂的受苦、釘十字架死、復活，顯明上帝的仁愛與公義，使咱與上帝復和。祂的神，就是聖神，站在咱中間，賞賜氣力，使阮在萬百姓中做見證，直到主復來。阮信，聖經是上帝所啓示的，記載祂的救贖，做阮信仰與生活的準則。阮信，教會是上帝百姓的團契，受召來宣揚耶穌基督的拯救，做和解的使者，是普世的，復釘根在本地，認同所有的住民，通過愛與受苦，來成做盼望的記號。阮信，人對上帝的恩典來悔改，罪得赦免，用虔誠、仁愛、與獻身的生活歸榮光上帝。阮信，上帝使人有尊嚴、才能，以及鄉土，來有份於祂的創造，負責任和祂相與管理世界。對如此，人有社會、政治及經濟的制度，也有文藝、科學，復有追求眞神的心。總是人有罪，誤用這些恩賜，破壞人、萬物、與上帝的關係。所以，人著倚靠耶穌基督的救恩。祂要使人對罪惡中得著釋放，使受壓制的得著自由、平等，在基督成做新創造的人，使世界成做祂的國，充滿公義、平安與歡喜。阿們。」參台灣基督長老教會總會信仰與教制委員會發行，《教會禮拜與聖禮典》台語漢字版，台北：永望文化，2005，頁 194。

師〔註5〕於 1998 年 1～7 月間在後龍教會工作時撰寫之〈後龍教會簡史〉（約
一萬八千餘字）手稿時，他在前言提到：

> 主後 1989 年 8 月 31 日本人到任後，聽到許多有關教會的近況，卻
> 無法瞭解教會過往的歷史，幾經搜尋，所得相關史料仍寥寥無幾，
> 乃因陋就簡草述本會簡史，旨在把歷史的真相留給後任，作為殷
> 鑑，……主後 1998 年 6 月，因吳志仁牧師離任，再度經小會委任暫
> 兼本會牧職，不久發現該歷史紀錄簿竟不翼而飛，雖經主日禮拜公
> 開招還，仍如石沉大海，眼看即將卸任，幾經考慮，為免前功盡棄，
> 乃利用草稿再次整理簡史。……「空谷足音──我的父親李水車」
> 一書，使本會歷史增色不少，至於禮拜堂拆除與重建部份，留待有
> 心人補充。〔註6〕

　　基於探究教會歷史發展的興趣，以及回應盧文獻牧師在其教會簡史前言
中的期勉「……留待有心人補充。」而且近年來，學術界在華人基督教歷史
的研究趨向有大轉變，從重視差傳研究轉向重視華人教會的研究。因此，筆
者想進一步探索百年來在後龍的基督教發展歷史。

二、研究目的

　　長老教會信仰告白的前言，陳明長老會的歷史源起於西元 1865 年馬雅各
牧師和 1872 年偕叡理牧師之傳道事業，其基本精神是承襲蘇格蘭教會傳統，
即加爾文在日內瓦根據聖經提倡「唯歸榮耀上帝」的歸正教會之基本精神。

> 台灣基督長老教會係英國長老教會馬雅各醫師（Dr. James L.
> Maxwell）在西元 1865 年，以及加拿大長老教會偕叡理牧師（Rev.
> George L. Mackay）在 1872 年所開創。這二個教會都是承受蘇格蘭

〔註 5〕　盧文獻，長老教會牧師。1966 年 7 月 8 日於嘉義中會關子嶺教會封牧，於 1993
　　　　年 7 月 31 日新竹中會泰安教會退休。歷任鶯歌、墩仔腳、水上、梅山、崙背、
　　　　關子嶺、愛蘭、北斗、龜山、泰安教會。於 1989 年 8 月 30 日到 1990 年 7 月
　　　　30 日、1998 年 1 月 7 日到 1998 年 7 月 31 日曾服務後龍教會，並於 1998 年 6
　　　　月 29 日完成〈草述後龍教會簡史手稿〉。長老教會總會傳教師查詢，2014/4/26
　　　　檢索，http://www.pct.org.tw/Pastor.aspx?strPAppiont=81230。
〔註 6〕　盧文獻，〈後龍教會簡史〉，新竹：未刊稿，1998 年 6 月 29 日。後收錄於後龍
　　　　長老教會編輯小組，《老樹嫩芽：2008 感恩見證集》，苗栗：後龍長老教會，
　　　　2008 年，頁 7。根據後龍教會 1990 年及 1998 年會員和會手冊的紀錄顯示：
　　　　盧文獻牧師曾於 1989 年 8 月 31 日到 1990 年 7 月 30 日，以及 1998 年 1 月到
　　　　7 月 30 日以退休牧師身分協助後龍小組牧會，1998 年重新整理後龍教會歷史。

教會的信仰傳統，即加爾文在日內瓦根據聖經宗教改革，提倡「唯歸榮耀上帝」的歸正教會之基本精神。我們的教會從初創至今，接受初代教會的使徒信經和尼西亞信經，以及西元 1648 年所制定的韋斯敏斯德信仰告白之特色，至今我們仍然遵守上述信經與告白為信仰的規範而不渝。今日，我們面對因工業化所引起生活型態的急變，以及內外情勢的不安定，除了不變地繼承使徒信經、尼西亞信經與韋斯敏斯德信仰告白外，還需要將教會所面對「誰是主？」以及「教會為誰而存在？」等信仰決斷而告白。因此，我們作此信仰告白，與上述三信經及告白並用，作為台灣基督長老教會禮拜的禮文，及信徒個人、家庭及社會生活的準則，而非取代，乃強化歷代基督徒所告白的信仰內容。〔註7〕

　　教會活在社群中，同樣在歷史的演變中發展。基於關心教會歷史的探究熱情，筆者期望通過探討相關史料文獻、訪問耆老，以梳理教會歷史脈絡，認識過去傳道的處境及傳道者的貢獻，或能裨益信仰群體校正所面對的「誰是主？」「教會為誰而存在？」的方向，激發信徒對教會、對當地之委身及認同；期願藉由過去已扎根的歷史經驗，強化教會確信以「基督」為信仰之主，有根有基地認同並關愛當地住民。

　　北部長老教會在後龍的傳教工作，始於 1872 年馬偕的醫療傳教。馬偕在後龍設立二間教會：新港社教會及後壠教會。根據後龍教會江雪芳長老的口述，過去在 1989 年，後龍教會曾經面臨關閉的危機。2009 年 10 月 18 日後龍教會成立獨立堂會，正式進入自傳自治自養的階段。如今基督教已在後龍逐漸生根成長。過去，她們如何在臺灣民間信仰興盛的地區傳揚基督信仰？歸信的基督徒他們的心路歷程，生命發生什麼故事？教會內部組織和教堂建築，如何運作和經營？在危機中，教會如何繼續發展下去？都是筆者好奇探究的議題。

　　本研究將從長老教會在台灣北部的傳教歷史為研究背景，從歷史時程之晚清、日據、戰後等階段，收集組織與後龍和長老教會有關之史料，融入對後龍今昔歷史人文的認識，理解馬偕起初在後壠宣教的足跡，信徒學生接續

〔註7〕　西元 1982 年 2 月 9 日修改之〈台灣基督長老教會信仰告白前言〉。民國 71 年 4 月 13～16 日在台南神學院召開之《台灣基督長老教會總會第廿九屆通常年議事錄》，台南：長老教會總會，1982，頁 34。

於此的傳道工作；並以教會人物事蹟、信徒歸信之生命故事，教會內部組織的發展，教堂建築演變等等為撰寫的焦點，梳理長老教會在後龍的開拓與經營。

發展本研究主要目的，如以下四大主軸：

（一）認識後龍今昔的歷史人文發展。

（二）理解長老教會在北台灣傳教的歷史背景。

（三）探討長老教會在後龍地區的變遷和發展。

（四）歸納前輩傳道者委身當地之傳道方式，期為來者傳道行動之殷鑑。

第二節　研究回顧與文獻整理

根據張妙娟針對自 1981 年到 2000 年 8 月之間「有關臺灣基督長老教會研究的四十四篇博碩士論文」所進行的研究，她在〈臺灣基督長老教會史研究之回顧與展望—以近二十年來學位論文為中心〉一文中，指出教會歷史的研究是宗教學研究的基本前提，也是其他學科加入長老教會研究的基礎。

> 臺灣基督長老教會的研究雖然日益蓬勃，但要期待整體性綜合的成果，仍然需要先從各個學科領域中基礎的研究課題做起，尤其是作為宗教研究基本前提的教會歷史，對每一時代的關鍵事件、人物、思想、組織的發展、變遷都亟需深入釐清。……但教會歷史卻是其他學科加入長老教會研究的基本前提。社會科學的研究取向誠然可以開闊歷史研究的視野和詮釋觀點，但若不從歷史發展的脈絡中釐清問題之複雜性，其他學科取向的研究便彷彿無根浮萍。〔註8〕

因此，對於長老教會的研究，除了從多種學科角度豐富研究課題外，絕對不能輕忽教會歷史之扎根性研究工作。尤其目前對於長老教會史的研究成果，還不足以建構完整有系統的歷史，所以重建組織並釐清教會史實、讓歷史說話，當優先於解釋歷史或引申詮釋歷史。宗教涵攝了複雜的社會文化現象，但宗教史的重心不可能偏離宗教的特質與歷史的流變。對於臺灣教會史的研究，須聚焦於教會的特性與其歷史變遷等課題，而這亦是神學院和學位論文研究的重要趨勢。近年來有多篇論文對於地方教會歷史沿革或信徒信仰

〔註8〕張妙娟，〈臺灣基督長老教會史研究之回顧與展望—以近二十年來學位論文為中心〉，頁 133、142。

歷程進行研究，例如 2005 年黃欣怡碩士論文〈隆田基督長老教會的成立與發展〉，研究隆田教會的沿革和信徒家族歷史。2011 年李靖唐碩士論文〈埔里愛蘭長老教會的設立與發展〉，探討埔里地區愛蘭教會的發展歷史。2012 年蔡孟芹碩士論文〈富里基督長老教會的成立與發展〉，探討東部源頭之一的富里教會，在台灣東部地方教會史的興衰變革，藉此以認識台灣東部之宣教歷史。2015 年康雅貞碩士論文〈台灣基督長老教會的傳教及發展—以台南新化教會爲例〉，研究新化教會歷史、分析組織制度和信徒家族，歸結教會社區宣教發展取向。2015 年連嫦美碩士論文〈台灣基督長老教會艋舺教會之創立與發展〉，研究艋舺地區、北部台灣基督長老教會及艋舺教會（1877～2014）一百三十七年來的發展變遷。2015 年施惠固碩士論文，〈台南玉井基督長老教會研究〉，探究玉井長老教會的成立與傳教事工，和信徒信仰歷程。

> 回顧近二十年來學術界對臺灣基督長老教會的研究，因爲多門學科的加入行列而開拓出更寬廣視角的研究課題，……在此眾多研究取向之中，教會歷史的研究無疑是當務之急的基礎工作。而且重建事實應優先於歷史解釋。因爲教會史實未待釐清之前即欲對相關課題做詮釋或引申將難免倒果爲因的危險。……臺灣教會史的研究，也應該在教會的特性與其歷史的變遷課題上多作著墨，現有神學院與一般大學學位論文對臺灣基督長老教會史的研究已可把握此一重點趨勢……。〔註9〕

林治平在其文章〈提起筆來，寫下歷史！—華人基督教史與我〉指出近年來世俗學者研究者日多，華人教會史研究逐漸成爲顯學。的確，人都活在他自己的歷史文化社會中，過去的歷史文化社會塑造了人；今天的人事物也會形塑未來的歷史。歷史無法重演，然而，對那些事件的解釋卻會形成未來的歷史。所以寫下教會歷史，是極重要的責任。

> 這四十多年來，有關華人教會史的發言地位，原先幾乎完全掌握在基督徒學者手中，近年來世俗學者研究者日多，使得華人教會史研究逐漸成爲顯學，……如果基督徒對今天發生的事件沒有聲音，在未來的歷史中也就不可能有基督徒了。……提起筆來，寫下歷史！

〔註 9〕 張妙娟，〈臺灣基督長老教會史研究之回顧與展望—以近二十年來學位論文爲中心〉，頁 149～150。

是我們每一個人神聖不可逃避的責任。不是嗎？〔註10〕

胡衛清在其著作《從教育到福音》的序言中，發現他研究的不是教會史，他關注教會在體制面的運作，注意教會內部複雜的權力，和人際關係對教會自立運動的深刻影響，也注意到時代變遷對教會的巨大衝擊，他也發現他的研究忽略了一個關鍵問題，就是基督徒本身的心路歷程，他們的靈性經驗，他們皈依的徬徨與堅定。胡衛清說：「不過，我強烈地意識到，教會史不是用筆寫的，而是要用『心』寫的。」〔註11〕胡衛清對基督教歷史研究道出深刻的見解：關於歷史，人是核心元素！因此觀點本研究在探討地方教會歷史，於第四章以撰寫人物信仰事跡為主，特別是著重各時期具有關鍵影響力的傳道師及基督信徒，其人其事工及其對教會拓展的作為。

張雅玲之《北部台灣長老教會研究（1872～1945）》，作者以北部台灣長老教會為例，追溯早期教會的歷史發展（1872～1945），指出北部教會（1872～1945）實為台灣現代化之前鋒，作者呼籲不宜以今日臺灣長老教會涉及政治之形象，重視長老教會與政府間的政教關係，而往往忽略了長老教會在社會方面的其他影響，抹煞北部教會早期對台灣社會所作之貢獻。〔註12〕本研究稍後記述西元 1932～1937 年李水車，在後龍傳道時成立基督教青年會（YMCA）適時援助 1935 年之地震受災戶，熱心社會公益，善行義舉獲日本政府肯定與支持。即是長老教會對社會方面正面影響的一個實例。

張惠妹的《清代後壟地區的開發與社會變遷》，屬於一部小型區域史研究，作者主要是探討清代後壟地區的開發和社會變遷。在漢人未入墾前，本區主要是道卡斯族後壟社和新港社的社域範圍。康熙末年漢移民漸次墾殖本區，到乾隆中葉進入拓墾興盛期。乾隆晚年到嘉慶年間，漢人聚落、街市逐漸形成，後壟街因具備水陸交通優勢、港口商業機能，成為鄰近鄉庄的中心。族群關係緊張的現象，使原有的原鄉神信仰進一步超越血緣、祖籍，改以地緣關係凝聚聚落內的人群，穩定社會秩序。在開發的過程中，某些人會因為

〔註10〕 林治平，〈提起筆來，寫下歷史！──華人基督教史與我〉，《基督教與華人文化社會研究中心通訊》第三期（桃園：中原大學基督教與華人文化社會研究中心，2014 年 3 月）：頁 5～6。

〔註11〕 胡衛清表達他個人對教會史研究後的省思。胡衛清，《從教育到福音》，台北：宇宙光全人關懷，2006，序言。

〔註12〕 張雅玲，《北部台灣長老教會研究（1872～1945）》（高雄：中山大學碩士論文，1990）。

個人的條件、財富、努力以及社會評價，成為社會的領導階層。開墾初期，後壠地區的領導者，是以豪強型或經濟型領導人物為主，之後由科舉取得功名而光耀門楣的仕紳階層出現。除科舉取得功名外，也有部分是經由捐納或軍功，進入仕紳階層延續家族的地位，形成強勢漢人文化。透過契約的分析，瞭解漢移民的移墾，使原平埔族勢力逐漸消退、貧化、加速漢化，社會文化也面臨嚴重危機，甚或往內山遷移。

　　盧文獻牧師在其《後龍教會簡史》前言中指出「……所得相關史料仍寥寥無幾，乃因陋就簡草述本會簡史……」可見 1998 年時地方教會相關史料不易取得的窘境，然今拜科技發達之賜，許多史料數位化，加上 2012 年 3 月《馬偕日記 I、II、III》中文版出版。英文版《北台灣宣教報告——馬偕在北台灣之紀事 1894～1901》於 2012 年 6 月出版，其中文版在 2015 年長老教會慶賀台灣宣教 150 週年時問世，相關的史料更臻完備。礙於學術能力有限，筆者期以「上窮碧落下黃泉，動手動腳找東西」之精神拼湊相關史料，理出後龍教會歷史發展更近於完整之史實，呼應前輩盧文獻牧師對教會歷史功效的切望「旨在把歷史的真相留給後任，作為殷鑑」，或可為後世有心人留下持續探討後龍地區教會歷史演變或延續歷史寫作的參考。

第三節　研究內容與方法

一、研究內容

　　馬偕與臺灣毫無血緣關係，卻將他一生奉獻給這塊土地。這位深深影響臺灣基督教傳播的宣教師，他的足跡曾經遍及苗栗縣後龍鎮，在後龍設立第一間長老教會——新港社教會，是馬偕在設立淡水教會及五股坑教會後的第三間教會。〔註 13〕新港社教會是當時北部加拿大長老會教區〔註 14〕最南邊的

〔註13〕馬偕 1872 年 4 月 10 日設立淡水教會。1873 年 3 月 2 日五股坑新禮拜堂落成；馬偕於 1873 年 4 月 13 日於新港新禮拜堂講道。整理自偕叡理著，《馬偕日記 I》，北部台灣基督長老教會大會史蹟委員會策劃翻譯，台北：玉山社，2012，頁 106、115。

〔註14〕英國長老教會主要以臺灣南部為傳教區，加拿大長老教會則以臺灣北部為傳教區，雖然各有其傳教範圍，但仍有界線不清之處，因此在 1909 年南北兩教士會及兩中會派遣代表聚集在彰化，協商劃定南北兩長老教會境界線。規定在東海岸劃定北部教會自花蓮港以南，南部教會自觀音山以北，各自傳道的地方相接為界；西海岸以自大甲溪口至校栗埔直入東溪為界線。黃武東等編

一間教會，也是馬偕與南部英國長老會教區最北邊的教會「內社教會」密切互動的中繼站，更是馬偕進入道卡斯族和高山原住民傳教的「總部」。過去馬偕如何在新港社教會傳教、經營這所熟番的教會，有那些人延續馬偕的腳蹤繼續在後龍傳道，筆者將進一步探究。

　　根據馬偕洗禮簿 1873 年 4 月 6 日設立新港社教會，當時這裡是平埔族道卡斯族生存的地區。1874 年 6 月 26 日馬偕到新港社訪問後，隔天 27 日，馬偕的日記首次記載他「前往後壠以及貓裡（今苗栗）」。馬偕日記記載 1879 年 9 月 3 日他「去後壠看禮拜堂的地點，也就是看房子。」〔註15〕馬偕來北台灣宣教的第七年設立後壠長老教會。這二間教會在地理上間隔不到 3.5 公里，步行僅約四十分鐘的腳程。1880 年馬偕第一次回加拿大述職前，共設立包含新港社和後壠等 20 間教會。1893 年 6 月 6 日馬偕牧師第二次返回加拿大述職前，到後壠巡視教會的聚會，新港社教會出席 244 人，後壠教會出席 160 人。而根據日人伊能嘉矩 1897 年 6 月的統計後壠街市有 576 戶，2976 人。東社（新港社）有 60 戶，622 人；西社有 39 戶，304 人。後壠南社有 45 戶，212 人；當時縣治苗栗街市有 668 戶，2499 人。〔註16〕當時信徒比例約占後壠當地總人口數之 10%。但馬偕過世幾年後，新港社和後壠教會逐漸沒落。數年之後，僅存後龍教會在歷史中載浮載沉。這二間教會的歷史變遷，是筆者研究探索組織的核心內容。

　　本研究主要以北部台灣基督長老教會，在苗栗縣後龍鎮的宣教歷史為研究對象。從長老教會在後龍地區設立的二間教會：新港社教會與後龍教會的歷史發展，了解馬偕傳道任務以及新港社道卡斯族的基督信仰情景，並查考教會歷任傳道師或信徒，如馬偕、嚴清華、許銳、劉和、劉澄清、林有能、李水車、蔡信續……等人物，在後龍的傳教工作和生命故事來敘寫地方教會歷史。歸納前輩傳道者開拓的經驗，以古窺今，期助益後龍教會定根本地發展宣教任務。

著，《台灣基督長老教會歷史年譜》，台南：人光出版社，1995，頁 156。馬偕牧師認為「我們的希望和教義一樣，救人濟世的心一樣。他們有較龐大的外國人工作團隊，我們則較注重本地人的教牧工作。」馬偕，《福爾摩沙紀事：馬偕台灣回憶錄 From Far Formosa》，林晚生譯，台北：前衛，2016，頁 313。
〔註15〕《馬偕日記Ⅰ》，台北：玉山社，2012，頁 75、111、171、388。
〔註16〕伊能嘉矩，《台灣踏查日記》上冊，楊南郡譯，台北：遠流，2015，頁 108、112、113。

二、研究方法

　　本研究主要採用歷史文獻分析法，從教會會議紀錄、日記書信、傳記、教會公報、教會週報、教務檔案、地方史，以及相關之歷史紀錄和研究文獻，梳理組織本文之地方發展與教會歷史。主要基督教史料來源是根據《馬偕日記 I II III》、《福爾摩沙紀事──馬偕台灣回憶錄》、《北台灣宣教報告：馬偕在北台灣之紀事 1868～1901》等中譯本、《臺灣基督長老教會百年史》、《教會史話》及賴永祥長老史料庫、盧文獻牧師撰〈後龍教會簡史〉等重要文獻；對於後龍和苗栗地區的文史發展，則運用地方史料如《重修苗栗縣志》、《續修苗栗縣志》、《後龍鎮志》、《道卡斯族後壠社古文書輯》、日人伊能嘉矩《台灣踏查日記》、中央研究院建置之「臺灣文獻叢刊資料庫」收錄如《諸羅縣志》、《從征實錄》、《清高宗實錄選輯》、《臺灣府志》、《臺海使槎錄》、《台灣外紀》、《續修臺灣府志》、《新竹縣志初稿》、《淡水廳志》……等古文獻資料、臺灣大學圖書館建置之「台灣歷史數位圖書館（THDL）」所收錄之《明清檔案》、《古契書》、《淡新檔案》等全文檢索資料庫。對於未保存於文獻紀錄的部分，則輔以訪談地方耆老或信徒和田野調查等路徑收集相關的歷史，並以研究者置身參與在研究對象中來「深描」（thick description）記錄所蒐集到的資料，同時對於人數或教勢的變化採用單純的統計分析，從質和量雙管齊下匯集歷史元素，理出長老教會在後龍宣教之歷史軌跡。

　　本研究在形式上屬於地域性的歷史探究，內容聚焦在個別教會歷史的梳理考證。研究範疇設定在苗栗縣後龍鎮，研究對象為新港社教會及後龍教會，研究的時間斷限從西元 1872 年馬偕拜訪新港社為起點，直到後龍教會於 1995 年完成第二次建堂為主要研究時期，並進一步探究戰後教會從曾被考慮關閉，到轉型成立小組、變成支會，而後於 2009 年恢復升格為堂會的發展軌跡，重現基督徒信仰群體在後龍教會歷史存續之原貌。

第二章　後龍地區昔與今

第一節　自然環境

　　後龍鎮〔註1〕屬苗栗縣轄內四個濱海鄉鎮之一，為後龍溪流域最早開發之地。位於苗栗縣西北方，西瀕台灣海峽，北接造橋鄉、竹南鎮，南與西湖鄉、通霄鎮為鄰，東與苗栗市、頭屋鄉為界（參圖 2-1〔註2〕）。東西最大距離約10公里，南北最長寬幅約 20 公里，總面積為 75.8079 平方公里，面積居苗栗縣鄉鎮的第八位。〔註3〕地形分為海岸沙丘、河岸沙丘、沖積平原和丘陵等，地勢東高西低、由東南向西北傾斜。〔註4〕後龍溪、西湖溪（昔稱打哪叭溪）、及北界的中港溪是主要河川，其次是北勢溪、南勢溪、大肚溪等。河川兩岸平原面積占全鎮面積百分之五十，其餘為丘陵地形。主要以種植水稻和旱地作物，如西瓜、花生、蕃薯、花椰菜、哈密瓜等。

〔註1〕　清朝時期稱後龍地區為「後壠」，至日據時期 1920 年時更名為「後龍」迄今。
〔註2〕　後龍鎮位置圖，http://etoe.mlc.edu.tw/media/material_files/9075/ssco/01.htm，
　　　　2014/7/25 檢索。
〔註3〕　尹章義總編纂，《後龍鎮志》，苗栗：苗栗縣後龍鎮公所，2002，頁 34。
〔註4〕　同上，頁 36。

圖 2-1　後龍鎮位置圖

　　今後龍溪（參圖 2-3）橫亙本鎮中部，自東向西流入台灣海峽，將本鎮分為南北兩半。北半部缺乏自然河川，灌溉多賴人工溝渠，自明德水庫引水，因此地面大小排水溝圳縱橫。南半部則有支流南勢溪和西湖溪，穿越丘陵地，形成部分沖刷平原。後龍溪在清領時期，曾是一條墾民深入內陸通航的要道，如今卻是砂石遍布，雨季洪水氾濫頻仍的河川。〔註5〕

　　本鎮位於北回歸線以北的臺灣中北部，處於海陸相接、沿海丘陵地形的過度區，屬於副熱帶季風區的華南型氣候。全境年平均溫在攝氏 22 度以上，1 月均溫約攝氏 14.9 度，7 月均溫約 28.3 度；年雨量 1200 至 1500 公釐，雨季相當集中每年 5 月至 8 月，冬季雨量少，月平均僅 50 公釐左右。西臨台灣海峽，深受海洋氣候的影響，夏季吹西南季風，每年 10 月下旬到隔年 3 月中旬，強勁的東北季風盛行，平均風速每秒 3 公尺以上，強風夾帶飛沙走石，對沿海地區肆虐嚴重，不論是在生活上或農、漁業等人文活動上，都產生極大的影響。

　　荷蘭人統治時代，當時的「後壠溪」（今之北勢溪）為本鎮大溪之一，新港社居地在該溪北岸高地上，該地闢有台灣西部北半段之重要港口──「新港」（今新港派出所一帶）。根據日人中村孝志的研究，荷蘭人曾在荷治時期

〔註5〕尹章義總編纂，《後龍鎮志》，苗栗：苗栗縣後龍鎮公所，2002，頁 66～68。

以四艘戎克船〔註6〕至新港仔與原住民交易，每航海一次課稅 140 里耳
（Real），〔註7〕一里耳銀約等於 3 克，等於 2.5 荷蘭盾（Guilder）。〔註8〕

康熙 33 年（1694）《臺灣府志》「後壠港由崩山社至新港仔入海。」《諸
羅縣志》（1724）「後壠港在後壠社前。港面甚闊，商船到此載脂麻；入於海。」
「後壠港，後壠與興化南日遙對」〔註9〕。到清朝康熙末年（1722），港口移
到後壠社靠近後壠溪口的溪州，稱為「汕頭港」又稱「溪州港」，是福建、廣
東居民來台入墾苗栗必經之地。後壠港為一水路要區，有駐兵防守之需，雍
正 9 年（1731）正式開港，為臺灣島內貿易港口。〔註10〕開始對大陸沿岸泉
州、汕頭等地通商，八十噸船隻可直駛進入後壠溪松仔腳（今龍坑里），是台
灣西部濱海南北各地貨物與大陸南北貨過海來台最近的渡口。〔註11〕

後來，因開墾過度、濫伐林木，到咸豐（1851）年間後，秋冬季風長期
夾帶飛砂肆虐、沙墩南移，港口被大量泥沙淤積而沒落，港口移往後壠溪北
岸，之後加上後壠溪中上游過度開發，洪水沖刷帶來泥沙淤塞，而遷往後壠
溪南岸（今龍港），日據時期，改稱公司寮港。日人查知此港與大陸往來熱絡，

〔註6〕 英文通稱古代中國的帆船為 junk，原為明代馬來半島一帶土著對航行到當地
的中國、琉球或阿拉伯帆船的稱呼，十六世紀初期歐洲的葡萄牙人最早航行
到此後，就按馬來人或爪哇人的稱呼，轉成葡萄牙文的 junco，後來英國人 junk
以沿用至今。到了現在，外文詞彙已將 junk 專用於中國帆船。由於在中國現
代語彙中沒有適當的用詞可將 junk 回譯成漢文，故有人就直接按日本人的譯
法譯成「戎克船」。據早期福建史學家朱維幹先生的考據，可能是「艍」或「舟宗」
兩字的諧音，閩南航行南北洋的船叫「南艍」、「北艍」。湯錦台著，《大航海
時代的台灣》，台北：如果，2011，頁 40。所謂戎克船（junk）是專指中國沿
海或內河的帆船。自清朝至近代欲橫渡台灣海峽兩岸，無論是貿易、移民或
偷渡，大多以戎克船載運。戎克船依尺寸、對航區域、型制各有不同，一般
戎克船的長度約十丈，寬幅約二丈。種類相同的船舶，其名稱亦依地區而有
所不同，例如：福州的大型戎克船，有個可愛的俗稱叫「花屁股」，船型較大，
構造也較複雜。戎克船船體外部最引人注意的是船艏兩側顯著的魚眼，稱為
「龍目」，造型及塗色因地而異。長江口以南至廈門的戎克船均有魚眼圖形，
具有趨吉避凶的象徵。戴寶村著，《近代台灣海運發展：戎克船到長榮巨舶》，
台北：玉山社，2000，頁 34～41。
〔註7〕 中村孝志，《荷蘭時代臺灣史研究上卷概說產業》，台北：稻鄉，1998，頁 269。
〔註8〕 陳國棟，《臺灣的山海經驗》，台北：遠流出版社，2005，頁 422。
〔註9〕 清康熙 33 年（1694）的《臺灣府志》「後壠港由崩山社至新港仔入海。」已
有後壠記載，高拱乾，《臺灣府志》，臺北：臺灣銀行經濟研究室，1960，頁
46；周鍾瑄，《諸羅縣志》，臺北：臺灣銀行經濟研究室，1962，頁 14。
〔註10〕 尹章義總編纂，《後龍鎮志》，苗栗：苗栗縣後龍鎮公所，2002，頁 92。
〔註11〕 宋國英編纂，《重修苗栗縣志交通志》，苗栗：苗縣府，2005，頁 180。

明治 32 年（1899）指定台中縣下後壠等八港爲特別輸出入港，〔註12〕支那船隻往返兩岸，盛極一時，當時入後壠港 78 艘，出港 77 艘，〔註13〕貨物通常是福建或長江口運來的棉紗和日用品，輸出茶和樟腦等貨物，可想而知當時港口人潮眾多、商行林立的景象。不久後，日本爲箝制民間與內地相結，因而封閉港口。1909 年 8 月指定苗栗廳後壠爲貿易港，准船隻爲外國貿易於其間。〔註14〕後來，新竹州水產試驗船發現該港出海口五至十海浬處，爲台灣西海岸漁產最豐富的海域，日本政府才重新開放爲漁港使用，一直到二次大戰爆發而終止。

民國 34 年（1945），台灣光復，大陸廈門泉州等地船隻紛紛入港進行貿易，再度恢復昔日繁榮的景象。民國 38 年國民政府遷台以後，該港因軍事安全而封閉。民國 40 年政府顧及漁民生活需要，再度開港。民國 43 年，改名稱龍港，仍有漁船作業。近年來因泥沙淤積嚴重，僅剩少數漁筏捕魚。民國 69 年，在後龍西北新建外埔漁港取代龍港，爲苗栗縣最具規模的第三類漁港。〔註15〕

半縣（彰化）以北的路段，只有一條南北道路，在十七世紀漸成雛形，到十八世紀初成爲官道後，大甲以北到竹塹之間的路段，受限於山海夾擠的天然地形，路線大致上都臨海。〔註16〕在陸路要衝位置上，清朝康熙年間（1711

〔註12〕 日本領臺後，隨即對外宣言開放清代以來對外開放之四「條約港」，亦即所謂「一般開港場」；另外指定八個地區性「特別輸出入港」，也就是所謂「特別開港場」，以供各地人民日常需用與商貿之需求。而所謂「特別輸出入港」是指在 1899 年後，正式被日本殖民政府指定之舊港、後壠（後龍）、梧棲（塗葛窟）、鹿港、下湖口（北港溪）、東石港、東港、媽宮（馬公）等八口岸。蔡昇彰，〈日治時期臺灣「特別輸出入港」之研究〉，國立中央大學歷史研究所碩士論文，2008 年，頁 i。

〔註13〕 范揚坤編纂，《重修苗栗縣誌卷一大事志》，第一冊，苗栗：苗縣府，2005，頁 98。備註：《臺灣日日新報》，1900 年 2 月 21 日，號 540，版二，〈昨年中出入船舶〉。

〔註14〕 《臺灣日日新報》，1909 年 8 月 8 日，版二，〈指定貿易港〉。「臺灣關稅章程改訂後。特指定新竹廳舊港、苗栗廳後壠、臺中廳梧棲、彰化廳鹿港、嘉義廳東石港、阿緱廳東港、澎湖廳媽宮港等處。爲貿易港。准支那帆船。爲外國貿易於其間。」

〔註15〕 宋國英編纂，《重修苗栗縣誌卷十三交通志》，苗栗：苗縣府，2005，頁 180。陳運棟編纂，《重修苗栗縣誌卷首》，苗栗：苗縣府，2007，頁 226。

〔註16〕 黃智偉，《省道台一線的故事》，臺北：如果出版社，2011，頁 77～78、117～119。

年）因汛塘〔註17〕的設置（參圖 2-2），〔註18〕後壠街（今本鎮市中心）成爲南北官道（今台一線）的重要據點，北經南海汊（今海寶里）通中港（今竹南鎮），南經烏眉（今龍津里）抵白沙屯（今通霄鎮之小村落）。後壠路段的地形地勢加上強勁東北季風吹拂，自古以來行經此道必履沙地而行，很難腳踏「實」地，南來北往還需要經過許多渡口。〔註19〕光緒 19 年（1893），臺北到新竹間鐵路完成。日據時期，新竹、頭份、苗栗三汊河、葫蘆墩之間設有輕便鐵道。〔註20〕昭和 41 年（1908），基隆到高雄的縱貫鐵路全線完工，從此拉近臺灣南北之間的距離。〔註21〕如今，南北有山縣及海線鐵路、省道一號、西濱 61 號快速道路、三號高速公路、高速鐵路，東西有 126 線道、省道 6 號及 72 號快速道路，交通四通八達。

〔註17〕汛塘是清代臺灣地方防禦最末稍的機構，在數量上也最多。如何有效地部署營兵，以達平時防治盜匪、亂時又能靈活調度的功用，是統治者的重要課題。清朝平定臺灣之初，議定駐臺軍隊的規模與部署。臺灣府城以南，主要由南路營駐守。南路營本部與鳳山縣署同駐興隆里，縣治以外地區，分別由康蓬林汛、觀音山汛、鳳彈汛、下淡水汛等四汛駐守，各汛於自己的管區中又布置若干個塘。至於府城以南屬臺灣縣的地區，則由鎮標營的中港崗汛、舊社汛、桶盤棧汛等三汛駐防。總計臺灣府南路，共有陸路一營、七汛駐防。北路方面，雖然全島名義上屬於清廷版圖，但初期北路官方統治所及之處，最北只到半線、大甲溪一帶。半線以北，官方只能藉由通事管理番社。康熙以後的歷次部署變動，大抵都盡量將官兵配置在重要道路的交通要衝上。即使是幾次爲了防番或防匪，在比較偏遠的山區設置重兵，最後也都會被遷移到南北道路的要衝上。此外，眞正報請中央兵部核准的營制改革並不多見，而且大多在大亂之後，藉著善後的名義更動，但地方往往自行重新分配兵力，以符合最實際的防務需求。黃智偉，〈清代臺灣的綠營佈署〉，若林正丈、吳密察編，《臺灣重層近代化論文集》，臺北：播種者文化公司，2000，頁 33～81；黃智偉，《省道台一線的故事》，臺北：如果出版社，2011，頁 79～82。清代汛塘分布，http://thcts.sinica.edu.tw/themes/rc06.php，2015/12/26 檢索。

〔註18〕康熙 50 年（1711）設置大甲溪至淡水八里岔間之大甲塘、猫盂塘、吞宵塘、後壠塘、中港塘、竹塹塘、南崁塘。劉定國監修，《臺灣省苗栗縣志（卷首）》，苗栗：臺灣省苗栗縣文獻委員會，1959，頁 15。

〔註19〕黃智偉，《省道台一線的故事》，台北：如果出版社，2011，頁 25、76～77。

〔註20〕范揚坤編纂，《重修苗栗縣誌大事志》，第一冊，苗栗：苗縣府，2005，頁 62、78。

〔註21〕花松村編纂，《台灣鄉土續誌》第五冊（臺灣的產業水利交通醫政），台北：中一出版社，1999，頁 426。

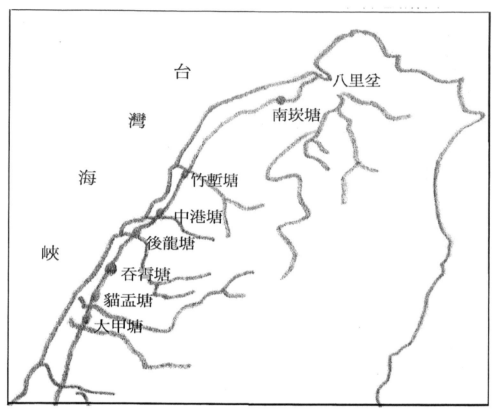

圖 2-2　清朝初期塘汛的設置和官道圖〔註22〕

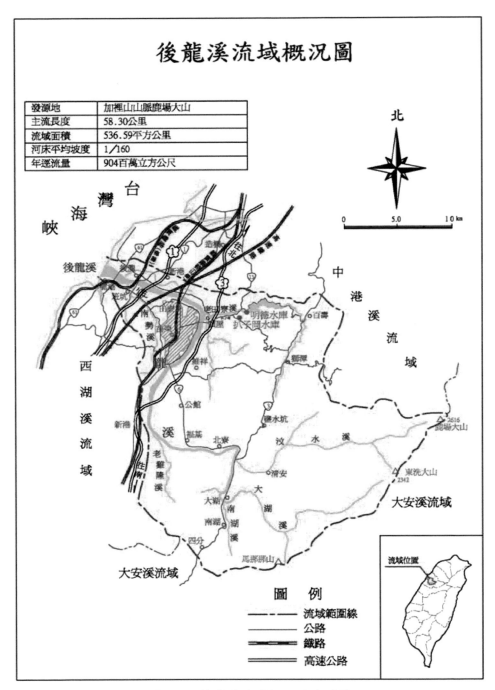

圖 2-3　後龍溪流域概況及交通圖

資料來源：台灣河川復育網，http://trrn.wra.gov.tw/trrn/understandingRiver/view.do?id=
12bf0f135000000042f7，2014/8/16 檢索。

第二節　拓墾歷史

後龍，清朝稱「後壠」，原為平埔族道卡斯族（參圖 2-4）生息之地，本名雅斯社（Yass），又名阿蘭社（Auran），因「阿蘭」與「後壠」之閩南語音相近，清康熙年間，入墾的漢人就將「阿蘭」語音訛轉為「後壠」。〔註23〕「壠」乃「田埛」之意，而後壠即是在後邊有丘壠處建村莊之意。

圖 2-4　臺灣原住民分佈圖〔註24〕

從地緣來說，苗栗地區平埔族可分為三大社群，即大甲社群（包括蓬山八社與日北社）、後壠社群（後壠五社）、竹塹社群（竹塹社與眩眩社）。後壠社群，包含後壠社、新港仔社、中港仔社、猫裡社、加（嘉）志閣社等五社。（圖2-5）在漢人入墾後壠之前，道卡斯族早已定居此地。〔註25〕

〔註23〕　呂榮泉總編輯，《苗栗地名探源》，苗栗：苗栗縣地名探源編輯委員會，1981，頁 79。

〔註24〕　黃新發，《苗栗我的家鄉》，苗栗：苗栗縣政府，1992，頁 31。

〔註25〕　尹章義總編纂，《後龍鎮志》，苗栗：苗栗縣後龍鎮公所，2002，頁 86～87；陳運棟編纂，《重修苗栗縣志卷首》，苗栗：苗縣府，2007，頁 225；范揚坤編纂，《重修苗栗縣志卷一大事志》，第一冊，苗栗：苗縣府，2005，頁 11。

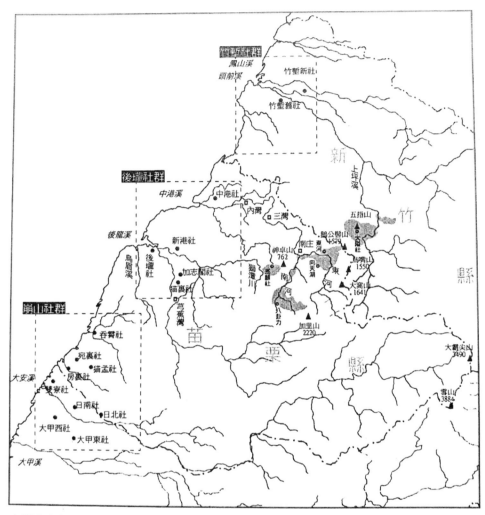

本圖出自胡家瑜主編，《道卡斯新港社古文書》，台北：國立台灣大學人類學系，1999，頁19。

圖 2-5　道卡斯族聚落分布圖〔註26〕

　　後壠社（Auran）與新港社（Torovaken）〔註27〕就在今日的後龍鎮。根據日人伊能嘉矩1897年6月的記載，後壠社座落於後壠街南方數町處，漢人稱

〔註26〕陳水木、潘英海編著，《道卡斯族後壠社群古文書輯》，苗栗：苗栗縣文化局，2002，頁496。

〔註27〕「新港社」為漢人稱呼，據日人安倍明義的說法，平埔名叫「土路巴肩社」（Torovaken）。伊能嘉矩著，《臺灣踏查日紀》上冊，楊南郡譯，台北：遠流，2015，頁109。註58。

它爲「南社」，當時有 45 戶，212 人。〔註28〕後壠社區域，包括龍津里南社、烏眉，以及北至中港溪，南至西湖溪下游流域一帶（參圖 2-6）。〔註29〕根據日人伊能嘉矩 1897 年 6 月的記載，新港社番本來聚集在這個地方，形成一個番社，後來礙於人口增多、地方小難以容納，於（1897 年）之數十年前，有90 多人遷往其西方町處形成另一個社，漢人稱「西社」，而原來的新港社稱爲「東社」。當時東社有 60 戶，622 人；西社有 39 戶，304 人。根據楊南郡研究指出東社地處今新民里，西社地域相當於今復興里。〔註 30〕推估新港社相較於現今地域之分布，張惠妹的研究指出的範圍則稍寬，新港仔社區域就在今日後龍鎮新民里、埔頂里、校椅里及復興里一帶（參圖 2-7）。〔註31〕

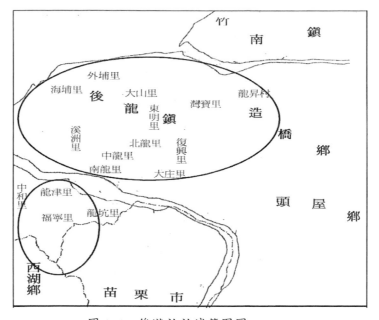

圖 2-6　後壠社社域範圍圖〔註32〕

〔註28〕 1897 年 6 月 29 日的記載。伊能嘉矩，《臺灣踏查日記》上冊，楊南郡譯，台北：遠流，2015，頁 112。

〔註29〕 尹章義總編纂，《後龍鎮志》，苗栗：苗栗縣後龍鎮公所，2002，頁 86。

〔註30〕 1897 年 6 月 28 日的記載。伊能嘉矩，《臺灣踏查日記》上冊，楊南郡譯，台北：遠流，2015，頁 108、109。註 58。

〔註31〕 張惠妹，〈清代後壠地區的開發與社會變遷〉，台北：師大歷史研究所碩士論文，2008，頁 33～34。

〔註32〕 張惠妹，〈清代後壠地區的開發與社會變遷〉，台北：師大歷史研究所碩士論文，2008，頁 33。

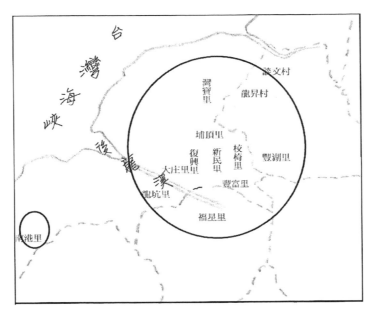

圖 2-7　新港社社域範圍圖〔註33〕

　　道卡斯族民以較肥沃的地區，種植芝麻、黍、芋等作物，牛埔地則放牧牛隻，以供驅使。其餘靠山地區，為捕鹿場所，每到秋末冬初，各社群聚眾「出草」捕鹿。〔註34〕在靠海岸地區，則建石滬（漁滬）〔註35〕，以守株待兔的方式捉魚，根據《諸羅縣志》載：

> 「自吞霄至淡水，砌溪石沿海，名曰漁滬；高三尺許（約一公尺），綿亘數十里，潮漲魚入，汐則男婦群取之；功倍網罟（牽罟）。」〔註36〕《諸羅縣志》又載：「蕃丁日暮候潮歸，竹箭穿魚二尺肥（不是網罟，多築石滬；潮退，以竹箭射取），少婦家中藏美酒，共夫倒酌夜爐圍，得魚勝得獐與鹿，全部送去頭家屋。」〔註37〕

〔註33〕張惠妹，〈清代後壠地區的開發與社會變遷〉，台北：師大歷史研究所碩士論文，2008，頁 37。

〔註34〕臺灣銀行經濟研究室編，《番社采風圖考》，臺北：臺灣銀行經濟研究室，1961，頁 27。載「淡防廳大甲、後壠、中港、竹塹、宵裏等社熟蕃，至秋末冬初，各社聚眾補鹿，名為『出草』」。

〔註35〕透過新港社古文書契約的考證，目前在後龍外埔漁港北邊尚有合歡、母乃二座石滬，南港里海邊則有一石滬。都是道卡斯族過去生計的遺跡。陳水木、潘英海編著，《道卡斯族後壠社群古文書輯》，苗栗：苗栗縣文化局，2002，頁 56。

〔註36〕周鍾瑄，《諸羅縣志》，南投：臺灣省文獻委員會，1993，頁 163。

〔註37〕周鍾瑄，《諸羅縣志》，南投：臺灣省文獻委員會，1993，頁 266。

　　可以想見平埔族除了種植作物、山區牧牛和捕獐鹿之外，石滬漁獲亦是生活產業的重心，而且當時石滬漁獲量勝過捕獐與鹿的價值。

　　荷治時期，統治區域以臺灣西南部為主，未見荷蘭人到苗栗治理及傳教的史實。不過，根據前述荷蘭人曾在荷治時期以四艘戎克船至新港仔與原住民交易，課稅之舉，代表轄內平埔族已歸附荷蘭人。

　　明永曆 15 年（1661），鄭成功驅走荷蘭人，入主臺灣後，以拓墾為務，集中經營半線（今彰化）以南的臺地，派遣各鎮營軍隊駐紮各主要溪流汛口，苗栗區則以海防為主。《從征實錄》載「六月，藩駕駐承天府，遣發各鎮營歸汛。左先鋒札北路新港仔、竹塹，以援勤後鎮、後衝鎮、智武鎮、英兵鎮、虎衛右鎮，繼札屯墾……頒發文武官，照原給額各六個月俸役銀付之開墾。」〔註38〕其所載左先鋒為楊祖，北路新港仔、竹塹（在今後龍鎮新港地區與新竹市）一帶，實施軍民合一的屯墾制度。永曆16年（1662）元月，明鄭實施「撫番」行政，以 18 人分管社事，專司「番政」，〔註39〕並於各社置通事，徵收社餉，包括新港仔社和後壠社在內等 34 社。〔註40〕永曆 24 年（1670），鄭經派遣劉國軒經略蓬山八社（今苑裡、大甲一帶）、後壠五社地區，以理番通事招撫新港社與後壠社原住民，此為苗栗後壠受明鄭經略之始，但明鄭時期尚未於此設官治理，當時閩粵人仍未定居苗栗，但在永曆 36 年（1682）有漢民從竹塹到後壠、中港等社私換番產的情事。〔註41〕

　　永曆 36 年（康熙 21 年，1682），明鄭為應戰清政府的襲擊，駐紮在北部雞籠淡水的軍隊，急需南部物資來支援，因船行風向不順，改採陸運，徵用「土番」輸送軍需，以平埔族為挑夫。然而平埔族本不善挑運，且動用人力、牛隻、物力全由平埔族負擔，加上督辦運輸的明鄭軍人惡待他們，於是新港

〔註38〕 楊英，《從征實錄》，南投：臺灣省文獻委員會，1995，頁 190。
〔註39〕 江日昇，《臺灣外紀》，臺北市：新文豐出版公司，1997，頁 21。
〔註40〕 載「諸羅三十四社土番補鹿為主，鳳山八社土番種地餬口，為鄭令補鹿各社以有力者經營，名為贌社：社商將日用所需之物赴社易鹿作脯，代輸社餉」。高拱乾，《臺灣府志》，南投：臺灣省文獻委員會，1993，頁 161。三十四社：蕭壠社、麻豆社、新港社、大武壠社、目加溜灣社、倒咯嘓社、打貓社、諸羅山社、阿里山社、奇冷岸社、大居佛社、他裡霧社、猴悶社、沙轆牛罵社、柴裡斗六社、東螺社、西螺社、南北投社、蘇務揀社、崩山社、大傑顛社、新港仔社、竹塹社、南嵌社、雞籠社、上淡水社、蘇芝干社、南社、二林社、馬之遴社、大突社、亞束社、半線大肚社、大武郡牛社。
〔註41〕 范揚坤編纂，《重修苗栗縣志卷一大事志》，第一冊，苗栗：苗縣府，2005，頁 6。

仔社、竹塹社等集體反抗，殺害各社通事，平埔族與漢人發生激烈衝突，各
社死傷慘重。在《台灣外紀》中載：「雞籠山因有重兵駐守，故起沿途土番搬
送糧食，土番素不能挑，悉是背負頭頂，軍需繁雜，不分老幼男婦咸出供役，
以致失時。況土番計口耕種，家無餘蓄，而枵腹從空，情已不堪。又遭督運
鞭韃，遂相率殺通事，搶奪糧餉，竹塹、新港等社皆應之。」〔註42〕事件過
後，受明鄭招撫者返回原社居住，反抗者則往東遷徙至今苗栗三灣、獅潭、
南庄等區域。根據陳水木從古文書契約考證指出，明鄭時期新港社的逃亡遷
移路線是溯後壠溪而上，再轉入桂竹林溪，而入獅潭鄉新店村（圖2-8）。〔註
43〕此歷史不僅暗示當時新港仔社、竹塹社在西北部社群中具有重要地位，也
略見早期平埔族向內山遷移互動的蹤跡。〔註44〕

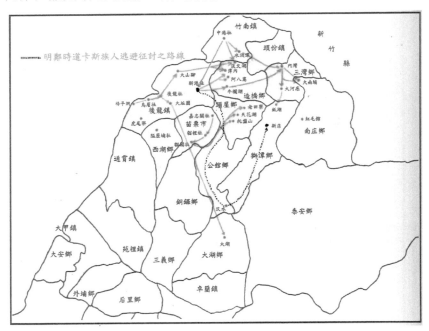

圖 2-8　明鄭時道卡斯族人逃避征討之路線〔註45〕

〔註42〕 江日昇，《臺灣外紀》，臺北市：新文豐出版公司，1997，頁397～399

〔註43〕 陳水木、潘英海編著，《道卡斯族後壠社群古文書輯》，苗栗：苗栗縣文化局，
　　　　 2002，頁56。

〔註44〕 范揚坤編纂，《重修苗栗縣志大事志》，第一冊，苗栗：苗縣府，2005，頁6；
　　　　 卓淑娟編纂，《重修苗栗縣志役政志》，苗栗：苗縣府，2005，頁4；張瑞恭編
　　　　 纂，《重修苗栗縣志住民志》，苗栗：苗縣府，2007，頁296。

〔註45〕 明鄭時道卡斯族人逃避征討之路線。陳水木、潘英海編著，《道卡斯族後壠社
　　　　 群古文書輯》，苗栗：苗栗縣文化局，2002，頁500。

康熙 22 年 8 月（1683），明鄭降清，清廷統治臺灣，招撫土番，設土官，墾荒地，但自大甲到南崁之間的開墾，復回一片草野。《諸羅縣治》記載

> 「當設縣之始，縣治草萊，文武各官僑居佳里興；流移開墾之眾，極遠不過斗六門。北路防汛至半線牛罵而止，皆在縣治二百里之內；於時當事即有台北添兵之議。然虎尾、大肚，人已視爲畏途；過此，則鮮有知其地理之險易者。又其時崩山、後壠、中港、竹塹、南嵌各港商賈舟楫未通，雖入職方，無異化外。」。〔註46〕

康熙 49 年（1710）設淡水分防千總，增大甲以上七塘，於後數年間流移開墾之眾，又漸過半線大肚溪以北，後壠塘，自半線至此一百六十里，港口深廣，直透後壠社前，可容戰船出入，爲水陸扼要之地。此後流移開墾日多，乃至南日、後壠、竹塹、南嵌等地所在而有。又據巡臺御史黃叔璥在《臺海使槎錄》提到：

> 「竹塹、後壠交界隙地中有水道，業戶請墾無幾，餘皆依然草萊。故往年自大甲溪而上，非縣令給照，不容出境。……後壠社離港三里……各有通事，往來郡治。貨物自南而北者，如鹽、如糖、如煙、如布匹衣線；自北而南者，如鹿脯、鹿筋、鹿角、鹿皮、芝麻、水藤、紫菜、通草之類。」〔註47〕

康熙 50 年（1711），北路營派兵駐守後壠，此爲漢兵駐後壠之始。康熙52 年（1713），臺灣北路營參將阮蔡文至後壠各社撫慰諸蕃，下令駐汛軍官詔諭土蕃開墾土地，後又在後壠設遞鋪，並招佃彰化漢人拓殖後壠。〔註48〕阮蔡文在詩裡描述後壠社群離縣城較遠，風俗較變。北至中港，音語只一方，他處不能辨。

> 後壠詩：「去縣日以遠，風俗日以變。顧此後壠番，北至中港限；音語止一方，他處不能辨。頭髮頂上垂，當額前後翦；髮厚壓光頭，其形類覆盌。亦有一二人，公然戴高冕；黑絲及紅絨，纏之千百轉。大有古人風，所惜雙足跣。男女八九歲，牙前兩齒劚；長大手自牽，另居無拘管；父固免肯堂，翁亦無甥館。是處兩三間，邨莊何蕭散。

〔註46〕 周鍾瑄，《諸羅縣志》，南投：臺灣省文獻委員會，1993，頁 109。

〔註47〕 黃叔璥，《臺海使槎錄》，臺北市：臺灣銀行經濟研究室，1957，頁 134。

〔註48〕 范揚坤編纂，《重修苗栗縣志卷一大事志》，第一冊，苗栗：苗縣府，2005，頁 11。

高廩置平原，黍稷有餘乾；所慮溼氣蒸，駕木如連棧。巨鮑老而堅，

行汲絡籐辮。溪水漲連旬，利涉身焉縮。豐年百禮偕，疾病顚危罕。

飮酒即高歌，其樂何衍衍！」〔註49〕

　　當時縣城在安平，阮蔡文所見之後壠社群的語言與其他地方不同，別處人聽不懂。康熙 54 年（1715），有諸羅縣之番社餉 7,708 兩，新港仔、貓裡、加至閣、中港、後壠等五社納 98 兩餘的記載。〔註50〕康熙 60 年（1721），後壠、新港仔、中港等社原住民隨藍廷貴平反朱一貴有功，清廷賞賜有加。〔註51〕康熙末年（1722），土目加苞歸順清政府，授予新港仔社土目之銜，委以社政，加苞逝世。其子貓老尉（1750～1800）繼任爲後壠五社土目，始設業戶制，各社一業戶，收番租，漢人開墾時須向業戶轉請貓老尉批准，且每年須向業戶納租，番租則供支付義塾、祭祀及社眾口糧之用。〔註52〕

　　雍正 2 年（1724），後壠、大甲一帶沿海，漢民來往墾殖漸增。雍正 9 年（1731）後壠港正式開港，是時大陸閩粵一帶移民由此登陸進墾，閩人開闢後壠至白沙墩海岸一帶，粵人則往北開闢今頭份、造橋一帶。〔註53〕雍正 11 年（1733），清廷於淡水廳各地溪汛口設汛（相當於今日海岸巡防隊），於後壠莊設後壠汛，兼管嘉志閣塘、白沙墩塘，駐兵百人，千總〔註 54〕一員掌理兵事。〔註55〕

　　乾隆 2 年（1737），廣東梅縣謝昌仁、謝鵬仁、謝雅仁、謝成仁四兄弟由

〔註49〕　黃叔璥，《臺海使槎錄》，臺北市：臺灣銀行經濟研究室，1957，頁 134～135。

〔註50〕　劉定國監修，《臺灣省苗栗縣志（卷首）》，苗栗：臺灣省苗栗縣文獻委員會，1959，頁 16。

〔註51〕　范揚坤編纂，《重修苗栗縣志卷一大事志》，第一冊，苗栗：苗縣府，2005，頁 12。

〔註52〕　廖綺貞編纂，《重修苗栗縣志地政志》，苗栗：苗縣府，2006，頁 16。尹章義總編纂《後龍鎮志》，苗栗：苗栗縣後龍鎮公所，2002，頁 402。

〔註53〕　尹章義總編纂，《後龍鎮志》，苗栗：苗栗縣後龍鎮公所，2002，頁 92。

〔註54〕　清代臺灣武官系統，分五大類：一爲台灣鎮總兵官，二爲副將，三爲參將、游擊、都司、守備，四爲千總、把總，五爲外委與額外外委。而班兵戍守台灣各地分六類組織，一標、二協、三營、四汛、五堆、六塘。汛由千總、把總調度統籌。卓淑娟編纂《重修苗栗縣志役政志》，苗栗：苗縣府，2005，頁 6。

〔註55〕　范揚坤編纂，《重修苗栗縣志卷一大事志》，第一冊，苗栗：苗縣府，2005，頁 13～15。

後壠登岸，住後壠底，由於該地早已有墾民捷足先登，遂移墾猫裡〔註56〕，之後墾民陸續開圳落墾苗栗各區，乾隆 6 年（1741）起有漢民與土番合力開墾荒埔。乾隆 20 年（1755），在猫裡地區有謝雅仁捐造三汴圳（今龜山大圳），引山溪水灌田八百餘甲。乾隆 32 年（1767）間，建後壠堡嘉志閣圳。水圳開鑿之後，更利於墾地灌溉，到乾隆中葉，客家人開墾猫裡，已超過八百餘甲地。根據廖綺貞的研究，當時廣東人已在猫裡開墾，皆需向番族納租，直到光緒20 年（1894）才停止納繳。廣東人在苗栗開墾，並無使用武力，乃向後壠、猫閣等番社，和平洽協劃地開墾，惟劃界未見正確，才起爭界糾紛，甚至互相殺害。〔註57〕

根據《後龍鎮志》收錄《清代大租調查書》部分契約書所載：

> 「立佃批後壠等五社通事合歡，土目假己、虎狗鰲、右貳乃、猫大尉、愛女、加疱或、馬力、什班、瓦鰲等，緣歡有埔地一所，坐落歡等後壠界内海墩，土名舊社後過溝。……歡等思各社番丁每日俱要輪流守把隘口，且又不諳耕種，因招原佃謝雅仁就原墾圳頭東勢第一、二、三、四、五等山窩計田甲分，再給田批付執……歷年以歡土目為業主墾。」

乾隆六、七年（1741、1742）漢人通事鍾啟宗為後壠五社通事，招佃戶開圳築田，佃戶梅縣人謝雅仁進墾後壠界內海墩，土名舊社後過溝（今後龍溪北岸靠海一帶的幾個里）的荒埔，當時因該地屢遭風災雨害，故於乾隆 27 年再行立契約書。此乾隆六、七年的開墾事蹟，為本鎮地區最早開墾的契約證明。契約中「山窩」，為客家人稱呼丘陵地、山坡地之意，可見乾隆年間後壠地區的開墾佃戶中，也包含客家人在內。乾隆 12 年（1747），後壠及新港

〔註56〕古文書「貓裡」，乾隆 13 年左右粤人開拓此地時稱為「貓里庄」，原為道卡斯平埔族 Miyori 之譯音的諧音字，即平原之意。根據《臺灣府志》的記載，當初把平埔番社名寫成「貓裏」，移民庄名寫成「貓里」，以資區別。後來兩者混淆併用。光緒 1889 年苗栗設縣，才改為近音「苗栗」。安倍明義，《臺灣地名研究》，台北：武陵，2000，頁 140；張德水，《臺灣種族地名政治沿革》，台北：前衛，2002，頁 220。花松村編纂，《台灣鄉土續誌》第一冊（台灣續論台灣省），台北：中一出版社，1999，頁 845；黃鼎松編纂，《重修苗栗縣志人文地理志》，苗栗：苗縣府，2007，頁 10。

〔註57〕范揚坤編纂，《重修苗栗縣志卷一大事志》，第一冊，苗栗：苗縣府，2005，頁 17、19、21；廖綺貞編纂，《重修苗栗縣志地政志》，苗栗：苗縣府，2006，頁 15。

仔二社土官烏牌媽媽以及社民，招佃漢人張盛入墾咖叭蛤得勼草地，共 20 甲
土地。〔註 58〕該年，還有海豐人張子慶開墾新港仔（今校椅、埔頂、新民、
復興四里），陸豐縣人彭祥瑤由後壠頭湖遷往貓裡嘉志閣大墩下開墾等事蹟。
〔註 59〕另從《道卡斯族新港古文書》及清代官方文書《淡新檔案》中，可見
清乾隆時期漢人與平埔族，已有契約買賣石滬及墾地之事。〔註 60〕乾隆 23 年
（1758），臺灣知府覺羅四明，奉命告諭劃歸熟番，剃髮蓄辮，服飾冠姓如漢
人，中港社、後壠社、新港仔社等地，有林、夏、劉、潘、胡、吳、李、施、
呂、解、張、陳、康、葛、洪等 15 姓。〔註 61〕

　　根據《後龍鎮志》收錄《道卡斯族新港古文書》的契書所載，乾隆 29 年
（1764）有同安縣林氏、乾隆 30 年（1765）安溪縣張氏、乾隆 34 年（1769）
安溪縣林氏等入墾新港仔社，陸續各有閩南人、客家入墾。整個新港仔社偏
東一帶的地勢漸高，漢人入墾前是新港社民的牛埔地，到嘉慶初年間，已多
有漢人瞨耕開墾，〔註 62〕瞨耕爲平埔土著業主或漢人墾戶給佃戶。

　　乾隆 31 年（1766）清政府實行民番分治，設理番同知。乾隆 36 年（1771）
後有漳州人許山河率 30 餘人，從中港南拓至山仔頂、苦苓腳、後壠等地。乾
隆 51 年（1786），土目衛什班招集漢佃往墾田心仔（今北龍里），隔年，又發
生林爽文事件，後壠、新港仔、貓裡社番等附和林氏，而中港社與中港溪北
各社番乃助清軍，各社互相攻殺。事件後，清廷爲獎賞平埔族協助有功，賜
社番漢姓並撥出近山未墾埔地與番胞。墾民劃地開墾，漸次因劃界問題，起
爭界糾紛，甚至互相械鬥殺害。至乾隆 54 年（1789），淡防廳查丈漢番界址，
由理番同知出面調解，確劃墾界：貓裡、新港仔、下打哪叭、白沙墩、黃芒
埔、西山、社寮岡、嘉志閣、田寮、後壠、大庄等處，命令佃人及通事等宜
各安業佃。〔註 63〕

　　乾隆 60 年（1795），後壠設堡，就此，後壠成爲貓裡地區之行政中心，

〔註 58〕 尹章義總編纂，《後龍鎮志》，苗栗：苗栗縣後龍鎮公所，2002，頁 93～96。
〔註 59〕 范揚坤編纂，《重修苗栗縣誌卷一大事志》，第一冊，苗栗：苗縣府，2005，
　　　　 頁 18～19。
〔註 60〕 尹章義總編纂，《後龍鎮志》，苗栗：苗栗縣後龍鎮公所，2002，頁 94～112。
〔註 61〕 劉定國監修，《臺灣省苗栗縣誌（卷首）》，苗栗：臺灣省苗栗縣文獻委員會，
　　　　 1960，頁 27～28。
〔註 62〕 尹章義總編纂，《後龍鎮志》，苗栗：苗栗縣後龍鎮公所，2002，頁 97～102。
〔註 63〕 范揚坤編纂，《重修苗栗縣志卷一大事志》，第一冊，苗栗：苗縣府，2005，
　　　　 頁 21～24。

掌管二街、三十一莊：猫裡街、後壠街。山仔頂莊、百三莊、圓寶莊、大莊、海豐莊、溝仔背莊、新港埔莊、溪州莊、松子腳莊、後龍底莊（以上在今後龍鎮）；車路頭莊、田寮莊、西山莊、芒花埔莊、社寮崗莊、嘉志閣莊（以上在今苗栗市）；蛤仔市莊、大牆圍莊、芎蕉灣莊、七十分莊、樟樹灣莊、銅鑼灣莊（以上在今銅鑼鄉）；高埔莊、頭湖莊、二湖莊、三湖莊、四湖莊、南勢莊、打哪叭莊、牛欄埔莊（以上在今西湖鄉）；白沙墩莊（在今通霄鎮）。〔註64〕漢民陸續來台，墾地築圳灌溉，後壠溪下游沿岸平原的後壠和猫裡，成為苗栗先民最早駐足之區，先民落地生根，造橋建廟，在乾隆中葉之後，後壠結合溪流沿岸平原、港口、軍塘、官道交通等有利機能，帶動「後壠街」發展成人口聚集的熱鬧市街。嘉慶年間，更陸續修築猫裡後壠道、猫裡公司寮道，〔註65〕交通來往，促進財貨商賈宗教等各樣的流通。

漢民漸多後，往墾後壠四周，發展區域漸廣。清咸豐 11 年（1861），後壠築中、南、北三大圳之後，吳氏從後壠、新港兩庄熟番讓得開墾權，率隘丁、佃人等四十餘人，進大寮開墾，從事製腦、耕植，歷時 27 年，得大湖移往佃人二百三十餘戶，足見在咸豐年後，後壠周邊多已開墾發展起來。且自雍正 11（1733）年設後壠汛以來，猫裡各地塘汛紛設，駐兵分移駐各塘汛。乾隆 31 年（1766），閩浙總督蘇昌亦奏曰：「查後壠庄已成腹地，不須多兵，現在駐外委千總各一員，兵七十四名。」〔註66〕至同治 8 年（1869），後壠汛駐兵裁留剩 53 名。〔註67〕可見後壠腹地逐漸發展形成規模。根據《續修臺灣府志》，後壠莊距竹塹廳城約 48 里，後壠街位於後壠莊之北，距竹塹廳城約 40 里，後壠社距距竹塹廳城約 45 里，與後壠街莊約距 3～5 里；新港仔莊距竹塹廳城約 49 里，新港仔社距竹塹廳城約 40 里，新港仔社與莊之間相距 9 里。〔註68〕可見漢人街莊與道卡斯族社相距不遠，交替分布，但彼此的聚落有別（參圖 2-9）。

〔註64〕 范揚坤編纂，《重修苗栗縣志卷一大事志》，第一冊，苗栗：苗縣府，2005，頁 25。尹章義總編纂，《後龍鎮志》，苗栗：苗栗縣後龍鎮公所，2002，頁 119。

〔註65〕 黃鼎松編纂，《重修苗栗縣志人文地理志》，苗栗：苗縣府，2007，頁 12。

〔註66〕 不著撰人，《清高宗實錄選輯》，台北：台灣銀行經濟研究室，1964，頁 148。

〔註67〕 范揚坤編纂，《重修苗栗縣志卷一大事志》，第一冊，苗栗：苗縣府，2005，頁 40、44～45。

〔註68〕 余文儀，《續修臺灣府志》，台北：台灣銀行經濟研究室，1962，頁 75、82、90。

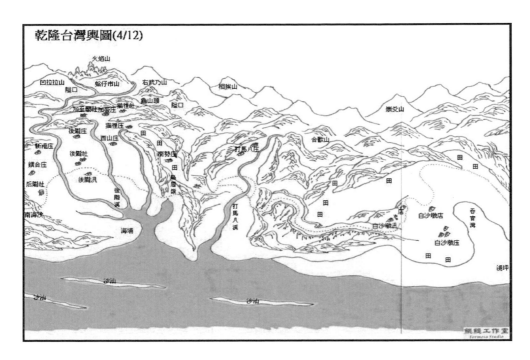

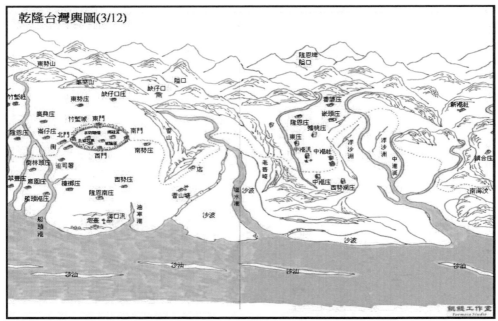

圖 2-9　乾隆臺灣輿圖之中港竹塹後壠地區圖 〔註69〕

〔註69〕　鯤鯓工作室，http://blog.xuite.net/ccy1217/Formosa/66405556，2014/8/30 檢索。

　　嘉慶道光年間，漳、泉、粵民各派之墾民常因爭奪生存空間，而有械鬥〔註70〕。根據後龍鎮「愍善祠碑記」所載，嘉慶11年（1806）漳派壯丁聯合海盜蔡牽黨羽突擊泉人村莊，四百餘泉州人遇害。〔註71〕爲防範械鬥禦盜賊，後壠始建土堡，《苗栗縣志》載「後壠土堡，在打那叭溪北，縣北一十里；有營汛，堡外環植莿竹，週圍約三百餘丈，設四門，道光十四年，紳民稟官捐建。」〔註72〕文中打哪叭溪即今西湖溪，營汛即後壠汛，駐紮在城堡西南側，爲今後龍鎮中龍里、南龍里營盤埔一帶，今日後龍教會所在地址是苗栗縣後龍鎮南龍里城外98-1號。地址「城外」述出後龍早期確有古城牆。查《後龍鎮誌》，該城牆以後壠溪邊鵝卵石壘砌而成，高約二米，城牆內側傾斜，裨益居民能攀上牆頂，居高防守；牆外壁垂直，使來犯者不易攀爬，城堡外以莿竹來保護。此莿竹爲番竹種，高可達四、五丈，節密有刺如鷹爪，臺灣人多植屋外，以禦盜賊。〔註73〕

　　教育方面，雍正11年（1733），清廷設後壠汛於後壠莊，並開設後壠、新港社學，招來平埔族子弟學習漢文化。〔註74〕《苗栗縣志》載「新港社距城十里，設義塾一館，學穀年七十石；後壠社距城十一里，設義塾一館，學穀年六十石」。〔註75〕乾隆年間，猫老尉繼任爲後壠五社土目，各社始收番租，番租部分供義塾需用。

　　根據《後龍鎮志》載：

　　　　猫老尉他的身份有新港社土目、副通事、通事和業戶等。猫老尉的
　　　　三個兒子道生、速生和進生，更接受漢人的教育，經通漢文，經常
　　　　代筆寫古文書，後來也都陸續在新港社擔任重要的行政職務。猫老
　　　　尉家族從清初開始直到日據時代爲止，一直是新港社與統制政權溝
　　　　通往來的重要管道。家族中曾任土目、通事、業戶、管事或保正等
　　　　頭人者，已知的至少有加苞、猫老尉、進生、道生、速生、什班、

〔註70〕清領時期有紀錄可查之械鬥事件達52件，在苗栗縣發生或受到波及的有11件。尹章義總編纂，《後龍鎮志》，苗栗：苗栗縣後龍鎮公所，2002，頁485～486。

〔註71〕尹章義總編纂，《後龍鎮志》，苗栗：苗栗縣後龍鎮公所，2002，頁486。

〔註72〕沈茂蔭，《苗栗縣志》，南投：臺灣省文獻委員會，1996，頁45。

〔註73〕尹章義總編纂，《後龍鎮志》，苗栗：苗栗縣後龍鎮公所，2002，頁326、480。

〔註74〕范揚坤編纂，《重修苗栗縣志卷一大事志》，第一冊，苗栗：苗縣府，2005，頁14～15。

〔註75〕沈茂蔭，《苗栗縣志》，南投：台灣省文獻委員會，1996，頁151。

劉登春、劉承恩和劉連震等，貓老尉家族可以說是最主要的頭人之
家。〔註76〕

　　竹塹鄭氏祖籍福建漳州府漳浦縣，康熙年間始祖鄭懷仁遷入金門（浯
江），乾隆四十年（1775 年），三世長子鄭國周率四弟國唐、五弟國慶及國唐
長子崇和來臺，定居竹塹後壠的溪洲。鄭崇和（1756～1827）九歲喪母，少
時好讀書，但屢試不第，後來捐爲監生。他來臺後先在後壠教書，後遷至竹
塹，因有不少富家子弟前來就學，而累積了一些資財，同時也從事土地的開
墾，所以鄭家很快的成爲竹塹地區的富有家族。在公共事務方面，他扮演著
地方領導人的角色。嘉慶十年（1805 年）海盜蔡牽侵犯淡水廳地區，他募勇
防守後壠。嘉慶二十年（1815 年）發生飢荒，崇和發粟平價。二十五年（1820
年）瘟疫流行，他又施藥濟助，救活不少人命，對死者則捐棺助葬。道光四
年（1824 年），大吏運米糧赴天津，他率先響應。此外，鄭崇和也曾在竹塹設
隘防番，並且勸息閩粵械鬥。由於功在鄉梓，道光七年（1827 年）去世後即
入祀鄉賢祠，鄭崇和娶中港人陳氏素爲妻，先是收養大哥長子鄭用鍾，後生
三子，即鄭用錫、鄭用錦、鄭用鈺。鄭崇和的四個兒子均各有成就，鄭用鍾
雖然沒有功名，但以經營實業著稱。鄭用錦是秀才，鄭用鈺則是歲貢生。而
其中最著名的是次子鄭用錫，他是道光三年（1823 年）進士，官至禮部員外
郎，晚年興築著名的北郭園以自娛。用錫卒後入祀鄉賢祠，誥授中憲大夫晉
封通奉大夫，同時父以子貴，鄭崇和也誥贈通奉大夫。〔註77〕

　　後壠庄人杜國興，原籍福建省同安縣，於道光 14 年（1834）登甲午科武
舉。同治 6～9 年間（1867～1870），嚴金清建中港、後壠、貓裡、吞霄、大
甲等社塾，撥義倉 3600 石爲學資。光緒 15 年（1889），原位於臺南府學訓導
移駐苗栗，改爲苗栗縣學訓導。後壠庄人杜式珪〔註78〕，原籍福建同安縣，
於光緒 17 年（1891）辛卯科授以恩貢生，於光緒 18～20 年間（1892～1894）

〔註76〕 尹章義總編纂，《後龍鎮志》，苗栗：苗栗縣後龍鎮公所，2002，頁 402～403。
〔註77〕 林文進總編，《漁豐米足後龍鎮》，苗栗：苗栗縣政府，1996，頁 112。
〔註78〕 《苗栗縣志》纂輯：同知銜特授苗栗縣知縣沈茂蔭（字槐堂，浙江蕭山人），
　　　　採訪：舉人謝錫光（字耀卿，本縣人）、舉人謝維岳（字崧生，本縣人）、生
　　　　員黃文哲（字仲明，本縣人）、生員李鍾萼（字祥甫，本縣人）、恩貢生杜式
　　　　珪（字棠南，本縣人）、附貢生曾肇楨（字蓋臣，本縣人）、生員郭鏡清（字
　　　　謀澄，本縣人）、廩生黃肇儒（本縣人）。2017/5/16 檢索，臺灣文獻叢刊資料
　　　　庫，http://tcss.ith.sinica.edu.tw/cgi-bin/gs32/gsweb.cgi/ccd=qkFIRn/ebookviewer?
　　　　dbid=EB0000000159&initpage=1&db=ebook#

參與沈茂蔭編纂之《苗栗縣志》時的採訪。杜氏成為後瓏望族之一。明治 30 年（1898）於後瓏，設公學校「苗栗國語傳習所後龍分教場」。〔註79〕

　　同治 13 年 8 月 22 日（1874），杜和安擔任竹南二保後瓏街庄團練分局總理，管轄當時二十四庄。竹南二保二十四庄庄正副姓名清單，計開如下（表2-1）。而後瓏各庄庄正庄副給發戳記，是於同治 13 年 9 月 2 日簽發。〔註80〕

表 2-1　同治 13 年 8 月（1874）竹南二保二十四庄庄正副姓名清單

編號	1	2	3	4	5	6
庄名	後瓏底庄	松仔腳庄	烏眉庄	海口厝庄	打哪叭崎頂	員寶庄
庄正	林得	顏萬基	鄭金生	黃丹	陳添	吳註
庄副	黃獅	汪紅	吳吉	宋壯	王盛	楊才
編號	7	8	9	10	11	12
庄名	山邊庄	百三庄	新港庄	外埔庄	柳樹灣	水尾庄
庄正	林福壽	黃清水	陳阿金	朱東	陳崑玉	林良
庄副	駱喜	紀才	蕭阿九	陳媽乞	黃森	鄭媽乞
編號	13	14	15	16	17	18
庄名	大庄	埔頂庄	田心仔庄	社腳庄	溪洲庄	后厝庄
庄正	鄭媽等	周慄	朱天因	張石來	蔡瑞蘭	林朝陽
庄副	謝泉水	魏開宗	林連旺	陳友熊	陳枝	李金
編號	19	20	21	22	23	24
庄名	汕頭庄	山仔頂、潭內合庄	網紘仔庄	頂下埒尾庄	北埔庄	興化庄
庄正	蔡茱鬟	周阿丁	陳槙祥	李烏獅	陳允	陳媽智
庄副	黃天	鄭枝發	吳得	呂全	黃前	連清和

　　光緒 12 年（1886）臺灣省設釐金總局，收取腦釐、茶釐、百貨釐金等，竹南二堡設有後瓏釐金局，〔註81〕設置稅收處，反映臺灣於光緒年間商賈繁

〔註79〕 范揚坤編纂，《重修苗栗縣志卷一大事志》，第一冊，苗栗：苗縣府，2005，頁 33、44、57、60、77。
〔註80〕 國立臺灣大學圖書館《淡新檔案》（TH12215.001、TH12215.002、TH12215.003）。台灣歷史數位圖書館（THDL），http://thdl.ntu.edu.tw/，2017/7/12 檢索。
〔註81〕 范揚坤編纂，《重修苗栗縣志卷一大事志》，第一冊，苗栗：苗縣府，2005，頁 54。

榮氣象。《淡新檔案》記載同治 13 年 8 月 22 日（1874），杜和安即擔任竹南二保後壠街庄團練分局總理，管轄當時二十四庄。總理協同該地紳商殷戶等，辦理團練壯丁，保衛家園。〔註 82〕後因查杜和安不遵辦查照男女丁口清冊稟繳，置公事於不問，責處是屬藐法，另舉派充後壠街庄總理。後壠街總理杜和安之諭戳於光緒 12 年 4 月 20 日（1886）吊繳。〔註 83〕光緒 12 年 4 月 5 日（1886）據郊戶金致和出具保證陳清溪為人誠實，熟練公事，又因總理需奉查辦保甲、新設厘金等重責，不宜懸缺，准予陳清溪充當後壠街庄總理。〔註 84〕

　　清光緒 15 年（1889），苗栗縣設縣治於猫裡街夢花庄（舊名黃芒埔），客家人聚集之猫裡，繁榮成市。光緒年間，苗栗地區行政中心移往苗栗。但由於後壠港是苗栗地區的吞吐港，後壠的經濟活動依舊比縣城活絡，市鎮規模也比較大。〔註 85〕

第三節　行政區域的變革

　　荷治時期區域以臺灣西南部為主，發展未及於苗栗。明永曆 15 年（1661）鄭成功以臺灣為東都，改赤崁樓為承天府，置天興、萬年二縣，苗栗隸屬天興縣。明永曆 18 年（1664）置通事於大甲社，明永曆 30 年（1676）置通事於竹塹。

　　康熙 22 年（1683）8 月，明鄭投降，清廷入臺，設土官，墾荒地。〔註 86〕清廷設一府三縣，一府為臺灣府，府治在安平，隸屬福建省；三縣為臺灣、鳳山、諸羅。諸羅轄境南起蔦松新港，北至大雞籠山後，苗栗之地盡屬諸羅縣，三縣治皆設於安平。康熙 40 年縣治移到佳里興堡，康熙 43 年才遷到諸

〔註 82〕 國立臺灣大學圖書館《淡新檔案》（TH12215.001）。台灣歷史數位圖書館（THDL），http://thdl.ntu.edu.tw/，2017/7/12 檢索。

〔註 83〕 國立臺灣大學圖書館《淡新檔案》（TH12229.004、TH12229.006）。台灣歷史數位圖書館（THDL），http://thdl.ntu.edu.tw/，2017/7/12 檢索。

〔註 84〕 國立臺灣大學圖書館《淡新檔案》（TH12229.002、TH12229.003、TH12229.005）。台灣歷史數位圖書館（THDL），http://thdl.ntu.edu.tw/，2017/7/12 檢索。

〔註 85〕 張惠妹，〈清代後壠地區的開發與社會變遷〉，台北：師大歷史研究所碩士論文，2008，頁 109。

〔註 86〕 范揚坤編纂，《重修苗栗縣志卷一大事志》，第一冊，苗栗：苗縣府，2005，頁 5～9。

羅山（今嘉義）。康熙 50 年（1711），北路營派兵駐汛後壠社。康熙 56 年（1717）臺廈兵備道梁文科巡視北路，到淡水，因目睹理番通事之弊，遂廢通事而改以書記。同年，於後壠設遞鋪，安置鋪兵 3 人以遞送公文。1721 年，臺灣發生朱一貴反清事件，事平之後，於雍正元年 1723 年，清廷畫虎尾溪以北大甲溪以南，設彰化縣（縣治設於半線，今彰化市），增置淡水海防廳，轄 35 莊，本鎮隸屬淡水廳，雍正 11 年（1733），廳治移設竹塹（今新竹），清廷於淡水廳各地溪汛口設汛（相當於今日海岸巡防隊），於後壠莊設後壠汛，兼管嘉志閣塘、白沙墩塘，駐兵百人，千總一員掌理兵事。乾隆 60 年（1795），清廷設置後壠堡，轄後壠街、貓裡街二街、三十一莊。〔註 87〕自此起到光緒 15 年（1889），近百年統轄後壠、貓裡一帶的政治中心都在後壠。

　　光緒 4 年（1878），清廷增設臺北府，並且劃淡水廳治為淡水、新竹兩縣，都隸屬臺北府。隔年，後壠堡改稱「竹南二堡」，隸屬新竹縣，置堡長，轄二街、31 庄。光緒 11 年（1885）臺灣建省，設一道二府八縣四廳。光緒 13 年（1887）臺灣方正式建省，設一道三府十一縣三廳一直隸州，省城擇於原彰化縣橋仔圖（今臺中市），並於省城所在地新設臺灣府及臺灣縣，原臺灣府改稱臺南府，原臺灣縣改稱安平縣。

　　光緒 15 年（1889 年）臺北府新竹縣分拆為兩縣之際，將新的縣治「貓裡」改為近音雅字之苗栗，以作為新的縣名、堡名及街名，是苗栗設縣之始，縣治設於貓裡街北夢花庄（舊名黃芒埔）。清代當時的苗栗縣轄有苗栗一堡（又稱「苗栗堡」，未建縣之前為「竹南二堡」）、苗栗二堡（又稱「吞霄堡」，未建縣之前稱為「竹南三堡」）、苗栗三堡（又稱「大甲堡」，未建縣之前稱為「竹南四堡」），居民大多由廣東、福建移民而來，以客家人居多。當時後壠改稱苗栗一堡後壠，堡治設於貓裡。自清乾隆末年設後壠堡近百年以來，統轄後壠、貓裡一帶的政治中心，遂移入貓裡。〔註 88〕從十七世紀以來臺灣所經過的各統治階段，可見後龍鎮所屬之苗栗區域行政隸屬變革情形（參表 2-2、2-3）。

　　清光緒 21 年（1895），清廷與日方簽訂馬關條約，將臺灣割讓給日本，臺灣進入日據時期。日人據臺後，設置臺灣總督府於臺北，將全臺分成臺北、

〔註 87〕　范揚坤編纂，《重修苗栗縣志卷一大事志》，第一冊，苗栗：苗縣府，2005，頁 11、13～14、25。

〔註 88〕　尹章義總編纂，《後龍鎮志》，苗栗：苗栗縣後龍鎮公所，2002，頁 113～114。

臺灣、臺南三縣及澎湖一廳；廢苗栗縣，將原苗栗縣所轄中港溪以南併歸臺灣縣。三縣下分置十二廳，苗栗支廳仍管轄原境。日明治 29 年（1896），改臺灣縣爲臺中縣，本鎮隸屬於臺中縣。日明治 30 年（1897），再改全臺爲六縣三廳，臺北、新竹、臺中、嘉義、臺南、鳳山六縣，及宜蘭、臺東、澎湖三廳。廢掉支廳改爲辦務署，合併苗栗新竹兩支廳所轄區域爲新竹縣，在今苗栗縣境內設苗栗、苑裡、大甲、頭份等四個辦務署和大湖、南庄兩撫番署，本鎮屬苗栗辦務署。日明治 31 年（1898），又再改全臺爲三縣三廳，臺北、臺中、臺南三縣，及宜蘭、臺東、澎湖三廳。廢新竹縣，劃中港溪以北歸爲臺北縣；中港溪以南原苗栗縣三堡則屬臺中縣，廢苑裡、大甲、頭份三個辦務署，保留苗栗辦務署。日明治 32 年（1899），日人改街庄、社長的管轄區域，以街成立之區稱街長；街庄混合者稱街庄長；庄稱庄長，並廢止庄正、結首等職銜。日明治 34 年（1901）11 月，總督府認爲原先「縣廳－辦務署」之制，在行政事務上有欠靈活，乃將臺灣地方行政區域由三縣三廳改爲二十廳，直屬總督府，加重地方廳級的裁量權。並配合警務與保甲，完成「廳－支廳－區－街庄」的行政體系。其中「區」爲下級行政輔助機構，輔助統領區內各街庄。改苗栗辦務署爲苗栗廳。日明治 35 年（1902），苗栗廳治設於苗栗街，下設後壠、通霄、三汊河、大湖、大甲 5 個支廳、28 個街庄役場，本鎮隸屬後壠支廳。日明治 42 年（1909），日人將全臺併爲臺北、宜蘭、桃園、新竹、臺中、南投、嘉義、臺南、阿猴、臺東、花蓮港、澎湖等 12 廳。苗栗之苗栗三堡劃歸臺中廳，其餘歸併新竹廳。新竹廳下設苗栗、後壠、通霄、三汊河、大湖 5 個支廳，支廳下分爲 21 區。日明治 43 年（1910），日人廢街、庄、社，改設置爲區，改街庄長爲區長，苗栗五支廳共轄 21 區，109 個街庄、社，本鎮隸屬後壠支廳，轄有後壠、新港、公司寮、造橋等四區，共 21 庄。

　　日大正 9 年（1920），日人改劃全臺爲臺北、新竹、臺中、臺南、高雄等五州，及花蓮、臺東、澎湖等三廳。原新竹、桃園、苗栗合併爲新竹州，新竹州分爲桃園、大溪、中壢、新竹、竹東、苗栗、竹南、大湖等郡，州治設在新竹街，今苗栗縣相當於當時新竹州下之苗栗、竹南、大湖三郡，本鎮隸屬竹南郡，同時「後壠」改爲「後龍」，並設街庄役場（即「區」長的辦公地點），此行政區劃持續到 1945 年光復結束後。

　　民國 34 年（1945），日本戰敗投降，臺灣光復。隔年，新竹州接管委員會成立，設置新竹縣政府，縣治設在桃園。苗栗、竹南、大湖三郡改爲區，隸屬新竹縣，郡役所改爲區署，郡下的街庄役場改爲鄉鎮公所，後龍當時爲竹南區署下的後龍鄉，轄有 23 村，共 348 鄰。民國 39 年（1950），苗栗縣政府正式成立，廢苗栗、竹南、大湖三區，改爲 18 鄉鎮，民國 40 年（1951）4 月，後龍鄉升格爲後龍鎮，迄今轄有 23 里（參表 2-3）。〔註 89〕街莊村里的名稱在各時期也有變革，例如：南龍里於清朝時期到日據時期，稱「營盤前」；埔頂里、校椅里、新民里、復興里等地，日據時代稱新港庄，東西社、社腳，清領時期則稱新港街、新港莊（新港仔）（參表 2-4）。

　　後龍鎮依地理環境，23 里可劃歸爲 5 區（參圖 2-10），市街地區：中龍、北龍、南龍、大庄。新港地區：豐富、校椅、新民、復興、埔頂。大山地區：東明、大山、海寶、灣寶。濱海地區：外埔、海埔、秀水、水尾、溪洲；溪南地區：龍坑、龍津、福寧、中和、南港。

　　本文所指後龍長老教會，現址爲後龍鎮南龍里城外 98-1 號。「南龍里」，在後龍溪北岸，在地居民俗稱「街尾」，舊稱「營盤前」，因清代時期有屯兵據守而得名，「營盤」即兵營或屯兵之意。臺灣光復後，因這地位於後龍街的南邊而得名「南龍」，其地區包括營盤前、三十二間、十六間一帶。日昭和十年（1935），因中部大地震，房屋倒塌不少，區長在該地分別建屋三十二間及十六間，供難民居住，因而有此稱呼。南龍里過去曾經是繁華市區，但自後龍市集商圈往中龍里、北龍里及大庄里遷移後，便成了「街尾」沒落下來，目前這地每逢週日晚上攤販聚集，形成後龍夜市熱鬧區，附近則散落少數幾家工廠及務農居民。〔註 90〕

〔註 89〕 尹章義總編纂，《後龍鎮志》，苗栗：苗栗縣後龍鎮公所，2002，頁 113～117。
〔註 90〕 尹章義總編纂，《後龍鎮志》，苗栗：苗栗縣後龍鎮公所，2002，頁 119、126。

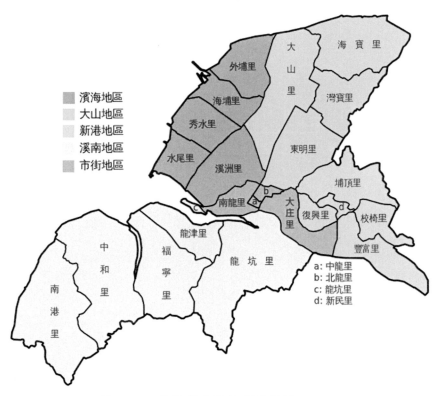

圖 2-10　後龍鎮各里地理分區圖〔註91〕

表 2-2　清領時期臺灣行政區域的演變

十七世紀		十八世紀		十九世紀		
西元	1684～1722	1723～1786	1787～1874	1875～1884	1885～1895	
清朝	康熙23～61年	雍正1～13年 乾隆1～51年	乾隆52～60年 嘉慶1～25年 道光1～30年 咸豐1～11年 同治1～13年	光緒1～9年	光緒10～20年 日本入台統治初年	
大事	納入福建省	朱一貴事件	林爽文事件	日軍侵臺	清法戰爭後	
隸屬	福建省	福建省	福建省	福建省	臺灣省	
清領時期臺灣行政區域的演變	臺灣府	臺灣縣 鳳山縣 諸羅縣	臺灣府	臺灣縣 澎湖廳 鳳山縣 諸羅縣	臺灣府	臺灣縣 澎湖廳 鳳山縣 嘉義縣 1787	臺灣府	臺灣縣 澎湖廳 鳳山縣 恆春縣 嘉義縣 1875	臺南府	安平縣 澎湖廳 鳳山縣 恆春縣 嘉義縣

〔註91〕後龍鎮（台灣），2014/7/25 檢索，http://zh.wikipedia.org/wiki/%E5%BE%8C%E
9%BE%8D%E9%8E%AE_(%E5%8F%B0%E7%81%A3)。

			彰化縣	彰化縣	彰化縣 埔里社廳 卑南廳 1875	臺灣府	彰化縣 雲林縣 苗栗縣〔註92〕1889 埔里庄廳
							臺東直隸州
			淡水廳	淡水廳 噶瑪蘭廳 1810	臺北府	新竹縣 淡水廳 雞隆縣 宜蘭縣	臺北府 新竹縣 淡水縣 基隆廳 宜蘭縣 南雅廳
本文提及之歷史人物				1865 年馬雅各來南臺灣 1871 年甘爲霖來南臺灣 1872 年馬偕落腳北臺灣 1874 年欽差大臣沈葆楨來臺視察			1885 年首任巡撫劉銘傳駐臺北（1885～1891） 1891 年邵友濂繼任巡撫（1891～1898）

表 2-3　後龍地區隸屬之行政區域變革表〔註93〕

統治王朝	王朝紀年	西元	隸屬之行政區域	註記
明鄭時期	永曆 15 年	1661	東都承天府天興縣	
	永曆 18 年	1664	東寧承天府天興州	
清領時期	康熙 22 年	1683	福建省臺灣府諸羅縣	
	雍正元年	1723	福建省臺灣府淡水廳	
	雍正 10 年	1732	福建省臺灣府淡水廳竹塹堡	
	乾隆 60 年	1795	福建省臺灣府淡水廳後壠堡	置後壠堡於後壠汛，設堡長一人，掌管猫裡、後壠共 2 街，31 庄。
	道光 10 年	1830	福建省臺灣府淡水廳後壠堡	

〔註92〕苗栗，即從前之貓裏社·雍正元年，北路設淡水廳；貓裏隸廳治，爲淡南二堡，距城五十里·後北路添設臺北府，將廳治改設新竹縣；貓裏隸新竹·至光緒十五年，臺灣巡撫劉銘傳奏准臺灣改設行省，中路添建一府曰臺灣府；將新竹界內中港渡以下劃爲苗栗，設縣於貓裏街北之夢花莊（舊名黃芒埔），與臺灣、彰化、雲林各縣同隸於臺灣府。沈茂蔭，《苗栗縣志》，臺北：臺灣銀行經濟研究室，1962，頁 15。

〔註93〕整理自臺灣省文獻委員會，《重修臺灣省通志》，卷七政治志，建置沿革篇，南投：臺灣省文獻委員會，1991，頁 15～328；尹章義總編纂，《後龍鎮志》，苗栗：苗栗縣後龍鎮公所，2002，頁 113～117、150；范揚坤編纂，《重修苗栗縣志卷一大事志》，第一冊，苗栗：苗縣府，2005，頁 25。

	光緒 5 年	1879	福建省臺北府新竹縣竹南二堡	
	光緒 15 年	1889	臺灣省臺灣府苗栗縣苗栗一堡	1885 年臺灣設省
日據時期	明治 28 年	1895	臺灣縣苗栗支廳 臺灣縣民政部苗栗出張所	
	明治 29 年	1896	臺中縣苗栗支廳	
	明治 30 年	1897	新竹縣苗栗辦務署	
	明治 31 年	1898	臺中縣苗栗辦務署	
	明治 34 年	1901	苗栗廳後壠支廳	
	明治 42 年	1909	新竹廳後壠支廳	
	大正 9 年	1920	新竹州竹南郡後龍庄	
光復以後	民國 35 年	1946	新竹縣竹南區署後龍鄉	
	民國 40 年	1951	苗栗縣後龍鎮	1950 年苗栗設縣轄 18 鄉鎮

表 2-4　後龍鎮轄域街庄村里沿革表 〔註 94〕

年代	清領時期	日據時期			光復以後	
	光緒 15 年 （1889）	明治 35 年 （1902）	大正 9 年 （1920）		民 39 年 （1950）	民 40 年迄今 （1951）
行政 隸屬	苗栗縣	苗栗廳	新竹州		苗栗縣	苗栗縣
	苗栗堡	後壠支廳	竹南郡後龍庄		後龍鄉	後龍鎮
區分	街莊名	街庄名	大字名	小字名	村名	里名
街庄村里	後壠街	後壠庄	後龍	後龍	中龍村	中龍里
	營盤前			一	南龍村	南龍里
	田心仔			田心仔	北龍村	北龍里
	後壠大莊			大庄	大庄村	大庄里
				柳樹灣		
	一	二張犁庄	二張犁	二張犁	北勢村	豐富里
	新港街	新港庄	新港	校椅壩	校椅村	校椅里
	埔頂莊			埔頂	埔頂村	埔頂里
				後壁厝		
	新港莊 （新港仔）			東西社	新民村	新民里
				社腳	復興村	復興里
		苦苓腳庄	苦苓腳	一	東明村	東明里

〔註 94〕　筆者整理，尹章義總編纂，《後龍鎮志》，苗栗：苗栗縣後龍鎮公所，2002，頁 119～135。

			圓寶庄	灣寶村	灣寶里
渡船頭			－	海寶村	海寶里
山仔頂莊	大山腳庄	大山腳	－	大山村	大山里
外埔莊	外埔庄	外埔	－	外埔村	外埔里
			－	海埔村	海埔里
水尾仔莊	水尾仔庄	水尾仔	－	秀水村	秀水里
			－	水尾村	水尾里
溪洲莊	大山腳庄	下大山腳	下大山腳	溪洲村	溪洲里
	公司寮庄	公司寮	公司寮	龍津村	龍津里
			南社		
後壟底莊	後壟底庄	後壟底	－	龍坑村	龍坑里
	十班坑庄	十班坑	－		
烏眉閣莊	烏眉庄	烏眉	－	福寧村	福寧里
頭湖莊	頭湖庄	頭湖	－		
	灣瓦庄	灣瓦	－	中和村	中和里
	崎頂庄	崎頂	－		
過港莊	過港庄	過港	過港	南港村	南港里

第四節　宗教信仰與人口概況

一、宗教信仰

人類的宗教信仰，最早起源於對自然和靈魂的崇拜，換言之，古人對於自然界一切不可思議的形象與事物，均視之為神而信仰，予以崇拜祭祀。後來，隨著社會的演進，宗教信仰融入生活中，成為各族群文化的一部分。信仰的目的，也由祈求超自然力量解困降福，提升到作為道德或人生的指導目標。

古籍文獻中少有道卡斯族與祖靈觀念相關的記載，至於早期在後壟的道卡斯族群的宗教信仰觀念，較具體的描述有光緒 19 年（1898）《新竹縣志初稿》記載

「頂山番作田，每年四次。番麥熟，曰麥田；稷仔熟，曰稷仔田；七月為大田，豎竹高二丈餘，以白布為幡長三丈，與漢民豎燈篙一般；八月為尾田，每田以稷炊熟為飯，再春之為粢，盛酒於甕，兼備魚乾及烏魚等物，奠祭祖先；各整衣冠，男女互相牽手，連接百

十人歌舞爲樂。祭畢，乃群聚會飲。又是日做田，以奔走角逐勝負，曰走田，奔馳十餘里方回。其善走者曰雄麻達，又曰老甲，獎以布疋。」〔註95〕

　　其中所論農曆七、八月收穫後的祭祖儀式，學者研究有稱牽田、做田或走田等，舉白幡、全社歌舞、賽跑等是典型道卡斯族儀式的象徵。學者研究這些獨特的儀式，發現相關材料幾乎都源自苗栗新港社群。〔註96〕根據《馬偕日記Ⅰ》記載馬偕牧師爲傳揚基督教信仰，曾在1872年10月8～10日和1873年5月進入新港社拜訪，巧逢新港社民舉行祭祖慶典，當時馬偕牧師被警告該慶典屬於族群內慶典，嚴拒外人參與。〔註97〕學者研究的牽田祭與馬偕牧師所述1872年10月之慶典十分相近。從馬偕的記錄來看，新港社的祭典屬於家族性或宗族性，因爲不容許外人參與，間接促使新港社聚落至今仍較整合，其宗教記憶保存仍較爲深刻。

　　如今苗栗縣後龍鎮居民，除少部份是原住民族群，大部份均由中國移入。台灣與中國沿海省份具有地緣與血緣的密切關係，文化一脈相承，所以，民間宗教信仰大多承襲原鄉信仰。一般民間信仰的最大特色是，以遠古的泛靈信仰爲基礎，再融合我國境內歷史較悠久的儒、釋、道三家思想而成，成爲一種綜合性的宗教。這也反映了傳統文化的包容性，只要適合社會需要的，都能兼容並蓄的融合在一起。這種特色，由儒家的強調禮和孝，加上道家追求心安理得，順應自然的人生觀，及佛教因果報應，普度眾生的思想，認爲神除了作道德楷模之外，還有監督世人的責任，成爲安定社會秩序的重要力量。

　　先民從中國移居到臺灣一開始，大體上面臨三大問題，即航海、瘟疫與番害。當時因爲航海知識不足，船隻小，而臺灣海峽的風浪又猛，一開始就必須面對海難的威脅，人在茫茫大海中，尤其顯得渺小無助，只有祈求於神靈，保佑平安渡海。乾隆時期先民渡海來臺拓墾，往往於船上奉祀媽祖，〔註98〕作爲

〔註95〕鄭鵬雲、曾逢辰編，《新竹縣志初稿》，臺北：臺灣銀行經濟研究室，1959，頁191。
〔註96〕張瑞恭編纂，《重修苗栗縣志住民志》，苗栗：苗縣府，2007，頁297。
〔註97〕偕叡理，《馬偕日記Ⅰ》，台北：玉山社，2012，頁75～76、122～123。
〔註98〕據福寧一代（閩東）的史志，發現明代對於媽祖信仰起碼在福寧關方面影響不大，但是乾隆時期迄清末則能從乾隆《福安縣志》、道光《續修福安縣志》、清末《福安鄉土誌》等發現有關媽祖的記載份量日增，是以「各鄉天后廟甚多，蓋不具載。」媽祖深涉清廷軍國大事（諸如平定臺灣、遣使冊封、漕運

航海保護神。在苗栗沿海鄉鎮開發較早的竹南、後龍、苑裡，在乾隆年間，均有奉祀媽祖崇拜的地方。寺廟不僅是地方居民心靈所繫的信仰中心，也是生活聚落的中心，寺廟所在自然形成一信仰生活圈。

隨著閩、粵墾戶大量湧入，各地寺廟的興建如雨後春筍。據《淡水廳志》記載「天后宮，……一在中港街，嘉慶二十一年，甘騰駒等捐建；一在後壠街，乾隆三十三年，林進興倡建，道光十一年，杜斐然等捐修。」〔註99〕西元 1768 年唐山貿易商林進興攜帶媽祖神像入後壠，因蒙其庇佑於清乾隆 33 年與鄉人捐資建宮奉侍，1831 年由杜斐然等捐修，是後龍地區最早崇拜媽祖之始。〔註100〕中港是漢人移居竹南地區最早墾拓的地方，其後發展為興盛的「中港街」河口港市，是往來艋舺與鹿港之間的交通重鎮及貨物集散地。媽祖信仰也隨著移民及河港貿易而傳入，中港慈裕宮所奉祀的主神即為迎自湄州的三媽（渡臺媽），較確切的創建年代為乾隆 36 年（1783 年）〔註101〕。

早期來臺移墾的大多是拓荒的農民，醫生少，且缺乏醫藥，登上陸地之後，面對水土不服、瘴癘瘟疫的肆虐，以及颱風水災地震的摧殘打擊，在無法控制瘟疫疾病下，如前所述，先民大多承襲其原鄉信仰，祈求瘟神保佑。從 1908 年《臺灣日日新報》所載得知其況，當時來臺前的泉州先民的確早有致祭疫神之習。

「本月十二日午前十時前後。在苗栗廳後壠支廳外埔庄海岸。有長約三丈之支那帆船一隻漂來。庄民頗形騷動。該支廳聞之。亟派警

乃至於洋務），又契合於皇帝個人喜好（如道教信仰、南下巡幸），而被清廷推崇道天后的高位。當時在清廷政府眼中「有功德於皇朝」的媽祖，在福建地方信仰想見極速膨脹。代國慶，《聖母瑪利亞在中國》，新北市：臺灣基督文藝，2014，頁 196～199。

〔註99〕 陳培桂，《淡水廳志》，臺北：臺灣銀行經濟研究室，1963，頁 149～150。

〔註100〕范揚坤編纂，《重修苗栗縣誌卷一大事志》，第一冊，苗栗：苗縣府，2005，頁 21。黃鼎松編纂，《重修苗栗縣誌卷八宗教志》，苗栗：苗縣府，2007，頁 180～181。

〔註101〕根據《淡水廳志》的記載：「嘉慶二十一年（1816），甘騰駒等捐建。」陳培桂，《淡水廳志》，臺北：臺灣銀行經濟研究室，1963，頁 150。但是，廟中所遺留的最古老的文物——前殿正門左右兩側的青斗石獅，獅座上刻有「乾隆癸卯年桂月，福建漳州府龍溪縣二十九都，甫山社弟子王靜觀敬奉」等字樣，可知較確切的創建年代應為乾隆四十八年（1783 年）。因此，《淡水廳志》上的記載應指第一次修建。http://www.boch.gov.tw/boch/frontsite/cultureassets/caseBasicInfoAction.do?method=doViewCaseBasicInfo&caseId=KA09602000161&version=1&assetsClassifyId=1.1，2016/7/9 檢索，中港慈裕宮。

官往查。即該船之名爲鎮鴻遇順。其大可容百五十石。船籍係光緒
三十三年五月十二日在晉江縣衙給發者。船價值得約千五百圓。船
內極爲清潔。安置沈大巡蕭大巡珍大巡廉大巡李夫人朱夫人林夫人
姚夫人諸土偶。神前羅列五牲。即羊一狗一猫一雞一鳩二。該船雖
不識其從何來。然觀所供祭品。附有泉州士庶姓氏。則其爲該處附
近致祭疫神。放之漂流而至止者也。」〔註102〕

移民定居後，人數越來越多，同一祖居地的移民往往群居一地，崇拜相
同的神祇；而所崇拜的神祇很快地就成爲團結的象徵，各地各自有守護神。
〔註103〕

先民胼手胝足、開疆拓土，逐漸闢出一片沃野平疇，希望的是五穀豐收，
於是崇信神農大帝，同時敬重土地，在水頭田尾普遍奉侍掌管土地和農作物
的福德正神。經過長期開發，形成城鎮市集，商業繁榮，在溫飽漸不成問題
下，於是追求心靈的平安和完美的人生境界，漸漸地佛教的觀音、釋迦的信
仰就增多。

根據民國83年6月《我們的家鄉苗栗民俗篇》把寺廟分成「佛門聖尊」、
「聖哲英烈」、「自然神祇」、「通俗信仰」、「鄉土神祇」、「無祀鬼魂」、「待考
神廟」七大類。其實除卻佛教的「佛門聖尊」，及其他「待考神廟」以外，只
有五大類。「聖哲英烈」是史書上記載有彪炳功業者，如關聖帝君；「自然神
祇」是自然崇拜，如太陽星君；「通俗信仰」是常見神明，如福德正神；「鄉
土神祇」是區域性或族群性崇拜，如三山國王；「無祀鬼魂」指的是無祀孤魂
經過神格化之後而成的神，〔註104〕如乾隆51年（1786），後壠、新港、猫裡
社番等附和林爽文起義，而中港社與中港溪北各社番乃助清軍，互相攻殺，
傷亡慘重。乾隆53年（1788），陳伯樹於距縣北十里之赤土崎，設置後壠義
塚。光緒19年（1893），後壠街東門外，距城十里，設萬善祠（即憨善亭）
專祀義塚孤魂。〔註105〕

〔註102〕〈神船漂至〉，《臺灣日日新報》，1908年7月17日，版四。

〔註103〕阮昌銳，《臺灣民間信仰》，臺北：交通部觀光局，1998，頁10。

〔註104〕徐清明編纂，《重修苗栗縣志卷五住民志》上冊，苗栗：苗縣府，2007。頁
214。

〔註105〕范揚坤編纂，《重修苗栗縣志卷一大事志》，第一冊，苗栗：苗縣府，2005，
頁24、62。

　　根據黃鼎松於 2004 年時所作的田野調查指出，民國 93 年，苗栗縣府民政局登記有案之寺院神廟的統計資料顯示（如表 2-4，2-5），苗栗開發較早的竹南、後龍、通霄、苑裡等四個沿海鄉鎮，已設立寺院神廟 153 座，足足占苗栗縣總數 257 座之 60%。而後龍地區的寺院神廟創建於清領時期有 23 座，創於日據時期有 4 座，建於民國時期有 19 座，合計 46 座，〔註106〕占苗栗沿海四鄉鎮神廟的三分之一，僅次於竹南鎮。後龍地區，主神崇拜以自然神祉的玄天上帝 10 座居多，其次是聖哲英烈的天上聖母 5 座；另早期移民入墾，在沿海地區常有械鬥，死傷嚴重，後龍鎮散列在各鄉里「各姓王爺」〔註107〕的無祀鬼魂，寺廟多以王爺數尊合祀，因此稱二王爺廟、三府王廟、五府千歲。王爺廟與海有關，大陸沿海各省分都有，苗栗縣各姓王爺廟共有 47 座，數目之多超越關帝君，大多分布於沿海地區，其中竹南鎮 18 座最多，後龍鎮 16 座次之，再其次是通霄鎮 3 座（參表 2-5，2-6）。

表 2-5　苗栗縣佛教寺院（堂）統計表〔註108〕

類別	編號	鄉鎮主祀神明	苗栗市	頭份鎮	竹南鎮	後龍鎮	通霄鎮	苑裡鎮	卓蘭鎮	頭屋鄉	公館鄉	西湖鄉	銅鑼鄉	三義鄉	大湖鄉	獅潭鄉	造橋鄉	三灣鄉	南庄鄉	泰安鄉	合計
佛門聖尊	1	釋迦佛	5	5	3	3	1	3	1	5	3	1	1	2	4	1	2	4	2		46
	2	阿彌陀佛	1	2	2														1	1	7
	3	觀音菩薩	2	5	1		4	2		1	3	1	2	3	2	1	1	3	2		33
	4	地藏王菩薩									1								1		2
	5	濟公佛祖														1					1
	6	三寶佛				1	1			1											3
	7	西方三聖		1	1												1		3		6
	8	三恩主																	1		1
		合計	8	13	7	4	6	5	1	7	7	2	3	5	6	3	4	7	10	1	99

〔註106〕黃鼎松編纂，《重修苗栗縣志卷八宗教志》，苗栗：苗縣府，2007，頁 65、130～132。

〔註107〕根據調查：王爺共有 132 姓，台灣省寺廟以祀朱、池、李三姓王爺者最多，寺廟多以王爺數尊合祀，因此稱二王爺廟、三府王廟、五府千歲。王爺廟與海有關，大陸沿海各省分都有，苗栗縣各姓王爺廟共有 47 座，數目之多超越關帝君，大多分布於沿海地區。徐清明編纂，《重修苗栗縣志卷五住民志》上冊，苗栗：苗縣府，2007，頁 194～195。

〔註108〕黃鼎松編纂，《重修苗栗縣誌卷八宗教志》，苗栗：苗縣府，2007，頁 63。

表2-6　苗栗縣神廟統計表〔註109〕

類別	編號	鄉鎮主祀神明	苗栗市	頭份鎮	竹南鎮	後龍鎮	通霄鎮	苑裡鎮	卓蘭鎮	頭屋鄉	公館鄉	西湖鄉	銅鑼鄉	三義鄉	大湖鄉	獅潭鄉	造橋鄉	三灣鄉	南庄鄉	泰安鄉	合計
聖哲英烈	1	關聖帝君	4	4			2		1	6	2	4	7	1	4	4		3	3		45
	2	天上聖母	2	1	3	5	6	3					1	1	1	1	2				26
	3	文昌帝君	1																		1
	4	神農大帝	1		1			2			2		4	1	1	1					14
	5	開臺聖王			1		1			1											3
	6	包青天				1															1
	7	道德天尊											1								1
	8	張天師											1								1
	9	清水祖師						1													1
	10	開漳聖王																	1		1
	11	魯班先師						1													1
	12	壽同春					1														1
	合計		8	5	5	6	10	6	1	8	4	7	12	3	6	5	2	5	3		96
自然神祇	1	玄天上帝	1	2	4	10	2	1			1				2		1				24
	2	太陽星君		1																	1
	3	豁落靈宮											1								1
	合計		1	3	4	10	2	1			1		1		2		1				26
通俗信仰	1	三清道主			1																1
	2	玉皇大帝		1	1				2				1	1		1					7
	3	三官大帝	1										1	1	1			1	5		8
	4	圓通自在天尊					1	2		1	1		1		1						8
	5	瑤池金母			1			1	1				2					1	2		8
	6	九天玄女		1																	1
	7	無極混元大天尊			1																1
	8	紫微大帝			1																1
	9	五極大帝								1											1
	10	五顯大帝			1			1													2
	11	五嶽大帝												1							1
	12	東嶽大帝	1																		1

〔註109〕黃鼎松編纂,《重修苗栗縣誌卷八宗教志》,苗栗:苗縣府,2007,頁125～26。

																			合計
	13	伏羲八卦祖師		1															1
	14	城隍爺	1						1										2
	15	中壇元帥			3	1													4
	16	二郎神				1													1
	17	福德正神	5	3	7	4	1	7							1				28
	18	皇靈地祉				1													1
	19	地母娘娘								1									1
		合計	8	6	16	7	2	11	2	4	2		5	3	2		3	2	7	78
鄉土神祉	1	三山國王	1	2				1											4
	2	廖先生					1												1
	3	洪公祖				1													1
	4	正一天師				1													1
	5	保生大帝				1										1			2
	6	廣澤尊王			1														1
		合計	1	2	1	3	1	1									1			10
無祀鬼魂	1	義民爺	1	1									2	1					5
	2	大眾爺			2								1							3
	3	大眾媽			2															2
	4	章大巡					1													1
	5	排骨先師									1									1
	6	朱府王爺			1	1														2
	7	池府王爺			1										1					2
	8	李府千歲					1													1
	9	吳府千歲			1															1
	10	金府王爺			2	1														3
	11	倪府王爺			1															2
	12	溫府千歲			1															1
	13	諸府王爺				2														2
	14	薛府王爺				1														1
	15	蕭府王爺				1														1
	16	蘇府王爺			1		1													2
	17	三府千歲	1		6	2														9
	18	四府千歲			1															1
	19	五府千歲			1	4														5
	20	七府千歲			1	1														2
		合計	2	1	18	16	3	1			1		1	2	1	1				47

五類別總計																			合計
	1	聖哲英烈	8	5	5	6	10	6	1	8	4	7	12	3	6	5	2	5	3	96
	2	自然神祇	1	3	4	10	2	1			2		2			1				26
	3	通俗信仰	8	6	16	7	2	11	2	4	2		5	3	2		1	2	7	78
	4	鄉土神祇	1	2	1	3		1	1							1				10
	5	無祀鬼魂	2	1	18	16	3	1		1			1	2	1	1				47
		合計	20	17	44	42	17	20	4	12	7	9	17	9	10	6	6	7	10	257

　　從表 2-6 苗栗縣寺廟及神壇所供奉之主神的數字，可以概略了解後龍鎮信徒信仰的傾向，「各姓王爺」總數 16 座最多，其次是「玄天上帝」10 座，「天上聖母」5 座。

　　徐清明編纂的《重修苗栗縣誌一住民志》顯示民國 35 年人口（參表 2-7），另外把民國 45 年、70 年、83 年、91 年各鄉鎮人口及寺廟數字作一比較對照，我們可以了解各階段人口、寺廟消長的情況。清光緒 21 年（西元 1895 年），本縣地區已經有 86 座寺廟，清末民初 96 座，民國 45 年增為 196 座，民國 71 年增為 268 座，民國 92 年增為 345 座（以上數字依據民政局資料），如果加上道教協會登記的神壇，則共有 648 座。而民國 70 年代「大家樂」、「六合彩」盛行的年代，神壇此起彼落，變動甚大，有些神像流落街頭，有些神像漂流海邊。而後龍鎮境內，民國 91 年有 90 間寺廟神壇，在整個苗栗縣 18 鄉鎮中僅次於竹南鎮 119 間，是清代後龍寺廟數的 45 倍，足見在後龍鎮民間信仰發展快速化、崇拜多變化。

表 2-7　苗栗縣各鄉鎮人口及寺廟數對照一覽表〔註 110〕

鄉鎮人口寺廟數	清代	民35	民45		民71		民83		民91		
	寺廟數	人口數	人口數	寺廟數	人口數	寺廟數	人口數	寺廟數	人口數	寺廟數	寺廟及神壇數
苗栗市	10	26,666	41,772	19	82,966	33	89,565	27	90,977	27	43
竹南鎮	21	22,821	29,470	25	56,691	32	65,308	33	71,135	51	119
頭份鎮	12	27,132	33,297	11	69,601	26	82,632	26	90,168	30	61
苑裡鎮	8	33,580	39,970	8	49,529	11	48,820	13	49,474	24	60
通霄鎮	10	30,803	35,522	11	44,910	15	43,250	19	41,046	22	40

〔註 110〕徐清明編纂，《重修苗栗縣誌一住民志》卷五上冊，苗栗：苗縣府，2005，頁 221。

後龍鎮	2	30,837	37,375	29	46,322	28	44,102	42	42,074	45	90
卓蘭鎮	0	13,054	16,640	2	20,803	3	20,598	3	19,451	3	16
大湖鄉	2	14,653	19,561	11	21,682	11	18,853	11	17,039	16	20
公館鄉	8	23,886	27,280	10	33,146	12	34,268	9	34,884	15	23
銅鑼鄉	6	17,229	21,354	15	21,950	18	21,040	19	20,603	19	31
南庄鄉	4	14,269	19,102	10	19,010	15	13,897	15	12,102	17	27
頭屋鄉	2	9,341	10,736	14	12,837	15	12,799	16	12,294	18	26
三義鄉	0	9,629	12,735	7	17,339	8	18,151	10	18092	14	22
西湖鄉	2	10,089	11,965	5	11,770	13	9,723	12	8,476	12	16
造橋鄉	0	10,541	12,166	4	14,871	10	14,916	10	14,200	10	25
三灣鄉	5	8,557	11,551	7	10,112	9	8,382	10	7,738	12	15
獅潭鄉	0	6,113	9,286	11	8,398	9	6,192	8	5,420	9	12
泰安鄉	0	4,739	5,840	1	6,247	0	5,695	0	5,593	1	2
合計	92	313,941	395,622	196	548,184	268	558,191	283	560,766	345	648

　　苗栗縣居民信仰基督教、天主教的年代，比傳統儒釋道信仰要晚很多。基督教於同治 11 年（1872）創設教堂於三義鯉魚潭，同治 12 年（1873）馬偕牧師在後壠新港社地區開始新港社禮拜堂，然後慢慢發展到各鄉鎮；天主教始於民國 41 年（1952）創設教堂於苗栗市南苗，然後慢慢發展到各鄉鎮。根據中華基督教福音協進會的統計資料顯示，苗栗縣 2011 年已有教會 93 間（含天主教堂、真耶穌教會、安息日會）。自 1995 年到 2013 年的統計，後龍鎮內一直維持後龍長老教會、天主堂、後龍聚會所等三間教會（參表 2-8）。〔註 111〕天主教堂與基督教會，在當地經常舉辦各類慈善活動、公益活動、青少年育樂營，設置幼稚園、托兒所等，對於社會秩序與風俗導正頗有貢獻。〔註 112〕近年，後龍天主堂信眾減少，已轉型發展為青少年中途學園，專門照顧孤兒及弱勢青少年。

〔註 111〕 http://www.ccea.org.tw/events/2008TW_Map/index.asp?area=g，中華基督教福音協進會，筆者彙整自苗栗縣基督教會地理分佈圖 1995～2008 年統計資料。2013/08/01。2011 年資料，取自中華基督教福音協進會，朱三才主編，《2011台灣基督教會教勢報告》，台中：基督教資料中心，2012，頁 34～36。《2013台灣基督教會教勢報告》，台中：基督教資料中心，2014，頁 34～36。
〔註 112〕 徐清明編纂，《重修苗栗縣志卷五住民志》上冊，苗栗：苗縣府，2005。頁213～217。

表 2-8　苗栗縣基督教會統計表〔註113〕

類別	編號	鄉鎮 年代	苗栗市	頭份鎮	竹南鎮	後龍鎮	通霄鎮	苑裡鎮	卓蘭鎮	頭屋鄉	公館鄉	西湖鄉	銅鑼鄉	三義鄉	大湖鄉	獅潭鄉	造橋鄉	三灣鄉	南庄鄉	泰安鄉	合計
教會	1	1995	9	8	7	3	3	4	2	1	2	1	4	4	2	1	1	1	4	13	70
	2	1997	9	9	7	3	3	4	2	1	2	1	4	4	2	1	1	1	4	13	71
	3	2000	10	10	8	3	3	4	2	1	2	1	4	4	2	1	1	1	4	13	74
	4	2002	9	9	8	3	3	4	2	1	2	1	4	4	2	1	1	1	4	10	68
	5	2004	11	9	8	3	3	3	3	1	2	1	3	4	2	1	2	1	4	11	73
	6	2006	11	10	9	3	3	3	3	1	3	1	3	4	2	1	3	1	4	11	75
	7	2008	11	10	10	3	3	3	3	1	3	1	3	4	2	1	3	1	3	11	75
	8	2011	15	14	9	3	3	5	4	2	3	1	3	3	4	1	3	1	6	13	93
	9	2013	16	16	8	3	3	5	4	2	3	1	4	4	4	2	3	1	6	13	98

二、人口概況

　　有史以來，後龍鎮區域爲平埔族後壠社和新港社民居住地。清末原住民人口 1300 多人；日據時期大正 4 年（1915），本鎮原住民人口 1137 人；昭和 7 年（1932）時，原住民人口 1242 人。〔註114〕根據苗栗縣政府對平地原住民和山地原住民的統計，民 64 年 0 人，民 70 年 4 人，民 80 年 40 人，民 90 年 92 人，民 100 年 165 人，民 102 年 167 人。〔註115〕如今原住民人口數約爲清末時期統計的 12%（參表 2-9）。

表 2-9　清末到 2016 年後龍地區原住民人口統計表

時間（年）	清末	1915 年	1932 年	1975 年	1981 年	1991 年	2001 年	2011 年	2013 年
平地原住民	—	—	—	0	1	16	35	80	90
山地原住民	—	—	—	0	3	24	57	85	77
原住民數（人）	1300	1137	1242	0	4	40	92	165	167

〔註113〕 http://www.ccea.org.tw/events/2008TW_Map/index.asp?area=g，中華基督教福音協進會，筆者彙整自苗栗縣基督教會地理分佈圖 1995～2008 年統計資料。2013/08/01。2011 年資料，取自中華基督教福音協進會，朱三才主編，《2011 台灣基督教會教勢報告》，台中：基督教資料中心，2012，頁 34～36。《2013 台灣基督教會教勢報告》，台中：基督教資料中心，2014，頁 34～36。
〔註114〕 尹章義總編纂，《後龍鎮志》，苗栗：苗栗縣後龍鎮公所，2002，頁 366。
〔註115〕 苗栗縣政府，《續修苗栗縣誌 卷首 基本資料志》，苗栗：苗栗縣政府，2015，頁 214。

　　至於本鎮人口變遷，可從日人明治 38 年（1905）以村庄爲單位的人口統計資料來了解人口變化情形。以後龍總人口數量來看，日據時代人口數從 1905 年的 14,793 人到 1942 年 28,638 人，前後 37 年，人口成長 195％；光復後，人口數和戶數都逐年增加，從 1946 年 30,247 人到 1972 年 48,409 人，前後 25 年左右，人口約增加了 18,000 人，成長率約達 160％，1972 年是後龍人口總數歷年來的最高峰；然而自 1973 年起，雖然戶數仍然逐年增加，但是人口總數逐年減少，每年平均約減少 300 到 550 人，人口狀態呈現負成長，迄今仍是如此。（詳見表 2-10、2-11、2-12、2-13 及圖 2-11、2-12、2-13、2-14）。

表 2-10　日據時代後龍鎮 1905 年到 1943 年人口統計表〔註 116〕

各年度	1905	1906	1907	1908	1909	1910	1911	1912	1913	1914	1915
後龍總人口	14793	14990	15121	15347	15530	15741	16012	16190	16592	16931	17171
各年度	1916	1917	1918	1919	1920	1921	1922	1923	1924	1925	1926
後龍總人口	17353	17636	17626	17981	18310	18310	18700	19108	19648	19983	20493
各年度	1927	1928	1929	1930	1931	1932	1933	1934	1935	1936	1937
後龍總人口	20838	21309	21811	22273	22965	23619	24254	25068	25188	25539	26100
各年度	1938	1939	1940	1941	1942						
後龍總人口	26019	26207	26525	27064	28268						

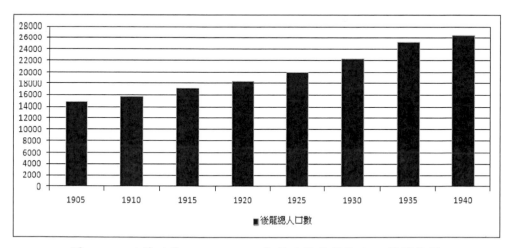

圖 2-11　日據時期 1905～1940 年每五年後龍總人口數變化圖

〔註 116〕尹章義總編纂，《後龍鎮志》，苗栗：苗栗縣後龍鎮公所，2002，頁 367～77。

表 2-11　光復後 1946～1996 年每五年後龍鎮人口統計表〔註 117〕

各年度	1946	1951	1956	1961	1966	1971	1976	1981	1986	1991	1996
戶數	4366	5216	5980	6449	6988	7272	7687	8155	8737	9272	10103
後龍總人口	30247	32899	37375	41786	45498	48107	47955	46486	45328	44023	43870

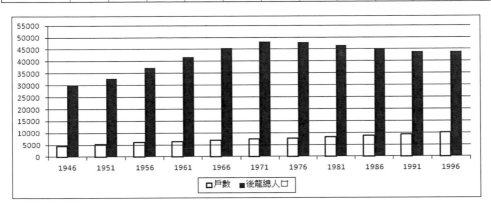

圖 2-12　光復後 1946～1996 年每五年後龍鎮總戶數及總人口數變化圖

表 2-12　後龍鎮 2003 年到 2013 年人口統計表〔註 118〕

各年度	2003	2004	2005	2006	2007	2008	2009	2010	2011	2012	2013
戶數	11060	11173	11203	11283	11362	11469	11560	11691	11780	11864	11854
後龍總人口	41945	41637	41259	40701	40460	40127	39822	39389	38986	38777	38439

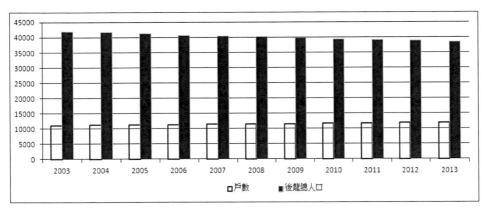

圖 2-13　西元 2003～2013 年每年後龍鎮總戶數和總人口數變化圖

〔註 117〕尹章義總編纂，《後龍鎮志》，苗栗：苗栗縣後龍鎮公所，2002，頁 378～390。
〔註 118〕筆者根據苗栗縣戶政網 http://mlhr.miaoli.gov.tw/tables2.php?y=102&m=7&unit=，
　　　　苗栗縣各里戶數、人口數詳細資料表，彙整民國 92 年到 102 年每年 12 月底
　　　　後龍鎮人口資料。2014/7/8。

表 2-13　後龍 1906～2016 年每十年人口統計表〔註 119〕

年度	1906	1916	1926	1936	1946	1956	1966	1976	1986	1996	2006	2016
後龍總人口	14990	17353	20493	25539	30247	37375	45498	47955	45328	43870	40701	37251

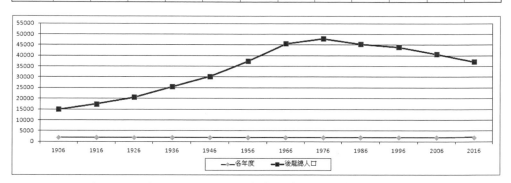

圖 2-14　後龍 1906～2016 年每十年總人口數變化曲線圖

　　另外，隨著社會變遷，移入本鎮的居民除了閩客族群和原住民之外，2003年 06 月到 2013 年 1 月苗栗縣外籍配偶統計表的資料顯示，後龍鎮外籍配偶數有 293 人，其中以東南亞地區為最多，其次是中國大陸（表 2-14）。

表 2-14　外籍配偶統計表苗栗縣合計和後龍鎮比較統計表〔註 120〕

鄉鎮別	中國	港澳	東南亞合計	其他國家合計	總計
苗栗縣（人）	1997	64	1798	283	4142
後龍鎮（人）	121	10	151	11	293

　　根據苗栗縣政府統計 2013 年 4 月後龍鎮人口密度為每平方公里 510 人，在苗栗縣全縣人口密度平均值（310）之上。苗栗縣依人口密度分布，依序是苗栗市、竹南鎮、頭份鎮、苑裡鎮、後龍鎮。2013 年 4 月後龍鎮人口密度位居十八鄉鎮之第五順位。每戶平均人口數 3.26 人，與全苗栗縣每戶平均人口數（3.15）相近（表 2-15）。2016 年底統計後龍總人口數 37,251 人，戶數是11892 戶，每戶平均人口數是 3.13 人。〔註 121〕

〔註 119〕根據內政部戶政司，民國 106 年 1 月 4 日編製。http://www.ris.gov.tw/346，2017/6/6 檢索。
〔註 120〕根據苗栗縣戶政網 http://mlhr.miaoli.gov.tw/tables2.php?y=102&m=7&unit=。2014/7/8 檢索。
〔註 121〕根據內政部戶政司，民國 106 年 1 月 4 日編製。http://www.ris.gov.tw/346，2017/6/6 檢索。

表2-15　2013年後龍鎮、苗栗縣與全國情況人口密度比較一覽表〔註122〕

區域別	土地面積（km²）	總人口數	人口密度	戶數	每戶平均人
全國	36,192.8155	23,335,580	644.76	8,210,846	2.84
苗栗縣	1,820.3149	564,354	310.03	179,091	3.15
後龍鎮	75.8079	38,646	510	11,854	3.26

〔註122〕苗栗縣政府，《續修苗栗縣志 卷首 基本資料志》，苗栗：苗栗縣政府，2015，頁110～111。

第三章 長老教會在後龍地區的經營

第一節 長老教會在北台灣的宣教背景

自十七世紀荷蘭人佔領臺灣以後至十九世紀前半，臺灣主要發展都在南部，一切文化皆以台南為中心。（參圖 3-1、3-2、3-3）十八、十九世紀的臺灣歷經多次行政區域的變異，政治環境和國際局勢都處於動盪不安，這樣的歷史處境，為基督教傳入台灣預備了舞台。十九世紀至二十世紀初的一百多年間，可說是基督教宣教史上空前發展的時期。於此一時期基督教被傳到全世界的各角落，臺灣亦不例外。〔註1〕

西元 1858 年（咸豐八年）清廷與英、法、美、俄簽訂天津條約。向俄國增開上海、寧波、福州、廈門、廣州、台灣（台南安平舊港）、瓊州七處通商口岸，俄國兵船可在各口岸停泊。俄國得在各通商口岸設領，俄人若與中國人發生糾葛或其他事故，由兩國官員「會同辦理」。俄人在華犯罪，按俄國法律受審。中國方面不得禁止俄國人在內地傳教。

對美國增開潮州（後改汕頭）、台南（台南安平舊港）為通商口岸。美國人可在通商口岸居住，或租地自行建樓以及設立醫院、教堂及墓地等。美國的官員及人民可以僱傭清朝買辦、廝役、工匠、水手、引水，可以延納漢人教授語言及幫辦文墨，地方官民均不得稍有阻撓、陷害。對於傳教士，地方官當一體保護，他人毋得騷擾，即「寬容條款」。「寬容條款」不僅保護外國傳教士，連中國信徒也受不平等條約的保護。

〔註1〕 台灣基督長老教會總會歷史委員會編著，《臺灣基督長老教會百年史》，台南市：新樓書房，1995，頁 6。

　　對英法二國則增開牛莊、登州、台灣（今台南安平舊港）、淡水、打狗（今高雄港）、潮州（後改汕頭）、瓊州、南京及鎮江、漢口、九江為通商口岸。英法人士可在內地自由遊歷及傳教。英法商船可以在長江各口岸往來。英法人士在華犯罪，享有領事裁判權。而附約還規定：鴉片改稱洋藥，可自由買賣及進口。海關聘用英人幫辦稅務。

　　西元 1858 年簽定之天津條約，陸續開放臺灣府城（安平）、淡水、雞籠（基隆）、打狗（高雄）通商，歐美各國如英、美、法、德等國均在台灣開設領事館，並有商人設立洋行，在各通商口岸以外的地方深入台灣，收買物產。開放外人來華傳教，傳教師陸續來到台灣從事宣教。自此以後，西方傳教士可以自由進出臺灣，設立傳教據點，而長老教會也於此時來臺傳教。

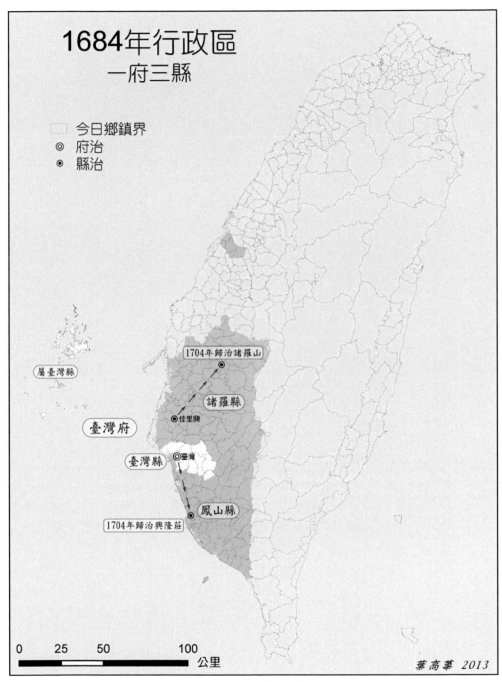

圖 3-1 西元 1684 年行政區〔註2〕

〔註 2〕 以上圖例，地圖會說話，取自 http://mapstalk.blogspot.tw/2010/02/1684-1945.html，2016/7/9 檢索。

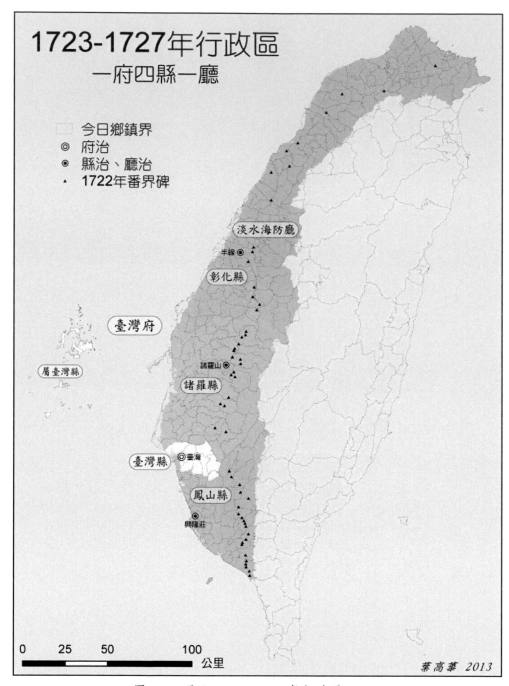

圖 3-2　西元 1723～1727 年行政區 〔註3〕

〔註 3〕　以上圖例，地圖會說話，取自 http://mapstalk.blogspot.tw/2010/02/1684-1945.html，
　　　　2016/7/9 檢索。

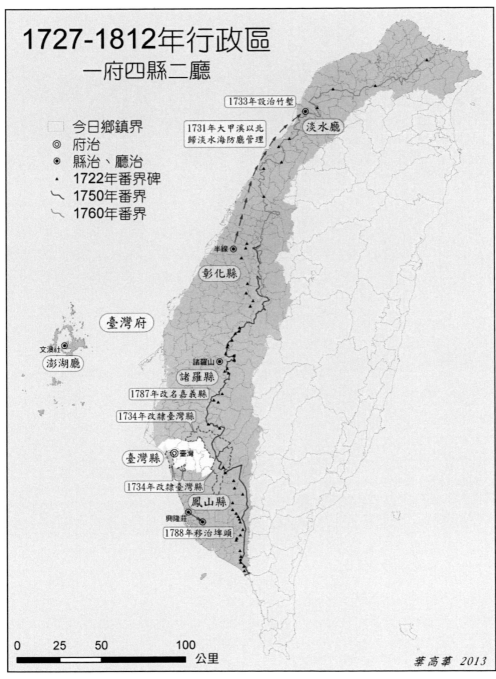

圖 3-3　西元 1727～1812 年行政區〔註4〕

〔註 4〕　以上圖例，取自地圖會說話，http://mapstalk.blogspot.tw/2010/02/1684-1945.html，
　　　　2016/7/9 檢索。

圖 3-4　西元 1812～1875 年行政區〔註5〕

〔註 5〕 以上圖例，取自地圖會說話，http://mapstalk.blogspot.tw/2010/02/1684-1945.html，
2016/7/9 檢索。

　　長老教會進入台灣發展傳教工作，迄西元 2015 年達一百五十年的歷史。最早溯及西元 1865 年 6 月 16 日，英國長老教會在南台灣的宣教，英國籍宣教師馬雅各醫師（Dr. James L. Maxwell, 1836～1921）在台南市開設醫院、從事醫療傳道。而長老教會在北台灣的工作源起西元 1872 年 3 月 9 日，加拿大長老教會教區的馬偕牧師（Dr. George Leslie Mackay,1844～1901）在淡水從事教育和醫療傳教。〔註6〕

　　西元 1875 年（光緒元年），台灣改設二府八縣四廳，臺北府下設宜蘭縣、基隆廳、淡水縣、新竹縣；臺灣府下設彰化縣、埔裏社廳、嘉義縣、臺灣縣、鳳山縣、恆春縣、澎湖廳、卑南廳。而當時加拿大長老教會之馬偕牧師在北台灣傳教活動的腳蹤，主要就是以台北府下之宜蘭縣、基隆廳、淡水縣、新竹縣為區域。（參圖 3-4、3-5）

　　清法戰爭結束後，清朝政府對臺灣島的戰略地位開始重視，行政區域劃分起了大變革，西元 1887 年（光緒 12 年）清廷已在臺灣建立行省，下設三府十一縣三廳一直隸州，臺北府（北路）下設宜蘭縣、基隆廳、淡水縣、新竹縣；臺灣府（中路）下設苗栗縣、臺灣縣、彰化縣、雲林縣、埔裏社廳；臺南府（南路）下設嘉義縣、安平縣、鳳山縣、恆春縣、澎湖廳；臺東直隸州。此時，基督教在北台灣傳教活動仍以馬偕牧師和他的學生為主，含括北路的臺北府為主要區域，南達中路臺灣府下苗栗縣。（參圖 3-6）

〔註 6〕英國長老教會主要以臺灣南部為傳教區，加拿大長老教會則以臺灣北部為傳教區，雖然各有其傳教範圍，但仍有界線不清之處，因此在 1909 年南北兩教士會及兩中會派遣代表聚集在彰化，協商劃定南北兩長老教會境界線。規定在東海岸劃定北部教會自花蓮港以南，南部教會自觀音山以北，各自傳道的地方相接為界；西海岸以自大甲溪口至校栗埔直入東溪為界線。黃武東等編著，《台灣基督長老教會歷史年譜》，台南：人光出版社，1995，頁 156。

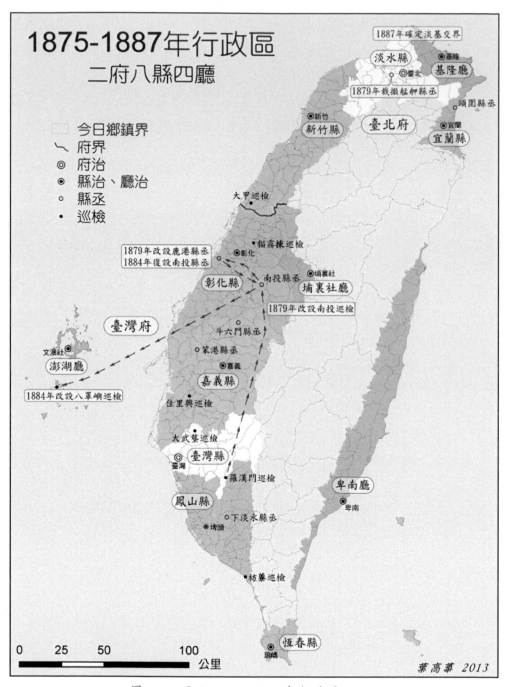

圖 3-5　西元 1875～1887 年行政區 〔註 7〕

〔註 7〕　以上圖例，取自地圖會說話，http://mapstalk.blogspot.tw/2010/02/1684-1945.html，
　　　　2016/7/9 檢索。

圖 3-6　西元 1887～1895 年行政區〔註 8〕

〔註 8〕　以上圖例，取自地圖會說話，http://mapstalk.blogspot.tw/2010/02/1684-1945.html，2016/7/9 檢索。

　　臺灣建立行省，首任巡撫劉銘傳（1836～1895），他大膽建設台灣，設立軍械機器局、火藥局、撫墾局、樟腦局、礦物局、水雷局等機構，進而修築砲台、創設郵政、架設電報線，並創辦通往上海、香港、西貢、新加坡的輪船航線。西元 1887 年（光緒 13 年）成立鐵路局，集資興建基隆到新竹的鐵路等，在他的規劃與中央恭親王奕訢、醇親王奕譞的大力支持下，結合沿海各省的經濟支援中順利展開。西元 1891 年（光緒 17 年）因基隆煤礦弊案告老還鄉。〔註9〕

　　根據連橫記載「光緒 13 年（1888）巡撫劉銘傳奏請朝廷先飭各廳縣編查戶口，頒行保甲。其時造報者計男女三百二十餘萬人，雖編查未詳，亦足以知其概矣。」〔註10〕又根據《福爾摩沙紀事》記載 1895 年「當時北部臺灣的三個最大城市乃是有 45000 人的艋舺，35000 人的竹塹與 30000 人的大稻埕。其他五個中心地是中港、錫口（松山）、新埔、三結仔街、貓裡（苗栗），每個地方約有一萬多人口。」〔註11〕。隨著行政區域的變革及正式開港，對外貿易頻繁，人口流動增加，到了十九世紀後半期，適巧是臺灣全島重心漸漸由南往北部轉移的過渡期。

　　西元 1891 年邵友濂繼任臺灣巡撫，主張以臺北為省會。西元 1895 年日本統治臺灣，亦依照當時的發展，以臺北為臺灣中心都市。到了廿世紀，臺灣的政治、交通、商業、文化中心，漸轉移到以臺北為中心的北部地帶。（詳見表 2-1、圖 3-6）

　　清領期間，一波波來自閩粵的移民渡過黑水溝，來台建立家園；自南而北，由西而東，將台灣大部份的平原及丘陵地帶的荒埔開墾為良田，逐步發展成一個以漢人為主體的農業社會。在縣、廳的行政組織之下，還設有「里」或「保」、「街」或「庄」等基層組織。「街」是指人口較稠密的聚落，通常是商業、手工藝或附近物產的集散地，「庄」則是指一般的鄉間村落，居民以農、林、漁、牧為生。有時關係密切的數個庄會自行結合成「聯庄」。官府為有效控制地方治安，在康熙年間即實施「保甲制度」，以十家為一牌，十牌為一甲，十甲為一保，目的使人民相互監督。

〔註 9〕　遠流台灣館編著，《臺灣史小事典》，台北：遠流，2000，頁 83。

〔註10〕　連橫，《臺灣通史第一冊》卷七，戶役志，臺灣文獻叢刊第 128 種，臺北：臺灣銀行經濟研究室，1962，頁 157。

〔註11〕　偕叡理著，《福爾摩沙紀事——馬偕台灣回憶錄》，林晚生譯，台北：前衛出版社，2016，頁 105。

基層機構有胥吏管理地方事務，但由於胥吏人數有限，清朝官府常委託所謂「頭人」的地方領袖來處理地方公共事物，例如在開墾新土地時，官府將一塊區域撥給墾界或隘界的「頭人」（墾首或隘首），並委由「頭人」維持地方治安，並繳交賦稅。即使後來墾區設庄後，「頭人」仍保有其在地方的權勢及影響力。

清領時期的臺灣政治環境黑暗，治理臺灣的高級文武官吏都由大陸派來，而大小官吏掌有行政司法實權，貪污腐敗、壓榨百姓。因此，民間反抗清廷的事件層出不窮，除了巡撫劉銘傳時代（1885～1891）短短幾年之外，整個臺灣社會混亂，生活很不安定。西元 1858 年天津條約之後，同意外國人可在通商口岸居住，或租地自行建樓、設立醫院、教堂及墓地等；外國的官員及人民可以僱傭清朝買辦、廝役、工匠、水手、引水，可以延納漢人教授語言及幫辦文墨，地方官民均不得稍有阻撓、陷害；對於傳教士採「寬容條款」，地方官當一體保護，他人不得騷擾。臺灣（臺南）和淡水二港口開放對外貿易，其中有不肖商人大量輸入洋藥鴉片，殘害臺灣百姓，但另一方面還有醫師傳教師等外國人士，從這些開放的港口得以進入臺灣從事醫療傳教工作。

第二節　馬偕在北台灣的工作

西元 1865 至 1903 年間，北台灣淡水為當時全台最大貿易港。西元 1888 年淡水港貿易達到頂點，佔全台總貿易額的 74.9%，直接帶動了台灣的現代化，也加速台北都市化。〔註 12〕長老教會馬偕牧師就在天津條約開埠通商十年後，正逢臺灣發展重心逐漸由南往北部轉移的過渡時期，他於西元 1872 年 3 月落腳淡水，開始在北臺灣，逐步擴展拔牙醫療、佈道和教育等傳揚基督教的工作。〔註 13〕

加拿大長老教會在制度上沿襲蘇格蘭教會傳統，該會 1843 年因受蘇格蘭教會分裂的影響，而加入「蘇格蘭自由教會」，後來該會於西元 1861 年改名為「加拿大長老教會」（Presbyterian Church in Canada），並在西元 1871 年派遣偕叡理牧師，俗稱偕牧師，現稱馬偕牧師，為首任海外宣教師。本文將以馬

〔註 12〕蘇文魁，《台灣女婿黑鬚番》，台南：公報社，2012，頁 25。
〔註 13〕鄭連明主編，《臺灣基督長老教會百年史》，台南：新樓書房，1995，頁 34。

偕牧師或馬偕為主要稱呼。〔註14〕馬偕牧師於西元 1844 年 3 月 21 日出生於加拿大安大略省，1870 年畢業於美國普林斯敦大學神學院，之後在英國愛丁堡大學神學院深造。馬偕牧師在他就讀愛丁堡神學院之前，就已經向加拿大長老教會海外宣道會申請成為海外宣教師，獲得批准後他返國任命，並受派至中國傳教。〔註15〕

根據馬偕日記，西元 1871 年 11 月 1 日馬偕從美國搭乘「美利堅號」前往中國，經橫濱港、汕頭港，於 12 月 5 日到達香港、拜訪多位宣教師，並參觀哈巴安德醫生的訓練學校後，12 月 10 日船隻因海相惡劣，被迫泊於汕頭港，他和宣教師施密士（Rev. George Smith, 1857～1891）連續十幾天從汕頭港沿著漢河（Han）上游佈道，28 日從廈門轉搭雙桅帆船前往臺灣。〔註16〕馬偕於同年12月29日下午進入打狗港（今高雄港），31 日下榻李庥牧師〔註17〕（Rev.

〔註14〕 《臺灣基督長老教會百年史》，台南：新樓書房，1995，頁 38。

〔註15〕 馬偕著、陳宏文譯，《馬偕博士日記》，台南：人光出版社，2001，頁 13～15。

〔註16〕 馬偕（Dr. George Leslie Mackay,1844～1901）日記記載，1871 年 11 月 1 日星期三，馬偕搭乘「美利堅號」（S・S 美利堅號，船上有 150 位工作人員。380 呎長，52 呎寬，32 呎高。）前往中國，經過 26 天的航行後，於 11 月 26 日下午 3 點在日本橫濱港停留二天，船行經汕頭港，於 12 月 5 日到達香港。馬偕 12 月 2 日的日記，表明內心有好沈重的擔子壓在肩上，因為他背負著建立新宣教區（New Mission）的責任。登上香港海岸後，遇到艾德博士（Eitel, Ernst Johann, 1838～1908，巴色會傳教士，漢學家；1862 年入華，1865 年加入倫敦會 LMS）。隔天一早前往廣東，會見哈巴安德醫生（Andrew Patton Happer，美國北長老教會醫生宣教師，1844 年到澳門，1847 年到廣州，將新約聖經譯成粵語，1887 年建立嶺南學堂 Canton Christian College，擔任校長）、拜訪幾位宣教師，並參觀哈巴安德醫生的訓練學校，見到幾位年輕人使用譯成華語的小教理在問答。12 月 9 日改搭「羅那號」離開香港，船長雷蒙（Lemont）是蘇格蘭高地人。隔天，因海相惡劣停泊在汕頭港，登岸後，馬偕與當地宣教師、醫師會面，連續十幾天和宣教師施密士（Rev. George Smith,1857～1891）從汕頭港沿著漢河（Han）上游佈道，再回到汕頭港。偕叡理著，林昌華等譯，《馬偕日記Ⅰ》，臺北：玉山社，2012，頁 16～26。

〔註17〕 李庥牧師（Rev. Hugh Ritchie,1840～1879）於 1867 年 12 月 13 日，偕夫人抵達打狗。李庥受英國長老教會宣道會差派，是駐台的首任牧師。然而早在 1866 年宣道會就曾派麥大闢牧師（Rev. David Masson）來台灣，因所搭的船隻於 11 月 10 日遇大浪而不幸地喪生。李庥聽聞噩耗，就志願來台。當時他還在倫敦英國長老教會學院（English Presbyterian College）唸最後一年的神學課程。因台灣迫切需要牧師，宣道會就提前為他封牧且派任。語言稍有進步後的李庥牧師，隨即到鳳山縣各地殷勤宣教。阿里港（里港，1869 年）、東港（1870 年）、阿猴（屏東，1871 年）、竹子腳、杜君英、鹽埔、橋仔頭（以上 1872 年）……等教會都是經由李庥牧師設立的。他不僅會廈門腔台灣話，也會客

Hugh Ritchie,1840～1879）的住處。之後，馬偕在他的日記中寫下他為耶穌宣教的負擔：「1872 年 1 月 3 日，在加拿大時，我心頭就有很大的負擔，尚未放下。海外宣教委員會（F.M.C.）說：『你自己選擇一個宣教區。』雖然我尚未決定，但是我感覺有一股力量將我拉向福爾摩沙。」1872 年 1 月 5 日，馬偕經過數小時的禱告之後，讚美上帝說：「噢！但是，上帝，我感謝你，至少目前這算是一種解脫。」〔註18〕此時，馬偕已定意以台灣作為他宣教的場域。

　　西元 1872 年 1 到 3 月份，二個多月的時間，馬偕跟隨李庥牧師在臺灣南部的打狗、東港、竹仔腳（鳳山瑞竹里）、埤頭、阿里港、阿猴四處佈道。3 月 7 日馬偕和李庥牧師從打狗搭船往臺灣府，與德馬太醫師〔註 19〕（Dr. Matthew Dickson）會合，航行海路北上。李庥牧師在臺灣傳教的熱忱，並這些日子二人協同在南部佈道的經驗及馬偕堅毅的性格，助長馬偕前往還沒人傳教的北台灣發展，1872 年 3 月 9 日馬偕確定要以「尚未有人來傳教的淡水」

家話，客家南岸教會也是他設立的。1871 年 12 年甘為霖牧師（Rev. William Campbell,1841～1921）及加拿大長老教會偕叡理牧師（Rev. George Leslie Mackay,1844～1901）相繼來台之前，李庥牧師是當時台灣島內唯一牧師，負責主持教會之接納會員及聖禮典，範圍含括鳳山縣所屬地區，以及原本由馬雅各醫生負責的府城和以北地區的教會。1875 年 4 月他轉往後山（台灣東海岸），成立蟳廣澳（成功石雨傘）、石牌（富里）、里壠等教會。李庥看重訓練傳道人，如林華、劉茂清、吳葛、陳新代等人都直接受教於李庥，他還約聘林兼金來教導漢文。他提倡女子教育，由其夫人教導婦女，為婦女的傳道、教育、服社，他建議母會送女宣教師來台，並奉獻設立女學之建築費用（1879 年 6 月），請求教士會設法女學的用地。李庥於 1879 年 9 月 29 日患熱病，病逝於府城，葬在打狗。李庥夫人則仍然住府城，1880 年 2 月由母會女宣道會（The Women's Missionary Association）選她為首任女宣教師，一直至 1884 年 6 月 13 日因病歸國。李庥夫人於任內專心傳道，致力籌設女學，終於在 1887 年 2 月 14 日促成女學正式開學。長老教會女學（今長榮女子中學）之成立，實踐了李庥牧師夫婦關注女子教育的心願！賴永祥，〈史話 113 首任駐台牧師李庥〉，《台灣教會公報》2006 期，1990 年 8 月 12 日。

〔註18〕　《馬偕日記 I》，台北：玉山社，2012，頁 28。
〔註19〕　德馬太醫生（Dr. Matthew Dickson）是英國長老教會駐臺第 2 位醫療宣教師。德醫生於 1871 年 2 月 10 日抵台，醫生娘是 1874 年 12 月 22 日抵臺，夫婦於 1878 年 1 月 8 日離職返英，在台共 7 年。醫館因德醫生返國一時暫停醫務，迄至 1879 年 1 月 14 日安彼得醫生（Dr. Peter Anderson）抵台後才重開。德馬太醫生受派駐府城醫館，先襄助馬雅各醫生，至 1871 年 11 月馬醫生離臺，就負責館務。他醫術高明，逐漸建立官私各界之好評，甚至全臺最高官道臺之信任。德醫生在醫館盡職外，也時常協助教會事工，並到各地巡視及診療，其足跡遍及南北教區各地。賴永祥，〈史話 212 德馬太醫生〉，《台灣教會公報》2136 期，1993 年 2 月 7 日。

爲他的宣教區，而且同行的李麻牧師對他說：「馬偕，這就是你的教區。」德馬太醫師加上一句「這裡遠比打狗美麗得多。」〔註20〕二位都贊同馬偕的宣教意向。爲紀念馬偕牧師獨自在北部傳揚福音的重大意義，長老教會北部教會就以3月9日爲馬偕登陸淡水北部設教紀念日〔註21〕（淡水鎮公所設置馬偕上岸禱告的銅像於淡水河邊）。馬偕在其日記中表明他深切的感動：

> 1872年3月9日禮拜六，約下午三點，船入淡水港並且下錨。被這個地方深深的感動，我立即下定決心，這就是一直在等待我的宣教區。在我之前，還沒有人在此地服事。噢！值得讚美的上帝啊！我的心裡歡喜到眞想高興地拍手。美麗的淡水，我的心裡實在感動。……〔註22〕

1872年3月11日起約有二週，馬偕再與李麻牧師和德馬太醫師一行人南下，沿著陸路巡視教會，經中壢、竹塹、白沙屯（現今通霄鎮小農漁村，北鄰後龍鎮南界）、大甲，到大社（今豐原市內）講道栽培信徒，並在內社（今苗栗鯉魚潭）〔註23〕講道施洗、舉行聖餐禮，南下埔社（今埔里）佈道，4月初才沿原路回去。

4月3日李麻牧師和德馬太醫師從大社往南部回英國長老會教區；馬偕和嚮導及挑夫則往北行，夜宿白沙屯，步行經竹塹、桃仔園（桃園）、再從新莊搭船入艋舺、大稻埕、干豆（今關渡），以一個月的時間旅行踏查北部教區。馬偕於4月6日下午回到淡水──他的宣教區。這一趟與李麻牧師和德馬太

〔註20〕 蘇文魁，《台灣女婿黑鬚番》，台南：教會公報社，2012，頁22。

〔註21〕 鄭連明主編，《臺灣基督長老教會百年史》，台南：新樓書房，1995，頁41。

〔註22〕 《馬偕日記Ⅰ》，台北：玉山社，2012，頁38。

〔註23〕 1872年3月11日馬偕和李麻牧師德馬太醫生首次前往中部視察2週，在大社施洗、並安排內社建禮拜堂，但因大雨不得進入埔社。同年年底大社信徒在內社（今苗栗縣鯉魚潭）分設聚會。李豹及另2人（李天才，李登炎）受派至埔社，設法使社民學習白話字，李登炎嫂也盡力於白話字的指導。1872年分設大湳及牛睏山的聚會，同年3月26日李麻來北路巡視，首次入埔社。賴永祥，〈史話203 福音傳到台灣中部〉，《台灣教會公報》2023期，1992年11月8日；《馬偕日記Ⅰ》，台北：玉山社，2012，頁38～43。在苗栗縣南端，隔枕頭山與大安溪爲畔，有鯉魚潭村，本是巴宰族（Pazeh）開發之地，亦稱「內社」。首次在內社舉行施洗，是1872年3月24日（禮拜日），由李麻牧師主持，施洗30人，德馬太醫生及馬偕牧師亦在場。賴永祥，〈史話211 內社首次領洗者〉，《台灣教會公報》2133期，1993年1月17日；《馬偕日記Ⅰ》，台北：玉山社，2012，頁40。

醫師旅行巡視教會的經歷，肯定有助於馬偕認識臺灣中北部的環境、了解當地基督信徒的概況。我們從馬偕 4 月 7 日的日記，可以看出他在確定自己日後宣教地區時靈魂的滿足喜樂，以及他在這塊還沒有人來傳教的地方，願意「為上帝生為上帝死」的堅強意志。

　　4 月 7 日，禮拜日。在淡水；閱讀，默想並且到附近散步。沒有任何文字，沒有，絕對沒有辦法將我的感覺寫下來。<u>我服事的區域已經底定，我心頭的重擔放下來了！！！</u>但是另外一個卻放上去。而<u>同時又見到那麼多的負擔，然而卻那般的可愛，那般的宏偉，美麗的北台灣，當我想到我被上帝引導到這裡，在我之前又沒有人曾在這裡服務，我的靈魂狂喜。所以我可以在此地建立基礎。請上帝幫助我，今天我再度誓言要對你忠誠，我已經預備好在所揀選的土地上為祢生為祢死，所以請幫助我，上帝。</u>〔註24〕

　　1872 年 4 月 13 日晚上馬偕在新租的房子（現為淡水馬偕街 24 號）與洋人聚會講道，這就是北台灣第一所教會——「淡水教會」的開端。隔天，馬偕開始積極對身邊的人傳道。嚴清華〔註25〕——馬偕的第一位學生（當時 21

〔註24〕　《馬偕日記 I》，台北：玉山社，2012，頁 45。

〔註25〕　嚴清華（1852～1909，1873/2/9 受洗）是馬偕的首位學生，也是首席助手。1872 年（清同治 10 年）4 月 19 日早晨，那是一個梅雨未至陰晴不定的禮拜五，馬偕博士到淡水已經四十餘天，落戶於距今禮拜堂北側 3 公尺處一所租來的斗室裏（原本要規劃作為馬廄）。當時他正在勤練台語和漢文，其日記如此記載：「早上，有一位年輕人來訪，進來時很仔細地看看四週」同時提出幾項問題。臨走時，我說：「晚上如有空，請你再來」。他回答：「好吧！」……剛研讀完畢（漢文）他才來，一坐下，他注意我的書，我立即將一本聖詩送給他。他人緣好，我真希望他以後繼續再來。結果第二天，他高興的來到馬偕家中，並決心歸順基督為主所用。《馬偕日記 I》，頁 47～50。那就是嚴清華（Giam Chheng Hoa），教會的第一位信徒，也是北台灣教會初熟的果子，更是首位本地傳道、牧師。馬偕博士常暱稱他為「阿華」。1872 年 9 月 27 日他們首次到基隆，在大廟門口，他們和往常一樣唱起讚美詩，立即引來大批群眾圍觀，將廟埕團團圍住，群眾怒目逼人。其中有些是阿華的舊識，看到他居然和洋蕃混在一起，更是氣憤。這時馬偕請他講話，那真是個大考驗，因他從未公開為人作見證，特別在這種場面，他有點猶豫。馬偕見狀吟起詩『我認救主無驚見羞，好膽干證道理，稱呼耶穌恩典奧妙，歡喜趁祂教示』阿華也跟著唱，然後抬起頭來面對憤怒的群眾，勇氣十足的見證道：「我是一個基督徒，信奉真神，不能崇拜老鼠也能毀壞的偶像。我毫無恐懼，我愛耶穌，他是我的救主和朋友。」阿華相當有才幹，為人坦誠，人緣又好，在五股坑很得眾望，他在陳塔嫂（北台第一女信徒）的協助下，牧會很成功；1874

歲），從 4 月 19 日起，連續幾天都來他的住處請教問題，並且帶一些讀書人來向馬偕討論。〔註 26〕一開始，馬偕就十分欣賞嚴清華的坦誠，並且屬意要幫助他接受福音，接連有多次機會與嚴清華及其他讀書人互動問答。自此，馬偕教他讀、寫羅馬字，認識世界地理，介紹加拿大，教唱聖詩，讀登山寶訓、以弗所書、教理問答、羅馬書，背誦十誡、主禱文、使徒信經和福音書的內容，並且施予筆試和口試，帶他一同下鄉接觸人群。他們彼此談論各自的風俗習慣，也和其他讀書人討論儒、釋、道教。嚴清華後來成為馬偕第一位傳教助手，協助馬偕料理食物、整理地方、分發藥品，還協助馬偕台語發音；馬偕則教導他讀寫羅馬字、唱詩、學習聖經、自然地理、天文學、解剖學，並帶著他到各村落佈道，如同聖經中保羅帶領提摩太。

西元 1872 年 6 月 10 日，許銳〔註 27〕從南台灣北上跟馬偕學習，10 月上旬吳益裕、王長水、林孽、林杯〔註 28〕陸續來聚會、跟馬偕學習，10 月下旬求仔、陳火〔註 29〕也前來請求進一步的教導。這個團體成員逐漸增加，於是馬偕展開以天為頂、以大地為凳的「逍遙學院」〔註 30〕，直接培訓本地傳道人。〔註 31〕

馬偕在北台灣獨立傳教，第一次成功帶領人歸信基督，是在他來淡水後的第 11 個月。1873 年 2 月 9 日〔註 32〕馬偕首次為本地人嚴清華（馬偕稱他阿

年 6 月轉往新港社教會，後來再駐新店牧會；1882 年牛津學堂成立時任該神學院教員；1885 年 5 月 17 日他與陳火（榮輝）一同受封立，成為北部第一批本地人牧師。蘇文魁主編，〈淡水教會第一位信徒嚴清華〉，《滬尾江河淡水教會設教 120 週年紀念冊》，1992 年 10 月，頁 138～141。

〔註 26〕 《馬偕日記Ⅰ》，頁 38～49。

〔註 27〕 1872 年 6 月 10 日，禮拜一，有一人來自南台灣（編註:許銳），經過考試之後發現他在許多方面都不及格，顯然他沒有什麼基礎。因為他無法和阿華一起學習，所以我單獨教導他，花費許多的努力。《馬偕日記Ⅰ》，頁 57。

〔註 28〕 第一位來跟馬偕學習的是嚴清華，22 歲，已婚，馬偕稱他阿華。其後有吳益裕（吳寬裕），油漆匠，31 歲，未婚。王長水，代書，24 歲，已婚。林孽，木匠，26 歲，未婚。林杯，全盲，工人，42 歲，妻歿。《馬偕日記Ⅰ》，頁 74、101。

〔註 29〕 1872 年 10 月 28 日記著陳火，單身年輕人。《馬偕日記Ⅰ》，頁 79。

〔註 30〕 根據柯設偕教授 1975 年 9 月 25 日調查報告，牛津學堂開校以前，八年間(1872～1880) 無校舍時期學生 21 名。如附錄二 牛津學堂開校前後 馬偕學生。

〔註 31〕 《馬偕日記Ⅰ》，頁 38～101。

〔註 32〕 1873 年 2 月 9 日禮拜日，馬偕收到一封哀悼信，他推測信中內容後，以「榮耀的天堂」為題證道。崇拜後，拆信得知在加拿大的姐姐瑪麗已經去世，幾乎心碎的他拭乾眼淚，以台語講道（馬可福音 16:16 信而受洗的，必然得救；不信的，必被定罪。和合本聖經）、繼續施洗工作。《馬偕日記Ⅰ》，頁 101。

華）、吳益裕（又名吳寬裕）、王長水、林孽、林杯等五人施洗，隔週 2 月 16 日舉行北台灣第一次的基督教聖餐禮〔註33〕，紀念耶穌的死與復活。典禮隔天，馬偕差派嚴清華到五股坑〔註34〕佈道，一起拜訪家庭並對群眾傳教。

> 1873 年 2 月 18 日我們陪伴阿華（嚴清華）逆流而上，前往五股坑的佈道所，那裡的人每個禮拜搭船前來淡水參加禮拜。當我們的船隻接近村莊時，那裡的慕道友出來熱誠的迎接我們。他們為阿華預備一個地方，我們拜訪許多的家庭，傍晚時對著一大群的人佈道。
> 〔註35〕

馬偕記載「在臺灣島上的漢人約三百萬，其中一百萬住在加拿大長老會的宣教區中。他們分為兩種：就是福佬人和客家人。前者在北部臺灣佔全漢人中的八分之七。」〔註36〕馬偕為了傳福音，積極學習福佬話，並以他具備的醫學常識，在台灣北部從事「牙醫醫療傳道」的工作。他在旅行傳教時，會帶一些常用的西藥，為當地的病人服務，為人拔牙解除痛苦。

西元 1873 年 5 月初，林格醫師（Dr. B. S. Ringer）義務協助醫療事工，由於以淡水為中心的醫療傳教工作成效不錯，於是馬偕牧師向母會加拿大長老教會，申請一位專門的醫療宣教師來臺協助，以便使他能有充分的時間，巡迴關心已開設的教會（淡水、五股坑、新港社、洲裡（和尚州）、獅潭底、三重埔、八里坌、新店）並往未開拓地方傳教，此項建議獲得母會的批准。1875 年 1 月加拿大長老教會第二位海外宣教師華雅各醫生（Rev. J.B. Fraser）抵臺，他不但是醫生，同時也是牧師。而根據 1875 年 6 月 29 日馬偕寫給麥威廉牧師的信函記載，當時已經開拓了淡水、八里坌、五股坑、洲裡（蘆洲）、

〔註33〕 聖經和合本新約哥林多前書第 11 章第 23～28 節記載「我當日傳給你們的，原是從主領受的，就是主耶穌被賣的那一夜，拿起餅來，祝謝了，就擘開，說：這是我的身體，為你們捨（有古卷：擘開）的，你們應當如此行，為的是記念我。飯後，也照樣拿起杯來，說：這杯是用我的血所立的新約，你們每逢喝的時候，要如此行，為的是記念我。你們每逢吃這餅，喝這杯，是表明主的死，直等到他來。所以，無論何人，不按理吃主的餅，喝主的杯，就是干犯主的身、主的血了。人應當自己省察，然後吃這餅、喝這杯。」

〔註34〕 嚴清華是第一位派駐五股坑佈道所的傳道師。馬偕在北部佈道，1873 年 3 月 2 日第一間新落成的禮拜堂在五股坑，至少 150 人出席。《馬偕日記 I》，頁 103、106。

〔註35〕 《馬偕日記 I》，頁 101～103。

〔註36〕 偕叡理著，《福爾摩沙紀事——馬偕台灣回憶錄》，林晚生譯，台北：前衛出版社，2016，頁 95。

三重埔、新店、大浪泵、雞籠、新港等 9 個宣教據點。〔註37〕1875～1877 年因華雅各醫生兼牧師（Rev. J. B. Fraser）夫婦的加入，對馬偕牧師的傳教工作起了相當的幫助。〔註38〕根據 1878 年 4 月 20 日馬偕寫給麥威廉牧師（Rev. Wm. McLaren）信函，記載當時北台灣已有淡水、五股坑、八里坌、新港、三重埔、新店、雞籠、大浪泵、後埔、溪州、洲裡（蘆洲）、紅毛港、艋舺、崙仔頂（三角埔）等 14 個宣教據點。〔註39〕加拿大長老教會陸續又派遣宣教師來臺協助傳教工作，1878～1882 年閏虔益牧師（Rev. K. F. Junor）夫婦、1883～1891 年黎約翰牧師（Rev. John Jamieson）夫婦、1892～1923 年吳威廉牧師（Rev. William Gauld）夫婦。茲將清末（1872～1895）加拿大長老教會所派遣來臺之宣教師列表（如表 3-1）。〔註40〕

表 3-1　清末（1872～1895）加拿大長老教會派遣來臺宣教師一覽表

姓名	英文姓名	在臺時間	工作屬性	備考
偕叡理 （馬偕）	Rev. George Leslie Mackay	1872～1901	牧師 夫婦	歿於臺灣
華雅各	Rev. J. B. Fraser	1875～1877	醫生、牧師 夫婦	妻子歿於臺灣
閏虔益	Rev. K. F. Junor	1878～1882	牧師 夫婦	
黎約翰	Rev. John Jamieson	1883～1891	牧師 夫婦	歿於臺灣
吳威廉	Rev. William Gauld	1892～1923	牧師 夫婦	歿於臺灣

資料來源：鄭連明主編，《臺灣基督長老教會百年史》，台南：新樓書房，1995，頁473；黃武東等編著，《台灣基督長老教會歷史年譜》，台南：人光出版社，1995，頁 20～87。

〔註37〕陳冠州、Louise Gamble 總編輯，《北台灣宣教報告Ⅰ：馬偕在北台灣之紀事 1868～1878》，台北：明燿文化，2015，頁 88。

〔註38〕台灣基督長老教會總會歷史委員會編著，《臺灣基督長老教會百年史》，頁 50～52。

〔註39〕陳冠州、Louise Gamble 總編輯，《北台灣宣教報告Ⅰ：馬偕在北台灣之紀事 1868～1878》，台北：明燿文化，2015，頁 189。

〔註40〕清末加拿大長老教會派遣來臺之宣教師一覽表，其時間斷限為 1872 年加拿大長老教會在臺設教至 1895.6.17 臺灣總督府舉行「始政」典禮前。

說明：

1. 表中「夫婦」是指夫婦同在臺灣。

2. 1878 年 5 月 27 日馬偕牧師與五股坑信徒張聰明在淡水英國領事館結婚。

3. 清末加拿大長老教會派遣來臺之宣教師無女性宣教師。

4. 吳威廉牧師娘（吳瑪利女士）於吳威廉牧師去世後，繼續留在北臺灣服務，1931 年轉任南部教會服務。

雖然陸續有宣教師前來協助馬偕牧師在臺的傳教工作，但除吳威廉牧師（Rev.William Gauld, 1861～1923）外，其餘宣教師都因家眷去世或本身健康因素，無法長期留在臺灣服務。〔註 41〕因此，北臺灣長老教會開創的頭二十年間，可以說完全是靠馬偕一人獨立負責教務工作，而他所栽培的當地信徒當然是他得力的助手。〔註 42〕這是不同於南部教區是由幾位宣教師共同合作開設、培養與發展的。

馬偕牧師在拓展教務方面，主要先沿淡水河、新店溪，交通方便之市街，如淡水、艋舺，進行傳教，後來再深入噶瑪蘭（今宜蘭）、奇萊（今花蓮）等地傳教。〔註 43〕簡單來說，馬偕牧師在臺的傳教範圍，以淡水為中心，以他傳教重心和活動的區域來看，1870 年代主要在臺北盆地及西部沿岸地區；1883年以後，進入宜蘭平原；1890 年代則遠赴奇萊平原。〔註 44〕因此，馬偕去世後居於邊陲地區的後壠這兩間教會，可能失去傳道人積極地照顧，信徒四散而逐漸沒落。

馬偕的傳教工作，第一個十年裡就建立了 20 間教堂〔註 45〕（其中包含新

〔註41〕 黃六點主編，《台灣基督長老教會北部教會大觀——北部設教百週年紀念刊》，台北：台灣基督長老教會北部大會，1972，頁 14。

〔註42〕 《臺灣基督長老教會百年史》，台南：新樓書房，1995，頁 34。

〔註43〕 吳學明，〈臺灣基督長老教會的三自運動（一八六五～一九四五）〉，《臺北文獻》直字第 121 期，頁 86。

〔註44〕 陳梅卿，〈清末加拿大長老教會的漢族信徒〉，《臺灣風物》第 41 卷第 2 期（1991年 6 月），頁 40。

〔註45〕 陳冠州、Louise Gamble 總編輯，《北台灣宣教報告 II：馬偕在北台灣之紀事 1879～1884》，台北：明耀文化，2015，頁 37。根據閏虔益牧師 1879 年 9 月 15 日從淡水發的信函「……我們將會有 20 位傳道師駐進 20 間禮拜堂。……」。筆者整理自《馬偕日記 I》，這 20 間教會依序可能是：淡水、五股坑、新港社、洲裡（和尚州）、（獅潭底）、三重埔、八里坌、新店、雞籠、大龍峒、錫口、艋舺、後埔、三角湧、紅毛港、崙仔頂、新竹、金包里、枋寮、暖暖、後壠等教會。

港社教會和後壠教會），接受 300 名信徒受洗。馬偕於西元 1880 年 1 月 1 日～1881 年 12 月底第一次返回加拿大述職期間，得到加拿大鄉親的資助，又獲得一位同姓之馬偕夫人捐贈 2500 美元的幫助，於西元 1880 年在滬尾（今新北市淡水區）創建台灣北部第一所西醫醫院──偕醫館（滬尾醫院，馬偕紀念醫院的前身），從事醫治百姓的服務，同時也開啓北台灣之西醫醫療歷史。

第二個十年裏，他創立牛津學堂〔註46〕（即現今台灣神學院的前身），1882 年 9 月 14 日牛津學堂開學講課，訓練本地傳道師。二年後 1884 年在牛津學堂東側建立第一個供女子讀書的女學堂教育婦女，同時宣教工作推展到噶瑪蘭地區（宜蘭），延至花蓮，女學堂學生多數來自噶瑪蘭地區之平埔女子。之後，他差派他的門徒跟著他四處傳教建立教會。西元 1886 年 3 月 27 日馬偕寫給沃卓帕牧師（Rev. Dr. Wardrope）信函，記載當時北台灣宣教區實況，已有 38 處禮拜堂，由馬偕施洗的人數有 2320 人，其中 73 人已經離世，名單上有 2247 名受洗者。有 38 位傳道師，牛津學堂有 2 位本地教師，1 位已受任命的牧師，有 1 位是新店教會的牧師。有 53 位長老和 45 位執事以及許多預備加入此宣教事工的學生。西元 1887 年 3 月 22 日馬偕寫給沃卓帕牧師（Rev. Dr. Wardrope）信函，記載總共接受 315 位新的信徒，累計信徒 2562 人，其中有 16 人死亡，受洗信徒共有 2546 人，有 38 處宣教據點以及 38 位傳道師，牛津學堂有 2 位本地教師及 20 位學生。1888 年 3 月 9 日，有 50 間教堂以及 51 位傳道師，2 位本地牧師，一所牛津學堂、女學堂、偕醫館，共有 2650 名受洗信徒，有 64 位長老和 60 位執事。〔註47〕直到 1901 年 6 月 2 日他去世時，北

〔註46〕 牛津學堂，1872 年，加拿大基督教長老教會傳教士馬偕叡理博士（Rev. George Leslie Mackay）遠渡重洋，3 月 9 日登陸淡水，以砲台埔為其宣教根據地。除一方面展開傳教、醫療、農藝外又利用其租住的寓所、野外，從事教學工作，歷時八載。八年中，學生不斷增加，但因缺乏校舍，諸多不變，馬偕博士深感創設新式學校之重要，乃於 1880 年回國募款，獲其故鄉安大略省（Ontario），牛津郡（Oxford）報紙〈前哨評論〉（Sentinel Review）新聞社之刊載並大力發起募款活動，獲得各方熱烈迴響，而募得加幣 6,215 元，作為其建校基金。1881 年重返淡水，擇定牛津學堂現址，親手規劃、監工，興建校舍。1882 年 7 月 26 日如期竣工，取名「理學堂大書院」。又感懷其故鄉加拿大牛津郡鄉親之盛情襄贊，英文乃命名為：OXFORD COLLEGE，故後人稱之為牛津學堂。馬偕在台灣，〈牛津學堂年表〉，http://www.laijohn.com/Mackay/MGL-college/chronology/1c.htm，2017/3/18 檢索。

〔註47〕 陳冠州、Louise Gamble 總編輯，《北台灣宣教報告III：馬偕在北台灣之紀事 1885～1889》，台北：明燿文化，2015，頁 27、47～48、68。

台灣已建立了60所教堂。（詳見表3-2）

表3-2 西元1873年到1900年北部台灣基督長老教會教勢統計資料〔註48〕

記載時間	受洗信徒	已故會友	活著信徒總數	本地牧師	長老人數	執事人數	停職人數	被逐出教會者	教堂間數	傳道師數
1873.2.9	5								1	
1874.2.17	12								3	
1875.2.15	28									
1875.2.25	37	1							7	7
1875.9.21	79	3						0	9	9
1877.9.24	147				3	1			11	11
1878.3.11	214				5	2			13	13
1878.3.21	230				9	4			13	13
1879.12.8	300	8			11	5			20	20
1884.4.16	1179	24							34	
1886.3.27	2320	73	2247	2	53	45			38	38
1887.3.22	2562	16	2546	2	53	45			38	38
1888.3.29	2663	13	2650	2	64	60	31	2	50	50
1890.3.19	2865	32	2833	2	83	79	41	2	50	50
1892.4.26	3082	451	2605	2	77	89	26		50	50
1893	2807	61	2719	2	76	87	27		60	60
1894	2633			2						
1895	2641	735	1906	2	46	53			60	60
1896	2013									
1897	2338	63	2250		50	56	16	9	56	50
1900	2416	8			39	54	9		60	54

　　隨著信徒加添，教會增多，期間牧會工作，不斷地需要人手接續和分擔，除了馬偕積極培養的本地信徒成為傳道人之外，加拿大差會仍然持續差派宣教師來台拓展傳道工作。馬偕牧師在世期間，加拿大長老會尚未正式差派女

〔註48〕 本表整理自陳冠州、Louise Gamble 總編輯，《北台灣宣教報告Ⅰ：馬偕在北台灣之紀事 1868～1878》，台北：明燿文化，2015，頁68～69、82～83、88、109、114、155、158、176、181～183、188；《北台灣宣教報告Ⅱ：馬偕在北台灣之紀事 1879～1884》，頁14、37、43、46、167、184、187、192；《北台灣宣教報告Ⅲ：馬偕在北台灣之紀事 1885～1889》，頁27、47～48、81；《北台灣宣教報告Ⅳ：馬偕在北台灣之紀事 1890～1893》，頁14、134；《北台灣宣教報告Ⅴ：馬偕在北台灣之紀事 1894～1901》，頁27、110、130、186～187。

宣教師來台，直到 1905 年才差女宣教師（金仁理 Miss Janie Kinny，高哈拿 Miss Hannah Connell）來台。茲將 1902 年到 1945 年間駐台男女宣教師列表如下，以此連貫理解傳道工作，絕非任何單一宣道師或信徒可以獨力完成，這些宣教師遠渡重洋來台，或爲牧師、或爲醫師、或是護士，所秉持的是基督耶穌愛人如己的誡命，認同委身於當地，進行醫療、教育和傳道，接續與傳承，改變並拓展台灣當地信徒生命（表 3-3、表 3-4）。

表 3-3　1902 年至 1945 年加拿大長老教會駐臺男宣教師名單摘要〔註49〕

	加拿大長老會男宣教師	漢名	來臺年	離臺年	備考
1	Rev. Thurlow Fraser, M.A., M.D.	華德羅牧師	1902	1904	
2	Rev. Milton Jack, M.A.	約美但牧師	1905	1917	
3	Rev. J.Y. Ferguson, B.A., M.D.	宋雅各醫生	1905	1921	
4	Rev. Duncan MacLeod., B.A., D.D.	劉忠堅牧師	1907	1949	在北、南部作工
5	Rev. George William Mackay, M.A, D.D.	偕叡廉牧師	1911	1963	病逝於淡水
6	A. A. Gray, M.D.	倪阿倫醫生	1913	1919	
7	K.W. Dowie, B.A.	羅虔益先生	1913	1924	
8	Rev. G.A. Williams, B.A	廉叡理牧師	1919	1927	
9	K.A. Denholm, M.D.,	連虔益醫生	1920	1922	
10	Rev. W.G, Coates, M.A., B.D.	高華德牧師	1921	1927	
11	Rev. D.F. Marshall, B.A., B.D.	馬大關牧師	1923	1937	在北、南部作工
12	Rev. Hugh MacMillan, B.D., M.A., Ph.D.	明有德牧師	1924	1960	
13	Donald Black, M.D.	陸醫生	1925	1927	
14	Rev. John T. Fleming, M.A	傅理明牧師	1927	1930	
15	Robert B. McClure, M.D., F.R.C.S.	羅明遠醫生	1927	1930	
16	Rev. James I. Dickson, B.Th., D.D.	孫雅各牧師	1927		
17	Rev. J.D. Wilkie, B.A	偉彼得牧師	1929	1937	
18	M.G. Graham, M D.	源醫生	1929	1932	
19	Eugene Stevens, M.D.	嗣有仁醫生	1929	1939	
20	Donald C. Bews, M.D.	妙道拿醫生	1939	1940	

〔註49〕 http://www.laijohn.com/missionaries/1872-1945-CP.htm，2016/8/8 檢索。（1872 年至 1945 年加拿大長老教會駐臺宣教師名單摘要。）

表3-4 1905年至1945年加拿大長老教會駐臺女宣教師名單摘要[註50]

	加拿大長老會女宣教師	漢名	來臺年	離臺年	備考
1	Miss Jane Kinney, M.A.	金仁理姑娘	1905	1928	
2	Miss Hannah Connell	高哈拿姑娘	1905	1931	在北、南部工作
3	Miss Mabel G. Clazie	黎媽美姑娘	1910	1931	
4	Miss Isabel Elliot, R.N.	烈以利姑娘	1911	1941	在北、南部工作（護士）
5	Miss Lily Adair	安義理姑娘	1911	1940	在北、南部工作
6	Miss Lillian Tait		1915	1918	
7	Miss Margaret E. Luscombe	呂馬烈姑娘	1917	1922	（護士）
8	Miss Jennie L. Hotson	福順姑娘	1918	1927	
9	Miss Winnifred Ackison	舜姑娘	1919	1927	
10	Miss Mary T. Haig	夏馬利姑娘	1920	1927	
11	Miss Gretta Gauld, R.N.	吳阿玉姑娘	1924	1965	在北、南部工作（護士）
12	Flora M. Gauld. M.D.	吳花密醫生	1924	1927	在北、南部工作 後來嫁李約翰醫生
13	Miss Annie Senior, S.R.N., C.M.B		1924	1932	
14	Miss Alma Burdick	閔瑪俐姑娘	1927	1940	
15	Miss Ada Adams	唐蘭花姑娘	1927	1940	
16	Miss Dorothy Douglas	杜道理姑娘	1928	1965	
17	Miss Margaret Ramsay	蘭馬烈姑娘	1928	1940	
18	Miss Jean Cummings		1928	1930	
19	Miss Ethel Chisholm, R.N.	朱姑娘	1929	1940	
20	Miss Isabel Taylor, A.T.C.M	德明利姑娘	1931	1974	
21	Miss Hildur Hermanson, R.N.	和為貴姑娘	1931	1965	（護士）
22	Miss Mary E. McVey		1932	1935	
23	Miss Phyliss Argall, M.A.		1932	1935	
24	Miss Ruth Heighton, B.A.		1935	1940	
25	Miss Mildred Weir, B.S, N., R.N.	衛姑娘	1935	1940	

〔註50〕 http://www.laijohn.com/missionaries/1872-1945-CP.htm，2016/8/8 檢索。（1872年至1945年加拿大長老教會駐臺宣教師名單摘要。）

第三節　馬偕過世後長老會在北台灣的發展

　　馬偕過世後，吳威廉牧師負起北部臺灣教會牧養的主要責任。西元 1904
年 10 月 4 日首屆「臺北長老中會」成立，北部教會踏入自治自養自傳的新階
段。臺灣南北兩長老教會之差會雖不同，但其信仰及職制並無差異，故南北
教會皆認同有聯合之必要。1912 年 4 月 4 日南北兩長老教會議決聯合，於是
1912 年 10 月 24 日成立「台灣大會」。台灣大會於 1913 年議定教會名稱為「台
灣基督長老教會」；在各教會中，牧師與長老之會議稱為「督會」，後改稱「長
老督會」，最後再改稱「小會」，而小會中會大會之紀事，該稱「書記」沿用
至今。北部中會於 1938 年 2 月 19 日議決劃分為三個中會，分別是東部中會：
自草嶺以東至臺東；台北中會：自草嶺以西至坪頂以北；新竹中會：自坪頂
以南到大甲。1938 年 7 月 5 日經臺灣大會常置委員會核准，同年 9 月 27 日台
北中會於艋舺禮拜堂成立，1938 年 10 月 12 日新竹中會於苗栗禮拜堂成立，
同年 10 月 25 日東部中會於花蓮港禮拜堂成立。1940 年 5 月 21 日，由此三中
會於臺北神學校創立首屆「北部臺灣基督長老教會大會」。〔註51〕

　　長老教會在馬偕建立的穩固根基下，拓展對台灣的宣教，除了通過醫療
配合傳教工作外，同時也以教育啓蒙台灣人民對世界的認知，提升信仰品質。
牛津學堂，馬偕博士最後一期葉金木等 13 名畢業生，於西元 1900 年首次獲
頒畢業證書。馬偕逝世後，獨子偕叡廉（Rev. George William Mackay）繼續投
入宣教與教育工作。西元 1909 年日本政府開始確立學年制度，要求入學，一
律要國小畢業，學習六年後方可畢業，1914 年神學院院舍遷至台北雙連的臨
時校舍，偕叡廉牧師於牛津學堂原址創辦淡水中學（現今之淡江中學前身），
並擔任首任校長。淡水中學，是日據時期第一所為台灣學生所辦的正式五年
制中等學校。〔註52〕

　　西元 1895 年中日甲午戰爭，中國戰敗，臺灣被割讓給日本。初期日本對
基督教懷有好感，台灣人民對教會也逐漸理解，因此教勢發展甚快，幾乎達
一倍之多。日本統治台灣，前後 50 年之久，這期間也曾派宣教師來台灣，並

〔註51〕　台灣基督長老教會總會歷史委員會編著，《臺灣基督長老教會百年史》，台南
　　　　　市：新樓書房，1995，頁 101、144、149、213～221、255。
〔註52〕　馬偕在台灣，〈牛津學堂年表〉，賴永祥長老史料庫，2017/3/18 檢索，
　　　　　http://www.laijohn.com/Mackay/MGL-college/chronology/1c.htm

且組成教團，可是，由於日本政府對教會干擾甚多，結果使教會與政府間時
有衝突。對教會而言，隨著中國戰局的開打，日本與英美關係的惡化，隨後
日本於 1933 年退出國際聯盟，對教會的壓迫與控制逐漸更加嚴格。至 1935
年前，台灣教會的衝擊較小，因此還可從事大規模教會活動，受臨近日本及
大陸奮興佈道風潮的影響，北部教會於 1932 年邀請賀川豐彥來台佈道，南部
教會也於 1935 年舉行盛大的設教 70 週年；同年，為紀念日本在台「始政四
十週年」，台北基督教各團體舉辦「全台灣基督教信徒大會」。1936 年 4 月 15
日，宋尚節來台佈道〔註53〕，掀起了「奮興」的傳道熱情；同時北部教會也
興起傳道的「三年運動」。然而這卻是日據時代教會所能做的最後一次信仰自
主運動。〔註54〕

　　日本據台後半期，1937～1945 年，極力推動台灣人民皇民化，引起教會
極力的抗拒。從此以後，所有教會的運動都只能由日本政府主導。台灣教會
與日本教會的關係越來越密切，至戰爭末期，日人教會在無形中取代外國宣
教師的地位，成為台灣教會的指導與保護者。〔註55〕

　　西元 1937 年後，隨著日本在海外戰局的不斷擴大下，台灣進入戰時體
制，各方面都遭受壓制與迫害。日本政府加強對台灣思想言論的統治，報
紙漢文版被禁，教會使用的羅馬拼音也被攻擊。1939 年，日本在台推行「改
姓名運動」及鼓勵「國語家庭」。其中嚴格規定人人必須參拜神社、家中要
設小神座，供奉神道教的「神宮大麻」，教堂也不例外，因此傳道者都遇到
此信仰與國家倫理難題。日本統治台灣時期，封閉山地，不准任何宗教人
士上山傳教，迫害山地基督徒，例如本文稍後章節所提，由曾在後龍傳道
的李水車帶入信的花蓮原住民姬望（Ciwang Iwal, 1872～1946, 原作「芝

〔註53〕 1936 年 4 月 15 日到 22 日宋尚節牧師來到大稻埕，主領一場連續八天的大奮
　　　　興會，轟動全台灣省人民，特別受到基督信徒的關心，遠近教友將近二千多
　　　　人來到大稻埕聽道。當時上千人的聚會可以說是非常罕見，因此這樣的情形
　　　　在當時可謂盛況空前。受大奮興會的影響所及，許多信徒的態度變得熱心、
　　　　友好，而且組織了 150 隊佈道隊，由大稻埕教會李順天長老擔任總隊長。全
　　　　省各處教會掀起一股積極參加佈道隊的氛圍。
〔註54〕 廖安惠撰，〈兩個太陽底下的台灣教會──日治末期教會面臨的難題〉，《台灣
　　　　教會公報》2392 期，1998 年 1 月 4 日，頁 10～11。
〔註55〕 廖安惠撰，〈兩個太陽底下的台灣教會──日治末期教會面臨的難題〉，《台灣
　　　　教會公報》2392 期，1998 年 1 月 4 日，頁 10～11。

苑」）〔註56〕女士，當時的處境即是如此。直到第二次大戰後，長老教會才得以上山傳教，引領多數原住民歸信耶穌基督。

隨著戰局轉進，各地日益激烈地排英、排美運動，英、加南北兩教會母會逐漸轉讓其所屬事業機構。自1938年起，所有宗教活動前都需行日本政府要求之「國民儀禮」等儀式，遙拜皇居、唱日本國歌、獎勵國語（日語）家庭，以及日語講道等，所有西方傳教師被迫撤回母國，台灣教會進入完全自立、自傳、自養階段。〔註57〕

隨著英加母會勢力的退出，日台教會的關係更爲密切。從1935年長榮中學改組後開始，日本教會成爲台灣教會的指導者。1937年，台灣基督長老教會南、北大會依日本基督教聯盟之通牒，與當時在台的日本基督教會、日本聖公會、日本組合教會、日本美以美教會、聖教會、基督教婦女矯風會、台灣基督教青年會，組成「北支事變全台基督教奉仕會」，從事弔慰因事變罹難烈士遺族、及替政府從事各項宣傳等工作，此組織於1942年擴張爲「台灣基督教奉公會」，後又改爲「台灣基督教奉公團」，其最後的目的是要合併爲「台灣基督教團」。又爲貫徹日本精神，同年起舉行三次「全台灣基督教傳教師鍊成會」，長老會牧師、傳道都被迫參加，其目的在灌輸神道的宗旨及國民精神。此外，由日本「滿洲傳道會」發展出的「東亞傳道會」招募海外傳道，1939年台灣教會也有4名參與。〔註58〕《台灣教會公報》也於1942年4月被迫停刊。

〔註56〕姬望，全名姬望‧依娃爾（Ciwang˙Iwal, 1872～1946, 原作「芝苑」），出生於花蓮加灣，頭目之女，是太魯閣族第一位受洗的基督徒。後人尊稱姬望爲「台灣原住民族教會信仰之母」。1923年，51歲的姬望正逢人生低谷，由於受到花蓮港教會李水車傳道夫婦的安慰和照顧，她開始研究聖經，並於1924年6月1日在花蓮港教會由劉俊臣牧師施洗。在宣教師孫雅各牧師全額學費及生活費的支持下，1929年李水車親自送姬望到淡水婦學堂接受2年神學訓練。畢業之後，回東部花蓮加灣住處，開始向族人傳福音。1939年李水車從後龍再回花蓮，激勵了姬望的宣教事工。1946年4月19日姬望病逝，墓碑上刻著「沒有人能像她一樣，用這麼小的機會，爲這麼多的人，成就這麼多的事。」她成爲原住民接受西洋教育和宣教的第一人。台灣基督長老教會總會歷史委員會編著，《臺灣基督長老教會百年史》，台南市：新樓書房，1995，頁372～377、379、382～383、388～389。

〔註57〕廖安惠撰，〈兩個太陽底下的台灣教會──日治末期教會面臨的難題〉，《台灣教會公報》2392期，1998年1月4日，頁10～11。

〔註58〕廖安惠撰，〈兩個太陽底下的台灣教會──日治末期教會面臨的難題〉，《台灣教會公報》2392期，1998年1月4日，頁10～11。

　　台灣基督長老教會南、北大會爲要保障其教會地位，1942 年以「臺灣大會」名義前往交涉加入日本基督教團未果。1943 年 2 月 26 日，南北教會先行聯合，採教區制分爲台北、中部、台南、高雄 4 教區；然後於 1944 年 4 月 29 日，由日本教會與台灣教會聯合，組成「日本基督教台灣教團」，台灣基督教完全歸於同一指揮系統，原屬長老會系統的南北教會重心移轉至台北。〔註 59〕

　　台灣基督長老教會開始於 1865 年 6 月 16 日，英國籍宣教師馬雅各醫師（Dr.James L.Maxwell,）在台南市開設醫院從事醫療傳道。在台灣南部的宣教師多屬英國長老會，而台灣北部的宣教師則多屬於加拿大長老教會所差派，因爲同屬長老教會而有合併之議。雙方差會代表與台灣本地教會代表，在 1951 年 3 月 7 日決議合併，成立「台灣基督長老教會總會」，隨即加入普世基督教會協會（World Council of churches）和世界歸正教會聯盟（World Alliance of Reformed Churches）。

　　西元 1954 年總會計畫在 1965 年紀念宣教一百週年，教會發起「設教百週年紀念教會倍加運動」，預定要使當時 232 間教會、六萬名信徒，到 1965 年達一倍的教會數與人數成長。果然，經過十年的努力終於達成目標，1964 年底共計有教會 466 間，信徒 103,000 名。又根據 1999 年 9 月統計，共有教會 1,208 間。信徒人數在 1997 年底的統計亦達 244,817 名。〔註 60〕根據長老教會總會 2014 年統計，共有教會 1,234 間，信徒人數達 254,604 名。〔註 61〕

　　如今台灣基督長老教會是普世教會協會（WCC）、普世改革宗教會聯盟（WCRC）、世界傳道會（CWM）、亞洲基督教協會（CCA）、世界基督徒學生聯盟（WSCF）等世界教會組織的會員。也和散佈世界各地的宣教團體及各國教會享有宣教合作的關係。和眾教會一起告白：「耶穌基督是救主，是上帝的兒子，是全世界及人類的盼望！」

〔註 59〕　廖安惠撰，〈兩個太陽底下的台灣教會——日治末期教會面臨的難題〉，《台灣教會公報》2392 期，1998 年 1 月 4 日，頁 10～11。

〔註 60〕　同上。

〔註 61〕　台灣基督長老教會教勢統計，http://churchstat.pct.org.tw/intro.htm，2017/4/8 檢索。

第四節　長老教會在後龍地區的傳教工作

一、馬偕以新港社為總部

馬偕在遇見第一個學生嚴清華之後，陸續有許銳、吳益裕、王長水、林孽、林杯、陳火等人跟隨馬偕學習，逍遙學院的師徒們從此一起踏上宣教之路，不論在基督教歷史、神學或文化風俗習慣語言上，彼此成為最好的搭檔。

馬偕日記自 1872 年 10 月 8 日起至 1875 年 4 月期間，他們多次到新港社及獅潭底的訪問，每次停留短則一日、長至二週不等〔註 62〕。新港社位於今苗栗縣後龍，是道卡斯族（Taokas）社域之一，族人曾自南區的平埔族人得聽福音消息，馬偕在此建立傳道站，並派學生駐於此地牧養，新港社是馬偕繼淡水、五股坑之後成立的第三個傳道工作站。馬偕及嚴清華也多次來訪，並由新港社進入獅潭底或深山區，從事訪問、醫療及傳道，與「生番」〔註 63〕深入互動。〔註 64〕關於獅潭底，根據伊能嘉矩 1897 年的記載當時獅潭底的平埔族，每年在新港社舉辦祭祖時節，都到新港社參加祭拜，足見自 1682 年新港社平埔族遷徙入山後之證明，新港社和獅潭底的平埔族確實有互動來往關係。〔註 65〕

西元 1872 年 10 月 8 日，馬偕帶著嚴清華離開淡水，赤腳走到中壢唱詩佈道，隔天經竹塹，10 月 10 日天晚，來到後壠，卻沒有人要收留他們，後來他們轉往新港社，一位新港社民接待他們住宿。第一次踏進熟番區新港社時，族人正準備自隔天起舉行三天祭祖的慶典，且該祭典不容許漢人和外人觀禮或參與。馬偕在日記裡詳細的描述這四天遇見新港社民的神祕祭典，〔註 66〕

〔註 62〕　參見筆者整理，附錄一　馬偕牧師與新港社、後壠及鄰近地區的互動來往摘要。

〔註 63〕　文中略見「生番」、「熟番」、「番社」、「番民」等舊稱，為忠於原著、反映時代背景，故此寫作，絕無對原住民有所輕視，敬請讀者見諒。

〔註 64〕　馬偕著，《福爾摩沙紀事 From Far Formosa》，林晚生譯，台北：前衛出版，2016，頁 243～247。

〔註 65〕　伊能嘉矩，《台灣踏查日記》上冊，楊南郡譯，台北：遠流，2015，頁 110。註 60。

〔註 66〕　馬偕在 1872 年 10 月 10～13 日及 1873 年 5 月 26～28 日的日記，詳細描述當時他巧遇新港社 10 月份和 5 月份的排外之祭祖慶典情形。比對伊能嘉矩的日記，伊氏在 1897 年 6 月拜訪南庄熟番時，曾得頭目 Yumai 口述：「我們熟番原本住在山下的平地，後來漢人相繼移入，不得已退到山區。……我們背後山區住的是生番，是鹿場生番，是不同族。我們不知道祖先來自何處，當初

以及被丟擲石頭威脅等驚險的初遇：

> ……10 月 10 日，非常早外出，經過許多街道，分發十誡單張。
> 在那之後，我們走在舊路上，直到接近後壠，沒有人願意收留我
> 們過夜。然後轉往山裡走去，順著一條彎曲的小路，我們終於來
> 到熟番（開化的原住民）的村社。最後是一位高大的人讓我們進
> 入，他讓我聯想起蘇格蘭高地人高大的骨架子。村社的人看起來
> 是在準備某種宗教上的祭日，我被告知他們將要為他們的祖先舉
> 行三天的祭典。祭典將在早上開始，沒有任何一位漢人被允許留
> 在村社大門以內，而我是一個外國人，更不應該停留。我說，我
> 們並沒有計畫在此地停留數天。那位敢在最初就讓我們寄宿的
> 人，變得稍微友善一點，但是不久在天黑之後，我收到一封信，
> 信上以漢文寫道：「你，外國鬼，和你的門徒，必須在明天天亮之
> 前離開這裡，或者留在房中三天，當我們在祭祀祖先時不可外出。」
> 我回答：「我們是敬拜真神的人，不願意照你們所說的，反而要宣
> 揚祂的教義好幾天，我們對你們沒有傷害，我們真的是要來幫助
> 你們。」片刻之後，有大聲音向我們傳來。不久之後，聲音越來
> 越大聲，但是沒有靠得更近。直到深夜，整個村社似乎醒著，四
> 處發出狂野興奮的聲音。〔註67〕

　　西元 1872 年 10 月 10 日時新港社民因祭祖慶典的禁忌，嚴厲警告且拒絕
馬偕和嚴清華，隔日馬偕和嚴清華依然清早外出，在充滿敵意下，馬偕誠實

我們是生番沒有錯，是後來才歸化的。我們熟番有祭祖的風俗，分為五月插
秧的時候及十月收穫以後。……」楊南郡註伊氏口中所稱熟番的即指賽夏族，
生番即泰雅族。平埔族五月播種以後及十月收穫以後，都舉行祭典的情形，
與賽夏族祭祖的風俗和喪事的作法相同。賽夏族古老的口碑都強調他們這一
族曾經是平地的居民，他們所指的平地和 Taokas 平埔族的故址如後壠、中港、
新竹一帶重疊，當年被鄭成功的部將陳絳討伐後退入南庄獅潭一帶地方。新
港社也流傳歌謠，描述鄭成功大肆征伐新港社人和附近番人，番人死亡不計
其數等，與史冊所載相符。可見馬偕牧師當時所拜訪的道卡斯族新港社人的
祭祖慶典時節，與楊南郡研究所稱伊氏口中所稱熟番（賽夏族），其祭祖時節
確實和後壠道卡斯族新港社人的祭祖相同時間，二者確實有其淵源。伊能嘉
矩，《台灣踏查日記》上冊，楊南郡譯，台北：遠流，2015，頁 104～105、109
～110，註 50；《馬偕日記Ⅰ》，頁 75～76、121～123。

〔註67〕《馬偕日記Ⅰ》，台北：玉山社，2012，頁 75～76。

表明他來此爲要傳揚眞神，並非要傷害他們，他分發聖經十誡〔註68〕的單張給當地人，教導孝敬父母的道理，邊唸邊唱台語聖詩：〈我認救主不驚羞愧〉〔註69〕和〈咱人生命無定著〉〔註70〕，吸引百姓安靜下來，然後傳講耶穌的信息，並且回答他們的問題，馬偕以基督耶穌的福音與新港社民面對面接觸。

〔註68〕 參考聖經出埃及記第20章2第1～17節（和合本）
上帝吩咐這一切的話說：「我是耶和華——你的上帝，曾將你從埃及地爲奴之家領出來。除了我以外，你不可有別的神。不可爲自己雕刻偶像，也不可做甚麼形像彷彿上天、下地，和地底下、水中的百物。不可跪拜那些像，也不可事奉它，因爲我耶和華——你的上帝是忌邪的上帝。恨我的，我必追討他的罪，自父及子，直到三四代；愛我、守我誡命的，我必向他們發慈愛，直到千代。不可妄稱耶和華——你上帝的名；因爲妄稱耶和華名的，耶和華必不以他爲無罪。當記念安息日，守爲聖日。六日要勞碌做你一切的工，但第七日是向耶和華——你上帝當守的安息日。這一日你和你的兒女、僕婢、牲畜，並你城裏寄居的客旅，無論何工都不可做；因爲六日之內，耶和華造天、地、海，和其中的萬物，第七日便安息，所以耶和華賜福與安息日，定爲聖日。當孝敬父母，使你的日子在耶和華——你上帝所賜你的地上得以長久。不可殺人。不可姦淫。不可偷盜。不可作假見證陷害人。不可貪戀人的房屋；也不可貪戀人的妻子、僕婢、牛驢，並他一切所有的。」

〔註69〕 《養心神詩》1875年漢字版第32首〈認耶穌〉。一.我認救主無驚愧恥，好膽干證道理，稱呼耶穌恩典奧妙，歡喜從伊教示。二.耶穌聖名至貴至寶，世間無名可比；生前靠主免致煩惱，死後永享福氣。三.耶穌全能盡會庇佑，我知救主誠實；身體靈魂交伊之手，保全直到末日。四.審判之日上帝面前，救主認我賤名；在父之厝賜我房間，永處天上聖城。《北台灣宣教報告IV:馬偕在北台灣之紀事1890～1893》，頁114。初抵台灣的傳教師們以當時廈門傳教的聖詩集作爲唱詩的來源，最早的一本便是1854年寮仔後花旗館藏版的《養心神詩新編》，是屬倫敦傳教會的養爲霖（William Young）所編，其後屢有重編。到了1872年《養心神詩》有30首，以「第一詩」編序，無詩名。1873年有《白話字養心神詩》有59首，每首詩編有序號和詩名。1875年《養心神詩》漢字版有59首，每首詩編有序號和詩名。都僅有詞句沒有曲譜。珍本聖經數位典藏新系統 http://bible.fhl.net/ob/，2017/7/1 檢索聖詩。今日長老會通用《聖詩》（有曲譜）第254首〈我認救主無驚見誚〉詞句與本詩歌〈認耶穌〉相似度達99%。

〔註70〕 錄《養心神詩》1875年漢字版第40首〈人生不久〉。一.咱人生命無定着，一寸光陰着寶惜；生前緊緊反悔罪，死後欲改無機會。二.老人衰弱氣將斷，過往時刻難打算；親像鳥隻緊緊飛，溪水流落直直過。三.少年勇健無疑誤，更早老人能歸土；譬喻雲霧罩大山，遇著日出忽然散。四.日月催迫人易老，的確無久死就至；福音眞理無承受，靈魂焉能得着救。五.各人出世空手來，計謀富貴積錢財；至終過往空手去，家業富貴俱放離。六.旅客一夜宿客館，天光起身無遲緩；咱站世間如出外，仰望天頂永遠住。今日長老會通用《聖詩》第233首〈咱人生命無定著〉詞句與本詩歌〈人生不久〉相似度達99%。同上註。

禮拜五，11 日，清早外出，見到村民一群一群四散的坐著，旁邊堆
著小堆的石頭和硬泥塊，有些人在室內獻祭。在外面的那些人，眼
中露出怒火，我們靜靜的經過他們許多人的身旁，見到一位強壯的
年輕人非常激動，最後他投擲一個石頭從我頭邊飛過。我們繼續行
走，繞行一圈然後進入房子，沒有人再投擲別的東西。早餐之後，
我們再度外出分發一些十誡的單張，當我們去時，選一個較乾淨的
地點開始唱聖詩〈我認救主不驚羞愧〉，有些人靠近一點，我們邊唸
邊唱〈咱人生命無定著〉，然後回到屋中，發現一些人在裡面，憤怒
的察看情況。我們成功的讓他們安靜下來，然後給他們一些信息。
靠近傍晚時，我們走遍所有的街道，然後唱聖詩，30 或 40 名相當
專心的聽講。在晚上，我們有機會告訴他們，我們在那裡的使命。
禮拜六，12 日，我們非常早外出唱聖詩，群眾看起來比較不生氣，
有一些人和我們講話，所以我們如同禮拜五一樣工作。禮拜日，13
日，我講道，至少有 50 名聽眾，傍晚有 80 人聚集。我們有一段非
常有趣的時間來談話和回答問題。〔註71〕

　　馬偕在新港社佈道四天之後，10 月 14 日，一行人往南步入內社（今苗栗
鯉魚潭）、大社（今豐原市內）繼續傳教。在內社遇見南部教區的德馬太醫生、
甘為霖牧師（Rev. William Campbell,1841～1921）〔註72〕北上來巡視教會，馬
偕同他們在內社停留一週，並與平埔族人聚會。10 月 22 日馬偕一行人從森林
原住民危險區返回，隔天下午，馬偕和嚴清華折回新港社，在晚上舉行聚會，
聚集的人對於起初錯待馬偕的行為，向馬偕致歉。有許多人被馬偕吸引，態

〔註71〕《馬偕日記Ⅰ》，台北：玉山社，2012，頁 75～76。
〔註72〕甘為霖牧師（1841～1921）是十九世紀英國長老教會派來台灣的宣教師。1871
　　　　年 12 月 10 日抵達高雄，1917 年 2 月 21 日由安平港搭輪船「漳州丸」離台，
　　　　經香港返英國。任期長達 46 年。在將近半世紀的時間當中，他可以算是一位
　　　　全能的宣教師，除了在一個充滿敵意的社會中設立教會以外，也協助巴克禮
　　　　牧師設立台灣的第一個大眾傳播媒體「府城教會報」（Hu-sian Kau-hoe-po）來
　　　　宣揚教義和教育信徒，另外他更設立「訓瞽堂」教育盲人，並且也編輯台語
　　　　字典「廈門音新字典」，但是他的工作當中影響最為深遠的莫過於翻譯、整理
　　　　和出版十七世紀荷蘭改革宗教會在台灣的宣教歷史。林昌華撰，〈甘為霖牧
　　　　師：一位十七世紀台灣教會史的研究者〉，《台灣風物》，54 卷 1 期 2004 年 3
　　　　月，頁 167～182。甘為霖牧師在 1872 年 10 月 21 日於內社和馬偕相遇，在
　　　　1873 年 3 月 21 日到淡水拜訪馬偕牧師，並與他一同工作及南下巡視教會，4
　　　　月 4 日轉往南部教區最北部的內社教會。《馬偕日記Ⅰ》，頁 77、109～111。

度變得友善，不過仍有人敵對他們。當晚，有幾位耆老提問各式各樣的問題直到深夜，最後他們肯定馬偕所教的教義「確實是他們祖先所擁有的」。10月24日馬偕北返淡水。〔註73〕

　　來臺約九個月後，馬偕以醫療拔牙給藥、教育、傳講福音等行善助人的行為，表明他所信所傳的這一位上帝是怎樣充滿愛、給人平安的神。馬偕在1872年11月下旬的日記裡，描述自己對傳教的期待，已經得到初步的實現，同時也表明他看重在行為上讓人知道「他信上帝永當受頌讚」，強過叨絮刻版的言詞。他堅持以行為表明相信神的信念。

　　　　1872年11月25日。清早與一群年輕人一起工作，迷人的時光飛逝。多麼接近我心裡所想的啊！正如我由加拿大一路前來時所禱告以及期盼的情況，現在完全的實現。上帝是值得永遠讚美的。噢！我排斥虛偽並且討厭陳腔濫調，因此不需要一直說，如「上帝幫助我」、「我信賴上帝」，然後將一切看作是理所當然。如果不是上帝的幫助，有誰能夠存在一個小時呢？最好的方法是藉著行為來讓人知道我們信靠上帝。〔註74〕

　　新港社民從馬偕誠懇的行為，願意認識他所傳講的教義，於是1872年11月27日，兩位新港社人北上淡水，遞給馬偕一張蓋滿許多族人印章的紅紙條，表達新港社民希望能獲得基督教的教導。當晚，馬偕和學生們對來訪的新港社人進行信仰測驗、舉行禮拜，並教導新港社人到深夜，教唱聖詩〈咱人生命無定著〉。新港社人在11月30日要離開之前，馬偕答應會儘快南下新港社去幫助他們。只是新港社人遲遲未見馬偕前來，十天後，12月10日新港社人再度去到淡水，催促馬偕趕快來指導他們基督教的道理。〔註75〕從新港社人在短短十幾天內，連續兩次派人北上請求馬偕來教導他們基督教的道理，可見當時在新港社地區，確實有些人熱衷認識馬偕所傳的教義，當然也包括疾病得到治療。如此熱心追求教導，我們推測極可能在於族人中有權和影響力的父老認同馬偕的信仰，而帶動其他人肯定馬偕所傳的教義。

　　新港社民如此熱切的態度，催促馬偕積極南下。果然，約半個月後，1872

〔註73〕　《馬偕日記I》，頁77～78。
〔註74〕　《馬偕日記I》，頁84。
〔註75〕　《馬偕日記I》，頁76～77、87。

年 12 月 26 日日出前，馬偕帶著嚴清華和巴克斯（Bax）船長〔註76〕及挑夫，搭舢舨到八里坌，再步行經中壢、竹塹，第三天到達香山，沿著臨海路步行沙地、涉溪，從後壠附近穿越丘陵地，往東進入新港社平原。馬偕一行人第二次到新港社，受到群眾熱烈善意的歡迎。根據巴克斯〈西北海岸紀行〉所載「他們的族長會說閩南話。」〔註77〕12 月 28 日晚上馬偕對 50 人講道，來聽的人似乎很感興趣。隔天上午、下午直到晚上都有聚會，屋裡屋外空地都擠滿了人。馬偕一行人當晚借宿的是一戶又暗又臭又吵，左邊是豬舍右邊是牛欄的民房，而這裡就是馬偕在日後經常提起的新港社「總部」（head quarters），〔註78〕這裡，在當時是加拿大教區最南端極重要的基地。

二、設立新港社禮拜堂

　　馬偕來到新港社不僅傳教給當地道卡斯族人，同時馬偕也經由新港社，深入高山原住民區域成功佈道，並且設立新港社禮拜堂和獅潭底木造禮拜堂。

　　馬偕來到新港社及鄰近地區佈道時，都是下榻這個「總部」──新港社，往東深入獅潭底〔註79〕及（雪山）高山原住民區域，往南到英國長老會的教

〔註76〕《馬偕日記Ⅰ》，頁 31、81、88～89。巴克斯（Bax）船長，身材高大，英國戰艦侏儒號的船長，是馬偕 1871 年 12 月底初到台灣在打狗時認識的基督徒之一。1872 年 11 月 4 日侏儒號駛入淡水港，馬偕上船拜會船長。1872 年 12 月 20 日侏儒號從福州來到淡水，巴克斯（Bax）船長和水手 40 名參與淡水禮拜。26 日與馬偕南下巡視教會。

〔註77〕轉引陳水木、潘英海編著，《道卡斯族後壠社群古文書輯》，苗栗：苗栗縣文化局，2002，頁 53。

〔註78〕《馬偕日記Ⅰ》，頁 89。

〔註79〕根據溫吉編所譯《台灣番政志》中〈給墾青山荒埔契字〉，說到平埔族新港社頭人鍾合歡、鍾阿祿招來六股劉乞清、劉清遠、李阿苟、潘和盛、劉阿來、蟹老梅等合夥入墾。在黃南球之前，開墾範圍集中在新店村，這些新港社人與後來的黃南球關係不佳。從獅潭古文書契約中可知同治十一年（1872）獅潭山區出現二股進墾勢力，進墾方式並不同，新港社道卡斯族採取物資交換等手段向下樓、西潭兩社賽夏族原住民取得土地；金捷成屬漢人組織採武力拓墾，為防治番害，按甲收取大租隘糧做為護衛地方的資金，引起原住民抗爭。黃郁舒訪談調查從劉乞清、劉清遠、劉阿來的後裔資料，顯示出新店村有一家族為這三位拓墾者的後裔。黃郁舒，〈家族、茶廠與地方派系：以苗栗縣獅潭鄉北四村為例之探討〉，新竹：交大碩士論文，2011，頁 16～49。劉阿飛是北部早期的「客家」傳道者之一，是劉安都的孫子。劉安都為新港社人，這與文獻〈給墾青山荒埔契字〉中資料相符，劉安都是馬偕在新港社傳道時之果子之一，後來從新港社遷去獅潭發展，推測是劉姓後裔。賴永祥長老資料庫，〈史話 532 劉安都及其子孫們〉，2017/6/13 檢索。

區內社和大社教會。我們可以理解當時高山原住民與漢人的關係一直都處於
緊張狀態，何時狹路相逢，何時都可能身首異處。馬偕經由新港社「總部」，
邀請 30 位新港社信徒陪同、進入鄰近的高山原住民區，且藉由熟番新港社民
的引介，得以進一步跟原住民的頭目交涉，建立友誼，這些對他向高山原住
民傳教都是積極的策略，我們可以回到 1872 年 12 月 30 日的日記現場，感受
漢番間緊張危險的氛圍：

> 1872 年 12 月 30 日，30 位新港社民準備好後，我們就儘速出發前往
> 山裡去。我們赤腳渡過幾條溪流，……。原住民聚集在一起，我們
> 新港社人站在燃燒的火旁，然後歌唱，歌聲到處迴響。原住民的頭
> 目密切地注視我們。當我們休息後，他們在火旁聚集成小組蹲著。
> 我們無法成眠，因為天氣實在寒冷，由於出發時沒有想到，所以沒
> 有作任何準備。我們可以透過我們的草屋看到<u>高山之子是如何機警</u>
> <u>啊！他們有些人一直都在睡覺，其他人卻醒著，他們似乎是在守望，</u>
> <u>就如同士兵值夜一般。毫無疑問地，那是因為他們一直和漢人處在</u>
> <u>戰爭的狀態，而漢人一直不停的壓迫他們。</u>〔註80〕

馬偕日記提到「高山之子是如何機警啊！……就如同士兵值夜一般。毫
無疑問地，那是因為他們一直和漢人處在戰爭的狀態，而漢人一直不停的壓
迫他們……。」馬偕明白當時漢人與原住民的互動充滿不信任，這樣的處境
絕非一時可以解決。而高山原住民認為馬偕有鬍子卻沒有辮子，在外貌長相
上與他們可能有同樣的祖先。「<u>他們的手放在我們的胸膛，然後再放在他們的</u>
<u>胸膛，用以表達我們是朋友</u>」，這將手放在心臟部位，意即以真心相待，高山
原住民當時對馬偕常以此「真心相待之禮」互相問候。

> 禮拜二，31 日，我們說服一位頭目的兒子帶領我們去看他們的部
> 落，經過多次交涉之後，超過 30 個人和我們一起出發。通過叢林，
> 跨過圓木，衣服被長刺的植物撕裂，我們向前進。雖然寒冷但仍流
> 汗，一位頭目伴隨……我們有嚮導引領進入山頂的一個村社。……
> 我們仔細的觀察他們的住屋，注意到他們是用竹子緊密的綁在一
> 起。<u>然後前門屋簷下掛著人類、熊和猴子的頭顱，旁邊有漢人的髮</u>
> <u>辮（尾巴）掛在牆壁上。那是和邊界可憐的漢人開墾者交戰後的戰</u>
> <u>利品。</u>……天黑之後，營火再度被點燃，至少有 500 位原住民出席，

〔註80〕 《馬偕日記Ⅰ》，頁 91～92。

他們看起來友善，稱呼我們是他們的親戚，將他們的手放在我們的
胸膛，然後再放在他們的胸膛，用以表達我們是朋友，我們致贈一
些禮物。我透過通譯（一位「蕃割」，來往於山內山外的貿易仲間人）
對他們講道，新港社人唱聖詩，直到山中迴音呼應著對耶和華的讚
美。耶穌的名字以前從來沒有迴響在這個山谷中，拯救的消息也從
來沒有在這個山谷被宣揚過。看起來真奇妙，莊嚴且令人敬畏，整
個情況使人崇敬。……〔註81〕

在語言習俗方面，馬偕需要能夠熟悉高山原住民語言文化的通譯和嚮導
來協助他，幫助他透過通譯對高山原住民講道。以當時的處境，就地域而論，
新港社地區是通往獅潭底或雪山區域較近的入口，從文化語言方面來說，新
港社道卡斯族雖是已漢化之熟番，但在部份習性文化上較接近高山原住民，
且在西元 1682 年（永曆 36 年）時已有道卡斯族人往東遷徙至今苗栗三灣、
獅潭、南庄等區域一帶生活的歷史記載，又西元 1873 年 4 月 4 日馬偕的日記
中也記著「……在那裡，我們發現有一些新港社的平埔族人，住在那裡的草
房中，……」〔註82〕馬偕日記與歷史同證新港社道卡斯族早前遷徙的痕跡。
當時新港社人比高山原住民更早接觸馬偕所傳講的教義，也從馬偕學會唱聖
詩，馬偕和新港社道卡斯族的合作，儼然成了一個旅行佈道團。可以想見，
當時馬偕邀請新港社人陪同、深入高山原住民區域的傳教策略，對當時的處
境是最直接有益的接觸，因為新港社道卡斯族人是他最好的通譯、嚮導和同
行者，甚至是唱詩班。西元 1872 年底，「耶穌的福音」被傳入蠻荒原始之高
山地區，就是從新港社信徒和馬偕的合作開始的，他們傳唱的詩歌在山谷中
迴盪，頌讚造物主的奇妙。

馬偕在高山原住民區佈道後，一行人於 1873 年 1 月 1 日從高山原住民區
冒著風雨走回新港社，後來因為巴克斯船長染了瘧疾，他們只好雇頂轎子，
逆著東北季風及滂沱大雨隨轎子北上，三天後回到淡水。回淡水後隔天，馬
偕發現自己染上這忽冷忽熱的瘧疾。〔註83〕馬偕日記中多處記載他經常發
燒、生病，雖然水土不服深深影響他的健康，然而馬偕沒有停止他的傳教任

〔註81〕　《馬偕日記 I》，頁 92～93。
〔註82〕　《馬偕日記 I》，頁 112。
〔註83〕　馬偕，《福爾摩沙紀事 From Far Formosa》，林晚生譯，台北：前衛出版，2016，
　　　　頁 246。

務，一旦身體稍微康復，他就起身研經、讀書、教導、講道、聚會、醫病、傳教、拔牙、巡視教會等工作。

馬偕在《福爾摩沙紀事》一書中提出，他觀察台灣位於北緯 20.58 度到 25.15 度之間，東經 120 度到 122 度之間；雖處於熱帶區，但只有南部是眞的熱帶區。氣候變化很大，尤其在台灣北部，濕度很高，霉氣很重，陽光很熱，植物在這裡生長迅速，腐化也迅速，因此形成瘴癘之氣——是當時各種疾病的來源，霍亂和瘧疾的細菌像瘟疫一般使百姓喪命。馬偕的故鄉加拿大安大略省屬於乾冷氣候，冬天最冷可到零下 30 度，和台灣氣候相較，溫差可到攝氏 50～60 度。馬偕牧師在來台約一年後，從新港社回淡水 1873 年 1 月 5 日首次染上瘧疾之苦，雖然服用大量的奎寧後退燒，但他提到身體的內在系統卻在好幾年後才恢復，多次巡迴內地教會或山區旅行時，經常出現瘧疾的發燒症狀，甚致大量流汗流到濕透被褥。他也觀察到從歐洲來台經商的人，即使他們住在很好的建築物裡，一樣無法保持健康。〔註 84〕之後來到台灣的數位宣教師，同樣面對在身體健康適應上的挑戰，加上當時台灣醫療環境十分不良之下，這些都促使馬偕思想外國人來台灣傳教、水土不服對健康影響的限制，極有必要培植當地信徒成爲傳道人。〔註 85〕

來自南臺灣的甘爲霖牧師，曾於 1872 年 10 月 21 日在內社遇見馬偕。約五個月後，1873 年 3 月 21 日下午，甘爲霖牧師親自到淡水來拜訪馬偕，並和他一起工作十天。3 月 31 日他們一起從淡水經五股坑、中壢、竹塹，於 4 月 3 日抵達新港社，接著連續有十天的時間，甘爲霖牧師、馬偕一行人從新港社轉入雪山原住民區域傳教。隔天，他們分頭進行，甘爲霖牧師轉往南部教區最北端的內社教會，繼續往南巡視教會。馬偕一行人則深入高山原住民區傳道，工作達八天之久，在蠻荒中冒險傳揚福音。

> 1873 年 4 月 3 日禮拜四，清晨早起沿著舊路行走，傍晚時分我們來到新港社，可愛的一天，崇拜過後大家都休息。……4 日，禮拜五，我們在早上一起走大約一哩路的路程，然後甘爲霖轉往內社——他們最近的佈道所（今苗栗鯉魚潭）去。而我和整個團隊爬上山嶺和

〔註 84〕 馬偕，《福爾摩沙紀事 From Far Formosa》，林晚生譯，台北：前衛出版，2016，頁 31～37。
〔註 85〕 馬偕，《福爾摩沙紀事 From Far Formosa》，林晚生譯，台北：前衛出版，2016，頁 274～278。

山嶺，前往原住民的區域。我們一路所爬那一連串的山嶺，真是令人害怕的陡峭。在黑暗茂密的森林當中，沒有道路也沒有亮光，兩個人走在前頭開路，……慌亂中踩著步伐出發，因為不曉得高山原住民會在什麼樣的地方突然出現。〔註86〕

馬偕一行人冒險深入高山原住民區，再次發現在這裡有新港社民之平埔族人，住在草房中，草房看起來像是北美印地安人的原椎屋形式，屋頂蓋滿稻草，只留一個洞當門進出。此外，還遇見數百名原住民也住在那裡，他們對待馬偕相當的友善，並且為馬偕和學生蓋一間可休息的棚屋。他們合成一個團隊，在山裡吟詩讚美神。

……來到一個山頂之後，我們大聲喊叫，不久之後，就聽見回應的響聲與急速的槍響聲，於是我們繼續行進，在半路上遇見一群原住民，他們很快就認出我來，然後吩咐我們跟著他們走，於是我們來到聚落的所在地。在那裡，我們發現有一些新港社的平埔族人，住在那裡的草房中，草房看起來像是北美印地安人的原椎屋形式，這屋子有一根柱子插在正中央，許多根的柱子再從中央向下斜插直到地面，然後在上面蓋滿稻草，只留下一個洞當作門進出。另外，有數百名原住民也住在那裡，他們都相當的友善。他們為我和學生蓋一間棚屋，只花數小時就將屋子建造完成。然後我們圍繞在一個大的火堆旁邊唱幾首聖詩，我講了一些話。休息後，我睡的很少，看見原住民走出他們的房舍到我們這裡來，並且試圖由外向內窺視。雖然如此，他們仍然表示出友善的態度。……〔註87〕

在原住民頭目和同伴隨行之下，與馬偕組成的團隊超過50人，前進更為險峻的深山，這些原住民對環境地勢和路況熟悉，披荊斬棘為馬偕前導開路，登高山下溪谷，沿路阿華與其他幾位會講台語的人，在深山裡以歌聲壯膽前進，吟唱聖詩讚美感謝上帝。

在頭目和50名的同伴護衛之下，我們往雪山（Mount Sylvia）的方向出發。沿途斷斷續續由原住民自己所興建的道路，極為特別。顯然是原住民有意的設計，因此當漢人要追逐他們的時候，不容易追尋到他們的行蹤。當來到一個大石或峭壁的時候，道路就此中斷，

〔註86〕《馬偕日記Ⅰ》，頁111～112。
〔註87〕《馬偕日記Ⅰ》，頁112。

因此就必須重新再尋找道路。大致上來講，我們並沒有道路可以走，必須依靠走在前面帶著開山刀的那六個人，將尖銳的葡萄植物以及小樹枝砍斷，我們才有可能走得更快一點。爬上陡峭的山頂，下到另一座山，然後涉過湍急的溪谷，我們整天如此行進，直到天黑才休息。……我們的食物並不困難打理，因為那只不過是包著黑糖的飯團，飲料則是四處隨手可得的清澈冰涼的溪水。阿華與其他幾位會講台語的人，一起唱著讚美上帝的詩歌，感謝祂直到今日的保護。……6 日，禮拜日，此地極為陌生，我們整日留在火堆的旁邊，不時哼唱聖詩，似乎也可以振奮那些赤裸的原住民，他們大部分的時間都在睡眠。（第 4 夜）……。〔註88〕

馬偕和首批原住民繼續往更深山前進時，第五天踏入另一族高山原住民的勢力範圍區，所幸經過辨識解除敵意，彼此以「真心相待之禮」互相問候暢談。入夜後山區更加寒冷，整晚這族原住民酋長和族人熱情以烈酒接待他們。於此，與馬偕組成的團隊可能達百人。

7 日禮拜一，當天剛破曉的時候，我們的人就形成一路縱隊前進。……通過森林爬過山嶺我們繼續行進，在下午我們就來到另外一族的勢力範圍裡。於是大家停止行進。在數英呎外將飯團排成一圈，然後將竹幹裡裝滿他們所釀製的酒插在當中。然後將另外一根 4 英尺長斜切的竹管放在旁邊（坐下來喝酒）一切安排妥當之後，射擊 12 發槍彈。突然間有 12 到 13 位另外一族的原住民出現，以此表示他們正在觀察我們的舉動。他們站在稍遠的地方，並且將火繩槍瞄準著我們。但是我們的頭目向前而身上沒有帶著任何的武器。於是那些原住民將槍收起來，在經過簡短的談話之後加入我們的團體。每一個人輪流走向前，用他們的手放在我的胸膛，然後放在他們的胸膛上。之後一些人蹲坐在飯團的旁邊喝酒，很多次是手臂繞過別人的脖子來喝酒。過一下子，有兩三位先行離開，但是不久之後帶著他們的酋長以及 50 個人的團隊前來，於是再度無拘無束的供應烈酒，當我們出發時就形成相當大的團體。然而夜晚很快的再度降臨（第 5 夜）使得我們也沒有什麼事情可做，只得在山谷中升起營火在那裡過夜。〔註89〕

〔註88〕 《馬偕日記 I》，頁 112。
〔註89〕 《馬偕日記 I》，頁 113。

　　到第五個晚上，雙方原住民的頭目相談甚歡，彼此合作組成了更大的團隊，繼續步入深山，根據當地酋長所言，馬偕一行人在第六天進入大雪山，是北台灣最高的山，相當於海拔 11000 呎高。馬偕一路從新港社進入大雪山區域沿途所見山巒疊翠，處處奇山峻岩，巨大的樟樹樹圍還可達 25 呎，還有許多宏偉的柏樹肖楠，及多樣植被和生物，林相色彩奇妙，超乎筆墨所能形容。

　　　8 日禮拜二，兩個頭目幾乎整個晚上都精神奕奕的談話著。……大
　　　約中午的時分，我們開始登上台灣北部最高峰，顯然那就是大雪山
　　　（11,000 呎高）。我們遇見的那位酋長說這座是最高的山。當夜晚（第
　　　六夜）降臨時，……我整個晚上無法成眠，我無法將白天所見的景
　　　象由腦海當中逐離，山勢的壯麗是無法用筆墨來形容的。……我們
　　　來到一個竹叢的面前，顏色就像天一般的藍，但是長得又像人所栽
　　　種的竹子一般的普通。我從來沒有見過比這個更美麗的植物。黃綠
　　　色的羊齒植物，藍綠色的攀爬植物，到處都是深綠色的森林。這些
　　　顏色的對比真是無以倫比。當我們通過的時候就發現了它們是如此
　　　迷人。沒有雜草，沒有草皮，也沒有小灌木長在這些高大，挺直天
　　　藍色的竹叢之下。……在滑溜的岩石和光亮的卵石上有小瀑布在那
　　　裡翻滾以及跳躍著。那裡也有山溪在河床上往山下衝激而去。山尖
　　　也有一個極深的裂谷，在兩旁有巨大的常綠喬木，伸展出它們巨大
　　　的枝葉將深谷遮蓋住。〔註90〕

　　這一趟登上雪山區域，沿途所見景象萬化萬千，景致美不勝收。馬偕將所觀察的台灣原生動植物細膩的描述記錄，從「柔弱的羊齒長在巨岩上，蘭花附生於大樹上」等景象，馬偕讚嘆造物主奇妙的設計！雖然馬偕一行人最終沒有登上峰頂，然而這些景象都大大開了人的眼界！馬偕所經歷的這些原生動植物和自然景觀，日後都成為他的教學材料、以博物傳福音的補充驗證。

　　　……我們見到創造者上帝的公平，祂讓小巧、柔弱的羊齒長在我們
　　　頭頂上巨大岩石頂端的一邊。而巨大的常綠喬木之上可見到大量的
　　　蘭花在那裡吸取養分。難得發現比這個更為有趣的景象了。……描
　　　述山邊成千上萬的高度 20 呎以上羊齒植物，在那裡迎風招搖。……
　　　9 日禮拜三，在經過一夜（第七夜）的休息之後，……整天通過濃
　　　密的森林與叢林，涉過急流，直到晚上我們看見山頂似乎已經離我

〔註90〕《馬偕日記Ⅰ》，頁114。

們不遠了，於是躺下來（第八夜），身體極為疲倦，但是我個人的心
裡極為沮喪，因為首長宣布不願意再繼續往上爬。10 日禮拜四，……
於是我們只得回頭，……由於遠方的雲霧，使得我不能確定所見的
到底是海面還是雲霧。而先前我爬的高山現在都在我們的腳底下。
下山的速度當然較為快速……。1873 年 4 月 11 日禮拜五，……當
夜晚降臨時，我們已經距離部落不遠了。〔註91〕

馬偕從 1873 年 4 月 3 日進入高山區佈道，直到 4 月 12 日禮拜六，一行
人從高山部落走另一條路下山，經過多座山頭與村落和平埔族所居住的山
谷，約午夜回到新港社。隔天，馬偕就在新港社新的禮拜堂講道。「4 月 13 日
禮拜日，在新港新禮拜堂中講道。有相當多的人參與崇拜，雖然在這當中有
許多人是出於好奇心而來聽講，然而也有一些人顯然是想要更加的瞭解這個
新的教義。」〔註92〕這是第一次記載新港社有禮拜堂。

從賴永祥的研究看出，馬偕在 1872 年 12 月陪新港社民回去後，過了不
久，曾督促新港社民興建禮拜堂，起初以日乾磚建牆壁，後因地震傾斜，遭
居民大力反對且破壞工程，後又再戮力完成以草蓋頂的禮拜堂，有一百多名
聽眾聚集。

傳道記敘道：我們就陪他們回去。過了不久，就進行搭蓋一個禮拜
堂。我們用日乾磚建牆壁，高達 5 呎，有一次忽聞隆隆聲，大地開
始震動，而建築物傾斜了。這是不祥的預兆，有人叫道：「地反對他
們，鬼神也都反對啊」。眾狂呼立即要搗毀工程。數哩內之社民也加
入狂呼，激動非常，我們隨時有危害及生命之虞。然而我們仍不屈
不撓，完成了用草蓋頂的禮拜堂，並開始傳道，聽眾達一百多
名……。〔註93〕

關於新港社禮拜堂完成的時間，從上述賴永祥長老在〈240 馬偕在新港的
奇遇〉中所提「過了不久」，所指就是 1873 年 4 月 6 日。又根據《北台灣宣
教報告》閏虔益牧師〔註94〕於 1878 年 12 月 20 日寫給加拿大弟兄的書信，提

〔註91〕 《馬偕日記I》，頁 114～115。
〔註92〕 《馬偕日記I》，頁 115～116。
〔註93〕 賴永祥，〈240 馬偕在新港的奇遇〉，《台灣教會公報》2166 期，主後 1993 年 9
月 5 日。
〔註94〕 閏虔益牧師（Rev.Kenneth F.Junor），1878 年 6 月 12 日來台，馬偕牧師第一次
回國的二年間，北台灣長老教會就是由他主持，閏虔益的小兒法蘭克（五歲）

到 1878 年 11 月 26 日他們「到達北台灣最南邊的宣教據點，距離淡水有三天的旅程。這間禮拜堂位於熟蕃當中，它們都是原住民的後裔，降服於漢人的統治，也講中文。當地的傳道師幽雩本身也是一位熟蕃。它們生活窮困、勤勉，卻比漢人的資質低落多了。……這個宣教據點設立於 1873 年 4 月。」〔註95〕閭虔益牧師所謂「北台灣最南邊的宣教據點……這個宣教據點設立於 1873 年 4 月。」即指新港社禮拜堂。再從馬偕日記「4 月 13 日禮拜日，在新港新禮拜堂中講道」，可見新港社在 4 月 13 日前已開設了新禮拜堂，這禮拜堂可能在馬偕和甘為霖他們進入雪山原住民區域前，就籌設或已經完成的禮拜堂。根據馬偕洗禮簿記載新港社禮拜堂的設立時間，就是 1873 年 4 月 6 日。〔註96〕後龍長老教會歷任傳道者及信徒群體普遍認定，1873 年 4 月 6 日這日期是後龍地區長老教會設立的起源，並將 4 月 6 日訂為設教紀念日。

　　西元 1873 年 5 月馬偕從中壢竹塹南下，沿途被官府派兵監視。其中一名士兵跟到新港社附近時，因牙痛難耐，得馬偕拔牙解除疼痛後，感恩不已，表示願意回稟官大人無需再監視他了，因馬偕傳道所行為善。初次拔牙的事蹟，如下日記呈現當時的情景：

> 西元 1873 年 5 月 24 日禮拜六，當雞啼時，我們就已經準備好從竹塹要進行另外一天的行程，當我們走了 1～2 哩路，見到 12 名士兵跟在我們後面。我們停下來，而我則詢問他們的目的為何，而他們告訴我是奉命來保護我們，我回答他們是奉命來看我在做什麼？我們要去哪裡？打算作什麼事情等？於是我說，好罷，跟來看吧。他們跟著我們到達新港社，而當我打算進入原住民地區時，他們就準備回去。而他們當中有一個人因為齲齒極為痛苦，我檢視了他的牙齒，但是沒有鑷子可以拔牙，於是我找到一塊非常堅硬的木頭，將它做成我要的形狀，利用這簡陋的器具將他的牙齒拔出來，這位可憐的同伴手中拿著拔下來的牙齒，涕淚直流的跪下來，口中一再感謝不停。而我們只得抓著他的雙臂，將他扶起來，其他的人看起來極為滿意，不停的說這是一件好事情。他們也告訴我，將要告訴官

1978 年 9 月 13 日歿於淡水。可惜因健康不佳於 1882 年 11 月 9 日回國。《台灣基督長老教會百年史》，1965，頁 55。

〔註95〕陳冠州、Louise Gamble 總編輯，《北台灣宣教報告：馬偕在北台灣之紀事 1868～1878》，台北：明燿文化，2015，頁 213。

〔註96〕蘇文魁，《台灣女婿黑鬚番》，台南：教會公報社，2012，頁 45。

大人不需要再監視我，因為我只做對群眾好的事情。他們穿著粗糙
的服裝，粗魯的規矩，以及粗野的言詞，然而在他們每人的深處是
一顆跳動的心，以及可被挑動的心弦。〔註97〕

馬偕在 1895 年也回憶幾年後，當一群士兵辱罵他是「番仔宣教師」時，
這位當時得到馬偕解除牙痛的軍官，為馬偕出面責備那些無禮士兵。〔註98〕

西元 1873 年 5 月 24 日馬偕進到新港社時又逢他們祭祖，再次遭到拒絕。
相較於 1872 年 10 月時馬偕首次進入新港社遭遇的情景，推估不可能是新港
社已歸信之信徒社民的反應，從 5 月 24 日的日記，且從日後劉姓信徒歸信的
情形推測，極可能馬偕來新港社在 5 月份所遇社民祭祖情景中，所描述的社
民應為新港社西社之百姓：

天黑之後不久，當我們坐下來講話的時候，有一個相當激動的人走
進來說：「從明天開始一連三天我們要祭祀祖先。因為我們從來不讓
漢人在這時間裡留在村落當中，因此明天天亮之前要離開，這裡是
一封頭人的書信。」當我打開書信的時候，發現信中如此寫道：「你
們這些外鄉人，黑鬚番和你的漢人同伴必須在天亮之前離開或者留
在房中 3 天，因為我們打算以 3 天的時間祭拜祖先，而我們絕不容
許漢人在這一段時間當中停留在村落裡。」我如此的回答：「我們是
敬拜真神的人，因此我們既不願離開也不願留在屋內；而是藉著上
帝的大能將要在你們的街道上宣揚祂永恆的福音數天。」

1873 年 5 月 25 日禮拜日，昨天夜裡居民極為激動。有一些人數度
來到我們所居住屋舍的房門口，他們在那裡碰面，商量要怎麼做，
有些人打算要來殺人，有些人打算將我們拖出去揍，而少數人則是
提議任憑我們去。因此當晚在他們自己當中無法獲得共識。直到他
們當中的一些人感到疲倦而回去睡覺，但是他們很早就又起來。

吃完早餐以及唱數首聖詩之後，我告訴阿華他可以選擇回去淡水，
或者留在房子裡面，或者跟著我一起到街上去。他立即站在我的旁
邊，而其他的人也立刻與我們一起，於是一群人走出到街上去。村
民一群群的站在街上激烈的爭辯著，然後以可怕的眼神注視著我

〔註97〕 《馬偕日記Ⅰ》，頁 121。
〔註98〕 馬偕，《福爾摩沙紀事：馬偕台灣回憶錄 From Far Formosa》，林晚生譯，台北：
前衛，2007，頁 303。

們，雙眼底下幽禁著怒火。一個看起來強壯的年輕人對我們投擲一
顆石頭，差點丟到我的臉頰。〔註99〕

西元 1873 年 5 月 25 日日記所載的這位投石的青年，後來成了馬偕的學
生，在噶瑪蘭平原（又作甲子蘭，今宜蘭地區）傳教，不幸在瘟疫發生時，
因護理病人而殉職。〔註100〕馬偕日記並無載明此人姓名，然而根據賴永祥的
研究，這人是劉遠之子劉和，1875 年 4 月 11 日受洗後，就入馬偕之門，跟隨
馬偕旅行傳教。根據《馬偕施洗簿》記載劉和於 1883 年 3 月 7 日死在宜蘭，
劉和的妻子，生於 1847 年，1877 年 11 月 4 日領洗，卒於 1888 年 9 月 20 日。
〔註101〕

當時新港東西社民面對馬偕傳道態度不盡相同，劉遠家族經歷病得醫治
的見證後，信仰上帝的態度發生大轉變。原本極力反對的劉遠（59 歲）在 1877
年 11 月 4 日和妻子（58 歲）等 15 位信徒一同受洗，劉閩及劉遠二人在 1888
年 11 月受設立為新港社教會長老，而劉法為新港社執事。續見本文第四章述
及之馬偕學生與受洗信徒的生命故事。

1873 年 5 月 26〜28 日，星期三，第二天，又再舉行獻祭，當我們
準備到街上向 50 或 60 個前來聽講的人講道時，下午的人數更多，
一天很快的過去，傍晚也如往常的工作。第三天黎明獻祭非常的早，
剩餘的時間用來整備他們龐大的水牛車、犁田器具、鋤頭的手把等
等。當我們四處漫步時，許多人自在地跟隨著，約 80 到 90 人聽我
們傳揚的信息。天黑後，許多人聚集在房內要聽我們說話。第四天
（5 月 28 日）一切都改變了，福音大門突然打開，男男女女懷著快
樂的心情進入，整個村莊都為他們對待我們的方式感到羞愧，都為
我們投擲石頭感到羞愧。我相信若有人問他們關於這些事，他們必
定拒絕同樣的行為，會為此感到非常憂傷。當激動的情緒過後，我
分發藥品給許多人，減輕他們的痛苦，醫治不少的人。〔註102〕

馬偕在新港社佈道工作逐漸展開之後，繼續從新港社這總部往獅潭底佈
道，踏入深山與原住民以真心相待之禮，培養信任關係：

〔註99〕 《馬偕日記Ⅰ》，頁 121〜123。
〔註100〕 郭和烈著，《偕叡理牧師傳》，嘉義：台灣宣道社，1971，頁 142。
〔註101〕 賴永祥，〈史話 641 新港社出身的劉和〉，《台灣教會公報》2679 期，2003 年
6 月 30 日〜7 月 6 日，頁 13。
〔註102〕 《馬偕日記Ⅰ》，頁 122〜123。

1873 年 5 月 29 日，翻越山頂前往獅潭底（今獅潭），由於早在天亮以前就出發，我們在中午就到了那裡。稍事休息吃過飯後，我們行進到最近的原住民的草寮，主人歡迎我們到來，他正伸開四肢躺在竹片上。回程我遠超過其他人走在前頭，當突然轉進入 10 呎高的草叢與蘆葦中，一個原住民拿著槍蹲在那裡，一捲燃燒的繩索正要點著那一小盤的火藥。僅僅在我面前 6 到 7 呎遠的地方，<u>我立刻將手放到我胸前，然後示意好像要放到他的胸前</u>。這樣作之後，他跳起來用他的手拍打我的胸膛，然後拍他的胸膛。我們呼叫我們的隊伍前來，這可憐的傢伙不斷述說原住民離開我們的隊伍有多麼近，他可以射殺我。我被告知酋長非常生氣，責問說萬一他沒有看到我的鬍鬚？〔註103〕

西元 1873 年 5 月 30 日，馬偕一行人在一大隊人護衛下，頂著星光回到新港社，接著繼續前往中港，經桃仔園、五股坑、洲裡（今蘆洲）、新莊一路佈道。6 月 22 日星期日，馬偕開設洲裡禮拜堂，接續往北部三角湧（今三峽）、大姑陷（今大溪）、五股坑、洲裡、淡水、大稻埕、艋舺、公館、錫口、北投、金包里等地方來回佈道。7 月 15 日馬偕和領事巴伯從淡水出發經中壢、竹塹，第四天天色還早時到達新港社。隔天 19 日天亮時，馬偕一行人從新港社出發，涉溪經蜿蜒的小路上山進入原住民山區。一行人吃冷飯、喝冷水，赤腳攀爬，天黑時到達獅潭底，遇見原住民。21 日一大早與大約 30～40 人的隊伍進入深山區，通過黑暗的深谷，沿途聽到狗吠聲和原住民的叫喊聲。這些深山原住民友善地款待馬偕他們，他記述：「所有的人都出來和我們見面，當我們進入草寮以後，婦女開始跳舞和喊叫，他們都非常的友善。」〔註104〕

西元 1873 年 7 月 22 日，馬偕一行人從深山原住民區走另外一條路回新

〔註103〕 《馬偕日記I》，頁 123～124。

〔註104〕 馬偕在日記中描述這些友善待他們的深山原住民的刺青方式，「婦女的刺青方式是由耳孔到鼻孔間刺一條線，然後在距離 1/4 英吋處再刺另一條線，在兩條線當中刺上很多交會的紋路。然後在這個底下再刺另外兩條線，最低一條由耳孔到達雙頰，在兩條線中間也是交會的線條。這些的線條互相平行。男人的刺青是由額頭畫一條一英吋長的線條，由鼻子的底部開始然後水平的向上伸展直到前額。許多人在胸膛上刺上相同的刺青，線條也是水平的往上升。這種刺青代表著勇敢，如果一個人帶著漢人的頭顱回來，就會再加上額外的刺青。我見過一位酋長身上有著 29 條這樣特殊的記號。」《馬偕日記I》，頁131。

港社。隔天經竹塹、中壢、五股坑、洲裡到新莊，南崁、五股坑及洲裡、北投、八芝蘭、經魚路古道走到金包里、淡水。在淡水、五股坑及洲裡來來回回。9月底從淡水、五股坑、南下經中壢到竹塹，沿途跋涉。1873年10月3日走到新港社，就開始忙碌工作，10月5日禮拜日，馬偕對著許多人講兩次道。從1872年10月到如今馬偕來新港社佈道適滿一年，他首次批判新港社人的信仰態度「……發現他們的心很堅硬。」隔天一早，馬偕往更南的地方前進，下午入內社教會並停留二天，馬偕整天與人談話，醫治患者，馬偕描述內社教會信徒很善良。10月8日，馬偕自內社回到新港社，唱聖詩聚會，之後的兩天留在山裡獅潭底原住民的區域。馬偕到獅潭底時，發現這裡已經有一間木造的禮拜堂〔註105〕，所有的人甚至原住民都很高興。他的學生嚴清華當時已經從新港社來到這裡一段時日，獅潭底的人都喜歡他。10月11日馬偕返回新港社，隔天禮拜日，舉行兩次的禮拜，馬偕沒有詳記出席人數，僅紀錄平常的出席人數。10月13日北返淡水。〔註106〕

　　西元1873年11月27日，馬偕從竹塹來，沿海岸沙灘抵達新港社，在那裡對許多人講道。隔天跋山涉水到獅潭底停留二天，前往原住民的住屋，觀賞他們舞蹈。30日禮拜日，馬偕在木造的禮拜堂中講道兩次，當晚山上極寒冷、難以成眠，幾乎凍僵的馬偕和同行者好博遜海關長（Commis. Hobson），隔天一早走另一條路回到新港社，沿路觀察羊齒植物、奇禽飛鳥。12月2日，馬偕經竹塹北上淡水。〔註107〕

　　不到一個月之後，馬偕和學生再度緊急南下新港社來安排事情，因為1873年12月25日發生許銳〔註108〕在山中遇害的事件〔註109〕，這年的聖誕節馬偕

〔註105〕馬偕曾經分別於1872.12.28～1873.1.2帶著英國海軍巴克斯船長（Captain Bax）、1873.7.18～22和領事巴伯先生（Mr. E. C. Baber）、1873.11.27～12.1與海關督查霍布森先生（Mr. H. E. Hobson）等三人拜訪過獅潭木造禮拜堂。陳冠州、Louise Gamble 總編輯，《北台灣宣教報告III:馬偕在北台灣之紀事1885～1889》，台北：明燿文化，2015，頁217。

〔註106〕《馬偕日記I》，頁131～140。

〔註107〕《馬偕日記I》，頁144～146。

〔註108〕關於許銳，甘為霖牧師在其1874年7月21日從廈門寄出的信裡有一段云：我在內社時從會友們聽到兄弟「銳」（Brother Dzoe）身上發生的悲劇。銳就在他所駐在的新港（Sinkang）稍進內地處，被一隊山胞（a Party of Mountaineers）所襲擊，直至成為死屍倒地，他名字也是人家應該記住的一位。銳從李麻牧師得了道理，也就在打狗（Takao）接受訓練，我（甘為霖）初抵台灣時，銳是在打狗。然后他被重用成為在淡水的加拿大傳道團（the Canada

痛失一位傳道人。馬偕日記中寫著：

> 1873 年 12 月 25 日禮拜三（聖誕節，不知死味的日子），許銳（Joe）在山中殉道。27 日禮拜五，昨晚半夜得知許銳在山中遇害的消息，立刻前往五股坑，史提瑞（J. B. Steere,19 世紀來台，為母校在 Ann Arbor 的密西根大學採集貝類標本的學者，1873 年 11 月 23 日來訪）向我道別。28 日禮拜六，學生、阿華和我在五股坑和洲裡講道。提早離開，以便能夠準備緊急的南下之旅。29 日禮拜日，在雞啼之前就已經起床，快速的越過台地，只在路上短暫的停留用餐，我們很快就到達中壢。在路上，遇見人們告訴我們不必趕忙，因為新港社的信徒已經出去尋找屍首。30 日禮拜一，走到竹塹，在那裡拔牙。31 日禮拜二，到達新港社。1874 年 1 月 1 日禮拜四，進入山裡並且照料屍體；然後回去訂製一座墓碑。2 日禮拜五，整天與新港社人一起，並且安排事情。〔註 110〕

教會開拓時代，一人包辦的傳教工作，何其辛苦。嚴清華、許銳先後曾在新港社教會駐堂工作，我們推估起初就是這樣一人包辦的方式獨立牧會傳教。許銳極可能是隻身踏入生番區傳教，而遭生番殺害殉道。

馬偕和新港社人料理許銳的後事之後，馬偕和學生於 1874 年 1 月 3 日經竹塹北上繼續北部佈道的事工。直到 3 月 22 日馬偕在八里坌開設禮拜堂，3 月 27 日馬偕經竹塹南下，下午抵達新港社。隔天，馬偕幾乎花了一整天的時間拜訪所有的村落。他提到新港社許多的人心如堅石，他們的心中只有這個世界，當向他們提到死亡時，他們只是微笑以對。禮拜日，馬偕仍然講道，

Mission Tamsui）的一開拓傳道人。此時我無法詳述他獨當一面所作傳道事奉的一切，但相信主本身（the Master Himself）會鑒納祝福他謙卑無私的事奉（Missionary Success, vol.II, p.338～339）。賴永祥，〈史話 239 許銳在獅潭底遇害〉，《台灣教會公報》2165 期，1993 年 8 月 29 日。

〔註 109〕 許銳遇害這個事件也傳到南部教區，Dr. Matthew Dickson（德馬太）在信中末段表達對此事的關心和惋惜。「…We rejoice to hear of another labourer for Tamsi（淡水）. Our brother M'Kay（馬偕）has had a good many severe trials to meet. You have most likely heard of the murder of one of his helpers. A sad blow to our poor brother, and a sad loss to the infant Church in the North. But God Himself will provide for all our wants.」Dickson'S Letter,Feb.12th,1874，The messenger and missionary record [May 1, 1874] p.117～118。賴永祥長老史料庫，http://www.laijohn.com/，2014/3/10 檢索。

〔註 110〕 《馬偕日記 I》，頁 147～148。

提到安息日的事，有些人還是離開、牽著牛下田去工作，馬偕發現人心是如此的頑固，不過還有一些人真誠且信仰堅定，佈道三天後，馬偕改走山路北上竹塹、淡水。又過一個多月後，5月8日馬偕一行人經竹塹，在大雨傾盆的週六到達新港社，有三天的時間在這裡佈道，拜訪許多家庭。1874年5月10日禮拜日，馬偕一行人早上在村裡講道，馬偕再次記述在新港社的工作困難重重，但仍持續往四周村落唱詩宣教。〔註111〕

　　從1873年12月25日發生許銳殉道事件後，馬偕於1874年3月底和5月初，分別兩次南下到新港社拜訪村落、講道、探訪家庭，繼續他的佈道任務，這兩次他更深入村落、拜訪家庭、與當地人互動，觀察新港社人對基督信仰的態度，他兩次指出「新港社人心硬如堅石」，對待死亡是輕忽渺茫，關於安息日的態度是忽視的，倒以牽牛下田工作為優先，不過還有些人仍堅定信仰。然而，早在許銳遇害的前二個月，1873年10月6日時，馬偕從新港社、進入內社教會拜訪講道的前幾天，馬偕就已經發現新港社信徒的心態不如從前熱心，他就在日記裡形容「禮拜五，（1873年10月）3日，一段悲慘的旅程，走到新港社。禮拜六，4日，仍在那裡，忙碌於工作。禮拜日，5日，對著許多人講兩次道，雖然他們的心很堅硬。」〔註112〕西元1874年新港社民對於福音冷淡的反應，與1872年10月10日馬偕第一次到新港社佈道，當地人從誤解到兩度積極派人北上、邀請馬偕南下教導他們教義的熱情互相對照，經過一年七個多月的時間，信仰態度可說是南轅北轍、大相逕庭。是馬偕不諒解許銳在新港社地區附近被殺，而對當地人信仰態度形成偏見的形容？還是許銳遇害這事，凸顯出這地人心冷冽、輕忽生命的真實面相？或二者都參雜其中。

　　即或馬偕對新港社人佈道是如此不容易，但馬偕依然根據這個「總部」新港社，繼續他在原住民區的佈道工作，未見他有放棄的念頭，1874年5月11日，馬偕一行人繼續從新港社深入獅潭底山中，巧遇原住民正要出來獵人頭，起初原住民不懷好意，但之後他們認定馬偕就像是他們的親戚，因此允許馬偕與他們一同返回部落，馬偕認為整體而言他們算是友善。隔天，原住民帶領馬偕一行人走到寬闊處之後，就和他們分離。因為在獅潭底的聚落，

〔註111〕《馬偕日記Ⅰ》，頁159～160、165～166。
〔註112〕《馬偕日記Ⅰ》，頁139。

已經被戰事打散，雙方都有許多傷亡，〔註113〕於是馬偕一行人又回到新港社來。5 月 13 日，馬偕一行人沿著山路往竹塹北上佈道。根據馬偕在 1874 年 6 月 13～14 日的日記「派一位學生去五股坑，一位前往八里坌，一位前往淡水，而阿華繼續他在新港社的工作。我和其餘的學生前往三重埔。」〔註114〕可見，這時嚴清華仍在新港社繼續傳道工作。

從馬偕日記的描述可以得知，新港社教會一直都是馬偕前往原住民區域最重要的中繼站，沒有新港社人來當他的通譯及嚮導，恐怕很難促成福音深入獅潭底及雪山區域的原住民當中。除此之外，以當時的地理位置來看，新港社教會是加拿大長老會北部教區最南邊的一個教會，也是馬偕往南拜訪英國長老會宣教區最北部的教會內社教會最重要的驛站。新港社教會對於馬偕而言，往東去得以向原住民拓展教區，往南走能拜訪接觸英國教區的宣教士，是一間非常重要的熟番教會，這地當然也是馬偕巡視教會時一個下榻暫歇之所。因此，馬偕派他最得意的門生嚴清華在 1873 年間經常往返於新港社、獅潭底和淡水之間的教會，關心建造信徒。1873 年 4 月起到 1874 年 6 月這期間，新港社教會大部分時間的牧養工作，極可能是由馬偕的學生嚴清華來負責，而殉道者許銳肯定也是新港社和獅潭底信徒所熟悉的傳道人。

馬偕也經由新港社教會開始後壠漢人及客家聚落佈道工作。日記中顯示 1874 年 6 月馬偕開始接觸後壠地區的漢人及猫裡客家聚落。6 月 14 日馬偕到三重埔後，接著巡視新店、八里坌、淡水、中壢、竹塹，日記中經常見到馬偕數次因瘧疾發燒病倒，稍康復就起身佈道關心信徒。1874 年 6 月 26 日馬偕到新港社進行訪問後，隔天前往後壠以及猫裡（今苗栗）一帶，並在主日進行佈道，這是馬偕首次提到他來後壠、猫裡地區佈道二天。29 日，他前往周圍的客家聚落佈道，30 日北返。四個月後，1874 年 10 月 24 日禮拜六，馬偕來到新港社，傍晚舉行崇拜的地方擠滿了人。禮拜日，馬偕對著一大群人以「未識之神」為題講道，他認為「雖然這是非常有趣的聚會，但是人類可憐

〔註113〕 1874 年 5 月 11 日馬偕從新港取新路進入番界，遇見土民出巢歸來，土民初顯得很不高興，但一會兒就以親人（kinsman）相稱，並領去他們的部落，途中看見一隻鹿。夜宿於該部落。12 日土民領馬偕一行回到新港。到了之後，才知道土民曾經圍攻獅潭底，殺死許多人，獅潭底的居民都離散（scattered），而雙方死傷累累云。賴永祥，〈史話 536 馬偕歷訪獅潭經過〉，《台灣教會公報》2522 期，2000 年 7 月 2 日。

〔註114〕 《馬偕日記 I》，頁 170。

的心靈卻是如此堅硬啊！只有上帝能夠打破它。」〔註115〕自 1873 年 10 月以來，這是馬偕在日記中第四次提到新港社人對基督信仰的態度是「心地堅硬」。1874 年 10 月 26 日，馬偕一行人在雞啼時往南出發，大約下午 4 點到達內社，這裡是南部教會最北邊的佈道所。隔天與內社教會的兄弟唱歌、談話，舉行美好的聚會。第三天啓程由另一條路沿途佈道，直到傍晚回到新港社。29 日前往竹塹，並拔許多牙齒。約二個月後，12 月 28 日馬偕從八里坌清早冒雨趕路，30 日到達新港社。馬偕在日記中第五次描述新港社人對基督信仰的態度，明顯是敵對的樣子，與他的期待有明顯落差。「1874 年 12 月 31 日禮拜四，很奇怪的是有許多人看起來比漢人更恨我們，對於平埔番或是熟番，我們總是期待他們會比較友善的。」〔註116〕

　　隔天，1875 年 1 月 1 日，馬偕一行人從新港社總部翻山越嶺進入獅潭底，拜訪幾個貧困的家庭。1 月 2 日，馬偕繼續走訪高山原住民的社域，發現他們跟以前一樣沒有什麼改變，就離開那裡回到新港社。1 月 3 日是禮拜日，馬偕記述「幾乎整天講道和唱聖詩。他們是心腸很硬的民族，只有上帝能夠將這個石頭打破，我們必須使用這個方法。」〔註117〕這是馬偕在日記中第六次明指，新港社人已經失去起初對基督信仰的熱心，形容他們是硬心的民族。馬偕在新港社的佈道工作，難度有增無減，不過他堅信惟有依靠上帝，才能讓頑石回頭。支持馬偕持續在北臺灣佈道的根基，顯然就是他對神的信心和堅毅的性格。1875 年 1 月 4 日，馬偕一行人繞道竹塹，沿途經中壢、八里坌、鼻仔頭、五股坑、洲裡，北上淡水繼續忙碌佈道教學及醫病拔牙等工作。西元 1875 年 1 月 29 日華雅各醫師兼牧師抵達淡水，加入馬偕傳道的工作團隊。〔註118〕

　　新港社禮拜堂設立滿兩年之後，1875 年 4 月 5 日馬偕一行約有 34 人從五股坑出發南下，4 月 7 日下午抵達新港社，馬偕留下團隊裡年長的人在新港社，其他人則和馬偕南下入內社佈道五天。1875 年 4 月 11 日星期日馬偕返回新港社守聖餐舉行洗禮，受洗者劉闓（時 54 歲，就是劉遠的堂弟）及劉和（26 歲，劉遠之子，後任傳道，1883 年 3 月 7 日卒於宜蘭）。4 月 14 日馬偕一行人北

〔註115〕《馬偕日記Ⅰ》，頁 185。
〔註116〕《馬偕日記Ⅰ》，頁 194。
〔註117〕《馬偕日記Ⅰ》，頁 196。
〔註118〕《馬偕日記Ⅰ》，頁 170～171、185、194～196、199。

返五股坑，接續基隆、宜蘭葛瑪蘭等地的佈道工作，並在 1875 年 6 月 27 日
開設雞籠禮拜堂。馬偕記錄 1875 年 11 月 12 日禮拜五，他從北而南下到新港
社，隔天往內社，然後往南去，12 月 21～23 日馬偕留在台灣府開會議（1875
年 12 月 21 日南北兩長老教會的宣教師在台灣府舉行協議會歷時數天），自台
灣府開會回程時，12 月 31 日回到新港社，1876 年 1 月 1～2 日在新港社停留
兩天後，隔天北上。1876 年 9 月 23 日到 10 月 18 日期間，馬偕接待自南部教
區來的甘為霖和巴克禮牧師，探訪北部教區所有的宣教據點，10 月 15～17 日
來自南北教區的傳道師、長老、執事和信徒約有 100 人出席在大龍峒教會所
召開的宣教大會，三天後帶領華雅各醫師拜訪新港社教會，而 Corner.、甘為
霖、巴克禮牧師則於 10 月 21 日南下離開，馬偕和首次拜訪新港社華雅各醫
師在新港社停留三天，10 月 23 日才北上滬尾。〔註 119〕

　　隨著北部各教會陸續開拓和各樣事務的忙碌，整整一年之後，1877 年 10
月 31 日，馬偕經竹塹南下，近傍晚時來到新港社。1877 年 11 月 1 日，他們
往後壠為百姓配藥、唱聖詩、佈道。11 月 2 日往貓裡和愛寮腳（今苗栗公館）
佈道唱聖詩，前往油井區查看〔註 120〕，11 月 3 日傍晚德馬太醫師（Dr. Dickson）
從貓裡（今苗栗）來新港社，1877 年 11 月 4 日禮拜日馬偕在新港社禮拜堂接
納已經慕道四年的劉遠（59 歲）、劉遠嫂（58 歲）、、、等 15 位信徒領聖餐，
隔天就啓程北返，共計在新港社及周圍鄉鎮傳教六天。〔註 121〕

〔註 119〕 陳冠州、Louise Gamble 總編輯，《北台灣宣教報告Ⅰ：馬偕在北台灣之紀事
　　　　　1868～1878》，台北：明燿文化，2015，頁 119。

〔註 120〕 在西峰和後壠之間，被發現有石油。馬偕牧師曾在海邊裝滿一瓶油，保存了
　　　　　十年。它看起來像橄欖油，容易點火，火光明亮。漢人雇了二個美國人來開
　　　　　採，但在三百呎深的地方，鑽子斷掉，因此工作也停頓。馬偕著，《福爾摩沙
　　　　　紀事－馬偕台灣回憶錄》，林晚生譯，台北：前衛，2016，頁 41。臺灣石油
　　　　　的發現，在 1817 年（嘉慶 22 年）吳琳芳在後龍溪水面，發現油在漂浮，因
　　　　　當時出磺坑仍屬蠻荒未闢之地，尚不敢深入探查油源。1861 年（咸豐 11 年）
　　　　　邱苟擔任番割，在後龍溪牛鬥口南岸，發現油苗，挖掘了一口深約 3 米的油
　　　　　井，每天可產油 40 多公升，據中油公司的文獻資料，邱苟所掘的油井，為臺
　　　　　灣第一口油井。光緒初年清廷曾設礦油局，官辦油礦，後因探油技術無法突
　　　　　破而停辦。根據馬偕 1878 年 6 月 10 日的日記，可見當時曾請二位美國人協
　　　　　助探油工作。甲午戰後日人治臺，發現豐富油源而大肆探取。黃鼎松等撰述，
　　　　　《苗栗縣文化資產彙編上冊》，苗栗：文化觀光局，2012，頁 280～281。

〔註 121〕 《馬偕日記Ⅰ》，頁 207～227、241～248、276、315～316。陳冠州、Louise
　　　　　Gamble 總編輯，《北台灣宣教報告Ⅰ：馬偕在北台灣之紀事 1868～1878》，
　　　　　台北：明燿文化，2015，頁 165。

　　西元 1878 年 4 月 6 日馬偕到新港社禮拜堂，晚上去靠近海邊的溪洲探訪來自賓夕法尼亞州（Pennsylvania）在後壠油井工作的二位美國人 A. P. Karnes 和 R. D. Locke。隔天禮拜日，馬偕以腓立比書 4 章 11 節〔註122〕爲題在新港社禮拜堂講道，這兩個美國人也來參加聚會。〔註123〕4 月 8 日，馬偕去內社與李麻牧師夫婦會面，晚上以同一個聖經章節再講道，在內社停留二天。4 月 10 日才從新港社北返淡水。西元 1878 年 5 月 27 日上午，馬偕與張聰明〔註124〕在領事館完成婚禮，隨即帶著妻子沿途巡視大龍峒、三重埔、艋舺、溪州、新店、後埔仔、五股坑等教會，6 月 10 日馬偕與妻子張聰明、陳雲騰、陳火、連和一起來到新港社，張聰明便挨家挨戶扣門拜訪，勸人參加禮拜，結果出席踴躍。隔天，原計畫去看在油田工作的二位美國人堅固他們的信心，但因風強雨驟溪水暴漲，險些喪命而半途回頭。1878 年 6 月 12 日因閏虔益牧師〔註125〕（Rev. K Junor，馬偕第二位助理牧師）已經來到淡水，因此 6 月 13 日馬偕一行人從新港社北上與閏虔益牧師會面。〔註126〕賴永祥在〈史話 553 馬偕夫婦的蜜月行〉，生動描述了馬偕與妻子張聰明到新港旅行佈道的細節：

> 6 月 10 日上午，我們（據日記，妻、陳雲騰、陳火、連和隨行）向新港出發，而於晚間抵達該地，我們在烘焦的太陽下走過曬燒的砂原，而臉、手、腳都起水泡。到了新港，妻就逐家訪問，並勸婦女和男人出席禮拜，其結果令人滿意，我們因而有極佳的集會。<u>爲著要去看兩個在油田工作的美國人</u>，我們於 11 日上午出發，豫定近正午可抵達。我們向南南東步行，而遇到一急流，跋涉過後，再過水更深的急流。勉強渡過，不久就到第三急流。雨連續不斷地下，我們手連手得免被水沖走，四個轎夫抬轎渡河，但其中一個竟被水沖走，他在水裡浮若干距離，順流游泳而保了一命。不久就遇第四急

〔註122〕腓立比書 4:11 我並不是因爲缺乏說這話；我無論在什麼景況都可以知足，這是我已經學會了。（和合本）

〔註123〕陳冠州、Louise Gamble 總編輯，《北台灣宣教報告 I：馬偕在北台灣之紀事 1868～1878》，台北：明燿文化，2015，頁 189。

〔註124〕張聰明（蔥仔）於 1878 年 2 月 3 日星期日被接納爲五股坑會員，領聖餐禮。《馬偕日記 I》，頁 327。

〔註125〕閏虔益牧師（Rev. K. F. Junor）1878 年 6 月 12 日抵達淡水，馬偕第二位助理牧師。1882 年 11 月 9 日離台。《馬偕日記 I》，頁 340、523；來台之前，曾在百慕達島傳道相當成功，《台灣基督長老教會百年史》，1965 年，頁 55。

〔註126〕《馬偕日記 I》，頁 339～340。

流，更深的。我們陷於黑暗濃霧，雷如遠地傳來砲聲，雨驟下，山洪泡沫衝進。光著頭赤足，我和助手們到了近油田幾百碼的所在，前面只有怒吼的山洪。我急著要見人傳達信息，爬上一個滑岩，以繩將身軀縛在樹枝，打算下去游泳過河，忽然聽到對岸一漢人的喊聲，說兩個美國人不在這裡，所以不再前往而回來……」〔註127〕

西元 1878 年 11 月 17 日開設竹塹禮拜堂之後，閏虔益牧師和馬偕一行人繼續從竹塹往南，於 11 月 26 日到達新港社，接連兩天馬偕和閏虔益到後壠，並一起去看戲（筆者推測是在廟口），馬偕在那裡與人交談佈道、為人拔牙。11 月 29 日回竹塹聚會後，沿途往北巡視教會回淡水。〔註128〕從 1877 年開始，馬偕來到新港社時，通常會轉往後壠接觸人群，逐步發展佈道工作。

三、開拓後壠教會，發展新港教會

後壠因位平埔族後壠社（Auran，又作阿蘭社）舊址而得其名。主要是泉州、漳州漢人入墾，西元 1795 年（乾隆 60 年）後壠設堡，從此後壠成為猫裡地區之行政中心，直到西元 1889 年（清光緒 15 年）苗栗縣設縣治於猫裡街夢花庄（舊名黃芒埔），客家人聚集，猫裡漸繁榮成市。近百年來，苗栗地區行政中心，於光緒年間逐漸從後壠遷移往猫裡。但由於後壠港是苗栗地區的吞吐港，後壠的經濟活動依舊比縣城活絡，市鎮規模也比較大。〔註129〕

根據《續修臺灣府志》，後壠莊距竹塹廳城約 48 里，後壠街位於後壠莊之北，距竹塹廳城約 40 里，後壠社距距竹塹廳城約 45 里，與後壠街莊約距 3～5 里；新港仔莊距竹塹廳城約 49 里，新港仔社距竹塹廳城約 40 里，新港仔社與莊之間相距 9 里。〔註130〕可見漢人街莊與道卡斯族社相距不遠，交替分布，但彼此的聚落有別。後壠位於後龍溪北岸，西距海約 2.5 公里處，清時是商港，後漸蕭條。中港、中港街位其北（參圖 2-8）。後壠至 1920 年，去「土」字改名為今「後龍」。

研讀馬偕日記發現自 1874 年 6 月之後，馬偕來到新港社，通常接著往後

〔註127〕 賴永祥，〈史話 553 馬偕夫婦的蜜月行〉，《台灣教會公報》2539 期，2000 年 10 月 29 日。

〔註128〕 《馬偕日記 I》，頁 333～334、338～340、355～356。

〔註129〕 張惠妹，〈清代後壠地區的開發與社會變遷〉，台北：師大歷史研究所碩士論文，2008，頁 109。

〔註130〕 余文儀，《續修臺灣府志》，台北：台灣銀行經濟研究室，1962，頁 75、82、90。

壠街區、猫裡，接觸人群和談話佈道。後壠河上游自 1861 年已有油田的開採，1877 年 10 月 31 日馬偕一行人來到新港，隔天便往後壠溪看油井，11 月 2 日德馬太醫師從猫裡來到新港社和馬偕及信徒一起聚會，11 月 4 日馬偕在新港社接納 15 位信徒（劉姓居多）並領聖餐，1877 年馬偕在新港社停留六天，到 11 月 5 日才北返。〔註 131〕

　　新港社禮拜堂成立第五年，1878 年 4 月 6 日，馬偕來到新港，晚上到溪洲見二位美國人 A. P. Karnes 和 R. D. Locke。隔天 4 月 7 日以腓立比書第 4 章第 11 節在新港社教會講道，兩位美國人也參與聚會。4 月 8～9 日馬偕往南入內社與李麻牧師夫婦會面，並以同一聖經章節再講道，4 月 10 日從新港往北巡視教會。1878 年 5 月 27 日馬偕與臺灣女子張聰明在滬尾領事館結婚。約二週後，6 月 10 日馬偕帶著妻子張聰明、及學生陳雲騰、陳火、連和一起來到新港，隔天去後壠看在油田工作的二位美國人，因天雨無法進去。6 月 13 日從新港北返滬尾接待閏虔益牧師（Rev. K. F. Junor）〔註 132〕。1878 年 11 月 17 日竹塹禮拜堂開幕，馬偕、林孽、劉和、陳九、李炎、李嗣、張聰明等人都在竹塹停留。11 月 26 日馬偕南下來到新港，27～28 日馬偕帶閏虔益牧師來到後壠，巧遇戲班子正在演出，於是把握機會與人談話佈道，同時馬偕在後壠為人拔牙給藥。〔註 133〕

　　西元 1879 年 9 月 2 日馬偕帶著張聰明經過竹塹來到新港，9 月 3 日往後壠去看房子，也就是看禮拜堂的地點，再從竹塹北返。同年 10 月 1～2 日馬偕又來到新港和後壠。〔註 134〕從日記中可見 1879 年 9 月初到 10 月初，馬偕已有在後壠設立禮拜堂的安排，又根據賴永祥從馬偕日記和信函的研究，證實後壠禮拜堂設立的時間極可能是 1879 年 10 月 1 日。而從馬偕 1879 年 11 月 9 日日記所載「上午蔡生在後壠講道，下午由新港社民劉和講道。」可以

〔註 131〕《馬偕日記 I》，頁 315、316、

〔註 132〕閏虔益牧師（Rev. K. F. Junor）1878 年 6 月 12 日抵達淡水，馬偕第二位助理牧師。來台之前，曾在百慕達島傳道相當成功。1882 年 11 月 9 日離台。《馬偕日記 I》，頁 340、523；《台灣基督長老教會百年史》，1965 年，頁 55。陳冠州、Louise Gamble 總編輯，《北台灣宣教報告 I：馬偕在北台灣之紀事 1868～1878》，台北：明燿文化，2015，頁 195。

〔註 133〕《馬偕日記 I》，頁 333、334、338、339、340、355、356。陳冠州、Louise Gamble 總編輯，《北台灣宣教報告 I：馬偕在北台灣之紀事 1868～1878》，台北：明燿文化，2015，頁 207。

〔註 134〕《馬偕日記 I》，頁 388、391。

推測駐守後壠禮拜堂的第一位傳道人，極可能是牛津學堂第一屆的學生之一的蔡生。（見本文第四章所述）

　　1879 年 9 月 2 日馬偕到新港，翌日到後壠謀購地（筆者註：日記中並未指明購地，且 1886 年 2 月 16 日的日記記載租了一間十年期的屋子）來建禮拜堂，而於 10 月 1 日購妥了，就派蔡生駐後壠從事傳教。日記並沒有記錄禮拜堂購妥派蔡生，但有馬偕於 1879 年 10 月 7 日寄出的函可作為佐證（Letter,1879.10.07,Presbyterian Record, 1880）〔註135〕。從《馬偕洗禮簿》記載「耶穌降生 1882 年 11 月 7 號偕牧師設立禮拜堂在垢籠（垢籠是後壠的另一寫法）。」對照馬偕日記，馬偕於 1882 年 11 月 6 日至 11 日間均在滬尾未出外。從日記和書信來看，「1882 年 11 月 7 號偕牧師設立禮拜堂在垢籠」一說並不正確，而採 1879 年 10 月 1 日為後壠教會設教日應該是恰當的。
〔註136〕

　　後壠禮拜堂，接近熱鬧的後壠街庄，極可能是馬偕為當時漢人設立的教會，相距平埔族新港社禮拜堂約 3.5 公里，步行約 40 分鐘，兩個禮拜堂相距不遠，信徒彼此有來往，新港社人秀才劉澄清〔註137〕就曾多次來到後壠聽講道，並且曾和當地傳道師辯論的記載。（見本文第四章所述）

　　西元 1879 年 11 月 7 日中午馬偕抵達後壠，在那裡吃飯，之後去新港社。隔天一早他離開新港社，離中港（今竹南）不遠處，和閩虔益及張聰明會面，大家一起折回新港社。馬偕在 1879 年 11 月 7 日從後壠寫給 Rev. Professor Mclaren 的信函中，提到在他第一次（1879 年 12 月 24 日）返回加拿大述職之

〔註135〕 （LETTER FROM GO-KO-KHI, OCTOBER 7TH,1879），賴永祥長老史料庫，http://www.laijohn.com/Mackay/MGL-letter/1879.10.07/PR-1880.02p48-49.htm，2014/5/15 檢索。

〔註136〕 賴永祥，〈史話 566 馬偕在後壠的宣教〉，《台灣教會公報》2554 期，2001 年 2 月 11 日。

〔註137〕 劉澄清，平埔道卡斯族新港社人，生於 1849 年，人長得非常高大，口才亦好，在私塾教書 20 年。他從 9 歲啟蒙，22 歲時考中秀才（文學士學位）。1872 年 10 月馬偕初到新港社傳教時，他極力反對，但後來卻成了馬偕的學生，而以傳道終至一生。劉琛（Lau Thim）傳道師傳福音給他，並且送給他一本聖經，引導他讀聖經。規勸他要仔細讀它。之後每個安息日，這位秀才都去後壠，聆聽新的教義，漸漸地，劉澄清體認到聖經凌駕於中國文人手裡拿的經書。40 歲時到淡水找馬偕指導。1891 年 8 月 22 日在淡水牛津學堂見證他是如何開始信仰耶穌基督。《馬偕日記II》，頁 492～493。

前，約有三週的時間，先探訪當時包含後壠教會等共 20 個宣教據點。且根據閏虔益牧師 1879 年 12 月 8 日從淡水發出的信函，提到在 1879 年新開發了後壠、錫口（松山）、三角湧（三峽）、暖暖四個宣教點，將原新店溪西岸之溪州禮拜堂遷至枋寮。位處最遠的宣教點－後壠，需花三天的路程。已有 20 個本地傳道人參與事工。北台灣宣教區正從嬰孩成長到成人的階段。〔註 138〕1879 年 11 月 9 日晚上在新港社由閏虔益講道，當時嚴清華已回淡水。11 月 9 日是禮拜天，眾人都來後壠，這裡擠滿了人，馬偕和蔡生在上午佈道，劉和與馬偕在下午講道，之後再回到新港社，馬偕在新港社教會對所有出席的人講道，並且為 8 位劉姓信徒施洗。〔註 139〕

　　西元 1879 年 12 月 27 日晚上馬偕和妻子女兒搭「Albay 號」沿台南府往廈門經香港、新加坡、印度，渡紅海、蘇伊士運河，搭火車到開羅，參訪以色列聖地後，經地中海沿岸國家、英國，回加拿大述職，1880 年 7 月 1 日抵達加拿大，1881 年 10 月 21 日復從加拿大經舊金山、芝加哥、日本，於 1881 年 12 月 19 日回到淡水。〔註 140〕馬偕牧師返國述職的這二年，對於北臺灣的宣教事業，大部分交由閏虔益牧師來料理。對於後壠或新港社禮拜堂的事情，幾乎無相關記載。

　　西元 1882 年，馬偕來到後壠、新港都是短暫停留，短則 1 日長則 3 天。1 月 30 日天氣炎熱，馬偕經過沙地到後壠，有很好的聚會。31 日，馬偕也到新港社，有很好的聚會。到 5 月 5 日，馬偕來到後壠及新港社。9 月 5 日，馬偕在後壠為一個男孩從手臂中取出針來，隔天馬偕往南去大甲，第三天回到後壠和新港聚會後北上。1883 年 8 月 11 日新港社教會受洗者有 2 人：陳燕 1 歲（女），王腓比 2 歲（女）。〔註 141〕因馬偕 1883 年的日記下落不明，所以關於他在 1883 年到訪各教會的行蹤，無從得知。〔註 142〕

　　西元 1884 年 10 月 21 日到 1885 年 4 月 19 日，清法戰爭期間，馬偕赴香港避難。清法戰爭後，英國領事下令所有英僑和家眷暫時赴香港避難。馬偕

〔註 138〕陳冠州、Louise Gamble 總編輯，《北台灣宣教報告：馬偕在北台灣之紀事 1868 ～1878》，台北市：明燿文化，2015，頁 39；《北台灣宣教報告：馬偕在北台灣之紀事 1879～1884》，台北市：明燿文化，2015，頁 43～45。

〔註 139〕《馬偕日記 I》，頁 388、391、394～395。

〔註 140〕《馬偕日記 I》，頁 400～490。

〔註 141〕賴永祥，〈史話 531 新港社民劉氏入信〉，《台灣教會公報》2516 期，2000 年 5 月 21 日。

〔註 142〕《馬偕日記 I》，頁 496、506、517。1883 年的日記下落不明。

本人聲明不走，但於撤僑 10 日後，馬偕赴香港探望家屬。不料，適值他離開淡水之後，法軍宣布封鎖臺灣。因此，馬偕不得不身陷香港達五個多月，除了馬偕一家五口和佣人、黎約翰牧師全家，還有原本隨馬偕到香港幫忙打點的學生葉順、劉在、連和、蔡生和洪湖等五人。馬偕對於「這身不由己的五個多月」，認為是他對信徒最大的遺憾。〔註 143〕

隨著北部各地紛紛設立宣教據點、醫館、學堂設立之後，馬偕巡迴各教會的時間越來越長，經常外出一二個月後才回滬尾。因此他巡視後壠、新港社，相隔的時間自然也拉長，一年可能僅能探視一、兩次，在他去香港之前，1884 年 3 月 11 日，馬偕從竹塹來到後壠，隔天去到銅鑼、苑裡，又回到後壠。馬偕從香港回臺灣之後，1885 年 5 月 11 日原想從竹塹去後壠，因天雨淹水，隔天才沿途拔牙南下後壠，一路上有大批群眾歡迎他們，到達中港（竹南）前，就聽到熱烈的歡迎聲，有大批的人從遠方來要求拔牙。其中有位老婦人牙痛好幾週，還求問神明「馬偕是不是快來了？」牙痛得醫治後，她對馬偕的醫術感激不已。〔註 144〕

西元 1886 年 2 月 16 日馬偕中午抵達中港教會，對每件事都感到很滿意，大雨仍下個不停。下午 5 點到達後壠禮拜堂，發現事情不如他意，轉往新港社教會關心信徒。馬偕在日記中激勵自己：

> 雖然現實生活是如此，但是絕不能灰心，租一間房子租期 10 年。在街上傳道，也許太尖銳，確實。人是多麼脆弱的！2 月 17 日禮拜三，在大雨之中到新港社。除了親嘴以外，他們所做的每一件事情，都顯示他們對我的例行拜訪有多麼思念。可憐的人！我真正為他們受苦，現在他們瞭解。他們以極大的力量握住我的手。可憐的人！可憐的人！繼續跑，我們將人推開。中午，我們再次到中港教會，我為 12 個人洗禮。……〔註 145〕

西元 1886 年春天 4 月 12 日馬偕在竹塹整理新教會，忙碌又生病，一路南下，醫治人並且為人拔牙，12 日下午抵達後壠，在後壠禮拜堂停留超過一週。馬偕自述「一切所做都是為基督」。4 月 13 日，他的身體稍微好轉，即刻

〔註 143〕 《馬偕日記 II》，頁 31，註 1，頁 31～60；《馬偕日記 II》，頁 120，1886.3.9 的日記。
〔註 144〕 《馬偕日記 II》，頁 11～12、65～66。
〔註 145〕 《馬偕日記 II》，台北：玉山社，2012，頁 116。

開始工作，修理新禮拜堂。連著幾天，馬偕整天忙碌，為人拔牙、修理新房子，並對群眾講道。17 日，馬偕在後壠為人移除腫瘤，同時傳講上帝的能力。18 日禮拜日雨後放晴，整天講有關上帝看顧萬物的道等等。19 日，馬偕為一位年輕人動眼睛的手術。20 日馬偕一整天油漆禮拜堂，最後完成在後壠的工作。這一趟，是馬偕來到後壠停留最長的一次，前後住了九天，當時日夜下雨，到處都潮濕，路況很糟，他除了佈道、拔牙、醫病之外，最重要的工作是整修禮拜堂。21 日一早北上繼續整理竹塹新禮拜堂。直到 1886 年冬天 12 月 29 日，馬偕才從竹塹聚會後徒步經中港，天黑時來到後壠禮拜堂。〔註 146〕

　　馬偕初來台灣傳教，民眾和衙門都叫他「紅毛番仔」或「外國番仔」，意思是洋鬼。到處咒罵他、侮辱他、放狗咬他，甚至向他丟石頭、潑糞便。馬偕來台傳道 14 年半之後，他的為人、工作和愛護人民的心終於被人理解，1886 年 10 月 14 日，連續五天，大稻埕衙門派人到艋舺與大稻埕地方大街小巷敲鑼宣布，要民眾不可叫馬偕為番仔（意即野蠻人），要稱呼他為偕牧師（台語）。同年，馬偕在 10 月 29 日的日記中慨歎：「天啊！從我登陸之後到現在，多大的改變！」〔註 147〕

　　西元 1887 年 4 月 1 日馬偕從新竹到中港教會唱詩講道，相當多人參加聚會。隨後馬偕來到新港社信徒家中聚會，晚上回後壠聚會，為幾位學生講道，當時柯爾曼先生也住在後壠禮拜堂，隔天馬偕才從中港教會北上。同年 11 月 3 日馬偕和學生們從月眉、頭份等客家地區沿途佈道，11 月 5 日上午十點來到後壠短暫停留，然後前往中港，100 位多位朋友夾道歡迎他們，中港教會裡坐滿了人，晚上馬偕對滿屋子的人講道、唱詩到很晚，有 200 位漢人出席。馬偕描述他從未見過在中港全部的人如此熱心、令人感動！因此他歡呼道：「確實上主是真實地，為祂國度的緣故，在這地區做偉大的事。願為祂的榮耀，一切必將成就。」〔註 148〕可見，這一年在中港禮拜堂的信徒，顯然比在後壠或新港社地區的信徒更積極，他們更吸引馬偕付出佈道的熱誠、歸榮耀給上帝。

　　西元 1888 年 3 月 21 日這次馬偕和學生們南下只到中港處理教會事務，

〔註 146〕《馬偕日記 II》，頁 125～126、161。

〔註 147〕郭和烈，《宣教師偕叡理牧師傳》，嘉義：台灣宣道社，1971，頁 434～435；《馬偕日記 II》，頁 152。

〔註 148〕《馬偕日記 II》，頁 117、207～208。

並無拜訪後壠和新港社地區，不過日記記著當時「後壠的傳道人和民眾也去
到中港禮拜堂聚會。」足見當時中港與後壠地區的信徒互有往來聚會。1888
年8月30日，50位來自後壠地區的人到淡水拜訪馬偕，其中一位曾讓馬偕拔
了4顆牙齒，和馬偕已12年未謀面的信徒，也同行拜訪。馬偕一邊拔牙一邊
佈道的方式，在當時確實吸引人持續跟隨馬偕的腳蹤。〔註149〕1888年11月
27日馬偕在新竹設立三位長老一位執事之後，隔天經中港、抵達後壠，馬偕
在後壠照料52名病人，大部分是罹患顆粒狀結膜炎（Conjunctivitis granularis）
與蛀牙。晚上，後壠禮拜堂坐滿人，馬偕欣見後壠當地有數位中年婦女十分
專注聽道，其中一位婦女識字，願意學習更多道理。11月28日馬偕在後壠
禮拜堂施洗10人，按立3位長老，並設立2位執事，再次對信徒傳講祖先
牌位與神像的通論、唱了2小時的聖詩、安排宣教事務、分送醫藥給很多人。
〔註150〕

　　西元1888年11月29日馬偕和中港傳道人洪湖及新港社潘通事和學生
們，一行人沿途拔牙傳道，經苗栗、銅鑼灣、三義等客家鄉鎮佈道，到內社
時遇見來自臺灣府的涂爲霖牧師（Rev William Thow, 1857～1894）〔註151〕，
涂牧師讚許馬偕的證道，彼此交換宣教心得。途經苗栗，就順道拜訪從後壠
來的信徒阿生（A Seng）的店。回頭經過新港社，馬偕爲15名患有顆粒狀結
膜炎眼疾的病患看診。〔註152〕

　　西元1889年2月3日柯玖（柯維思）紀錄北部50間教會有2304人參加
禮拜，而當時後壠教會有30人聚會，取聖經以弗所書第5章14節證道，無
紀錄新港社教會。〔註153〕西元1889年7月9日馬偕在淡水忙碌醫館諸事，
教導學生講道。馬偕稱許學生的妻子們每天都努力工作、大有進步，其中一

〔註149〕《馬偕日記II》，頁236、264。
〔註150〕《馬偕日記II》，頁287。
〔註151〕涂爲霖牧師（Rev William Thow, 1857～1894），英國長老教會駐台宣教師，
　　　　1880年11月20日到臺，1894年6月24日在台南去世。爲人眞誠，積極探
　　　　訪鼓勵造就鄉下信徒，以「拯救眞理」小傳單積極向異教徒傳福音。1893年
　　　　和金醫師（Dr. W. Murray Carins）同派彰化地區開始醫療傳道的先鋒。〈涂爲
　　　　霖牧師〉，賴永祥長老資料庫，2017/4/28檢索。http://www.laijohn.com/archives/
　　　　pm/Thow,Wm/brief/Campbell/C.htm
〔註152〕《馬偕日記II》，頁287～288。
〔註153〕陳冠州、Louise Gamble 總編輯，《北台灣宣教報告III:馬偕在北台灣之紀事
　　　　1885～1889》，台北：明燿文化，2015，頁157。

些人的過去是未曾有此學習機會的。馬偕特別記述一位從後壟來的寡婦淑
（Soo）也是如此殷勤。1889 年 11 月 1～2 日馬偕從龍潭埤（今龍潭）、鹹菜
甕（今關西）、新埔、竹塹沿路醫病給藥傳道，11 月 3 日中午馬偕和學生，抵
達中港並舉行禮拜，聚會後到後壟，晚上後壟禮拜堂擠滿了人，馬偕以「信
心」（Faith）為題講道、祈禱，主持聖餐禮。〔註 154〕後壟地區因海岸沙地及
地理位置的因素，秋冬東北季風夾帶大量飛沙走石，耕種或行進都相當困難。
1889 年 11 月 4 日，馬偕描述他多年來往返後壟，歷經風沙如刀般的襲擊，確
實為他南下的旅行傳教帶來痛苦的考驗。

> 星期一，11 月 4 日，華氏 70 度，早起出發，在強風中緩慢的前行，
> 我在多年前遇過這種強風。陸地吹起可怕的風迎面吹來，風沙像一
> 把刀切過來，吹得天昏地暗。可怕的風暴，我們看不到眼前 50 碼的
> 地方，四處看起來都是暗暗陰沈的，可是現在我們不可能再前進，
> 甚至無法站立。衣服、耳朵、鬍子等等全部都被沙子所覆蓋，這很
> 像加拿大的大風雪。抵達渡船口我們上了船；但是怒濤從深海裡翻
> 騰過來。一群人過來幫了兩次，但是都沒有用。我被海浪全部淋濕，
> 之後幾乎要往後倒，後來我們坐在一個角落裡的小草房，我們在裡
> 面被風沙吹了兩個小時，然後潮水退了之後，我們才又再度上船平
> 安渡過。往中港的路上，正好與逆風對抗。接近晚上，我們穿過城
> 鎮，之後拔牙。晚上的禮拜有 4 人受洗（在中港），舉行聖餐禮之後，
> 所有人進行一次極好的禱告聚會。我和一個老人相處愉快，他被家
> 人所迫害。他的妻子打他很多次。〔註 155〕

　　西元 1890 年 11 月 3 日馬偕一路往南巡視教會到後壟，此行他們沿著客
家村落，大姑陷、鹹菜甕（今關西）、鹿寮坑（今北埔）、月眉、土牛（今頭
份）等山地南行。11 月 10 日馬偕和柯玖在上午抵達月眉，一位 74 歲月眉信
徒領馬偕一行人越過山頂到 8 哩外的褲腳埔，然後經斗碗埤（今斗煥坪），來
到土牛，受引介認識一位 64 歲私塾老師陳大興，他們在他乾淨整齊的私塾交
談，很稀奇看見陳大興桌上擺有一本舊約、一本讚美詩集（聖詩）、一本新約
問答書，陳大興暢談閱讀聖經的驚喜，提起聖經創世記，上帝的創造從渾沌
中帶出秩序，開啟他對世界起源的認識等等。上午馬偕從土牛繼續前行，下

〔註 154〕《馬偕日記Ⅱ》，頁 331、353～354。
〔註 155〕《馬偕日記Ⅱ》，頁 354。

午抵達後壠教會，晚上舉行禮拜。當天他的學生蕭東山與後壠當地人陳燕結婚。11 日雨中啓程，中午在中港（Tiong-kang）教會聚會，下午時，聽信徒唱詩歌、聽 11 位男生背誦十誡等，馬偕稱讚他們做得很好。晚上聚會，屋子裡坐滿人，馬偕用「浪子」〔註156〕爲題，並使用一張大圖片幫助講道，效果非常顯著。當馬偕講到大家拜偶像，就是離開天父、滿足那位無用迷信的「小兒子」時，群眾都安靜聆聽，而這位從土牛陪同他們南下的私塾老師陳大興十分認同，隨即起立譴責偶像，告白他個人的信仰：〔註157〕

> 「我的名字叫陳大興（Tan Tai Heng），64 歲，教書 23 年，在 1888 年 9 月聽到福音。中港的陳參（Tan Sam）最早告訴我。秀才（劉澄清）與參（Sam）在土牛接連十個安息日講道，我全心相信真理，死後永恆的生命首先引起我注意。我是讀書人，不相信偶像。儒家思想例如死後的生命，不能滿足我的想法。我有兩個兒子，他們都在讀書。我願意全心將我所有生與死後的希望，放在我們主上帝。」〔註158〕

陳大興提到的這位秀才劉澄清〔註159〕傳道師，即是道卡斯族新港社人，生於 1849 年，1872 年 10 月馬偕初到新港社傳教時，他極力反對。後經牛津學堂首屆學生之一的劉琛（Lau Thim）〔註160〕傳道師傳福音給他，1888 年 10 月和兒子在八里坌教會受洗，後來成了馬偕的學生，而以傳道終其一生。過去在馬偕傳道的數年，他都是馬偕所稱「一位難以對付的敵人」。〔註161〕

西元 1891 年這一年，馬偕分別在 7 月、12 月來到後壠和獅潭底。7 月 11 日馬偕從月眉、中港來到後壠，下午一點坐轎子出發直到三點之後，經陡峭的山丘，爬過高山，涉過迂迴的小溪，天黑時拜訪獅潭底教會，17 年前馬偕

〔註156〕 浪子故事取材自聖經路加福音書第 15 章第 11～32 節。
〔註157〕 《馬偕日記II》，頁 429～430。
〔註158〕 《馬偕日記II》，頁 430。
〔註159〕 《馬偕日記II》，頁 492～493。劉澄清曾於 1891 年 10 月 11 日當日下午在北投禮拜堂講道。《馬偕日記II》，頁 504。
〔註160〕 劉琛又名寶琛，是高茶坑人，屬新店教會，牛津學堂首屆學生之一。17 歲時（1878 年 3 月 10 日）在新店領洗，於 1882 年 9 月 14 日進牛津學堂，後任傳道，曾受派駐淡水、艋舺、崙仔頂、竹塹等教會。賴永祥，〈史話 652 牛津學堂首屆學生〉，《台灣教會公報》2690 期，2003 年 9 月 15～21 日；賴永祥，〈史話 668 新店的劉貴及劉寬〉，《台灣教會公報》2731 期，2004 年 2 月 9～15 日。
〔註161〕 《馬偕日記II》，頁 430。

已在這裡建有木造禮拜堂。他們受到 30 名信徒的歡迎，這些信徒們是從新港社那裡聽到福音而後遷移過來的，他們不只一次被驅趕，也經常思考是不是乾脆放棄在這裡的經營。馬偕表述當初他目睹有位酋長之子苦苦哀求饒命之下仍被射殺斃命，生番殘暴的性情，促使馬偕刻意將宣教工作轉往更重要的地方，同時刻意不差派傳道師進駐，因爲馬偕不認可他們的動機。此行馬偕會遇見他們，乃是因爲當地的頭目在教堂舊址蓋一個新房子，新房子被當地老少都視爲神聖。新房子沒有供俸偶像，老的詩歌本被翻到破，聖經被小心翼翼的保存著，據他們的看法，他們 12 年來維持敬拜真神。當晚屋裡滿了人，一行人同信徒們在山上歡喜地唱詩讚美上帝。隔天，有許多客家人也來此聚會聽福音。7 月 13 日馬偕便往土牛、三灣、內灣等客家區域佈道。同年 12 月 31 日馬偕從新竹〔註162〕、土牛南下，查看中港禮拜堂修理的情況，中午來後壠，晚上禮拜，唱了兩小時的聖歌，馬偕看出當地傳道人很用心栽培孩子們的音準和節奏，其中一名男孩能以令人讚賞的方式複習太陽系。〔註163〕

　　西元 1892 年 1 月 1 日天氣多雲而涼，馬偕依然在後壠停留，晚上聚會到很晚才休息。隔天，便往大甲市區佈道，這裡一直是我們和南部英國長老會教區事工的分界點，但這裡一直還沒有設立宣教據點。〔註164〕到 1 月 5 日從內社回來，下午到達後壠，南部教區宣教師盧嘉敏（Dr. Gavin Russell,1866～1892）〔註165〕醫生已經在後壠禮拜堂等馬偕了，晚上禮拜後彼此談話。1872年以來，新港社教會爲南北教區宣教師和信徒來往連結的重要驛站，到 1879年以後漸漸由後壠教會取代這驛站的地位。隔天，盧嘉敏醫生隨著馬偕往中港沿途佈道、北上淡水，一週後盧嘉敏醫生從淡水轉往廈門。〔註166〕同年 10

〔註162〕 馬偕在 1891 年 9 月 18 日的信函記載南端佈道所當地地名已改稱新竹和苗栗。《北台灣宣教報告Ⅳ：馬偕在北台灣之紀事 1890～1893》，頁 108。

〔註163〕 《馬偕日記Ⅱ》，頁 485、521。《北台灣宣教報告Ⅳ：馬偕在北台灣之紀事 1890～1893》，頁 110～111。

〔註164〕 《北台灣宣教報告Ⅳ：馬偕在北台灣之紀事 1890～1893》，頁 129。

〔註165〕 盧嘉敏醫生（Dr. Gavin Russell，1866～1892）受英國長老教會的派遣，於 1888年 12 月 22 日（清光緒 14 年）抵台，1888～1892 派駐大社。1890 年 4 月 28日，在大社成立醫館，也定期到彰化巡迴門診，是中部醫療傳道的先鋒。1892年 4 月 23 日，不幸感染嚴重的傷寒而病倒，而 7 月 3 日死於從彰化往台南就醫途中的嘉義，享年僅 25 歲。《馬偕日記Ⅲ》，頁 7；http://www.laijohn.com/archives/pm/Russell,G/brief/TNcouncil.htm，（Council Appreciates Dr.Russell），2016/8/8 檢索。

〔註166〕 《馬偕日記Ⅲ》，頁 6。

月 2 日，馬偕從新竹、中港南下，在中港、土牛、後壟講道，傍晚在新港社講道，禮拜堂裡擠滿了人，還有群眾在外面無法進來。馬偕讚嘆道「多麼大的復興啊！」這天馬偕也往土牛、田寮（今苗栗福興里）、外圍（Goa-úi）地區佈道，巧遇一位熱情歡迎他們的軍官，而這位軍官就是馬偕在 1872 年第一次入新港社時，拒絕讓他住宿的那人，如今他已經轉變，成了第一個歡迎他們的人！馬偕發現這地區的聖經宣道婦做得很好，已有許多人能用白話字讀聖經。土牛禮拜堂全由人們自己裝修，應歸功於當地所有信徒。〔註167〕馬偕在 1892 年 10 月 28 日的信函紀錄他看見在後壟和新港教會傳道的好結果。

> 後壟給人的印象，就是外國樟腦商人早期的交易站。對我而言，他們的態度上有奇妙的轉變。……這裡有一位老人，已經為主殷勤熱心超過 10 年了，想想看數百人宣告『他們過去崇拜偶像的體系實為腐敗』，轉而認知『他們昔日認為是敵人的、如今是朋友』諸此種種，有確實的進展。新港是幾個平埔族部落居住的地方，距離上述幾個城鎮（桃仔園、紅毛港、中港）有幾哩遠。1873 年 4 月 6 日，我在其中的東社啓用一間教堂。他們心裡剛硬、極為驕傲，是硬著頸項的人民。晚間，他們自力修繕的教堂有許多人，人甚至擠不進去，他們坐在教堂裡，高興且歡欣期待著，有 14 人站起來複誦宣道婦教導他們的內容。70 位靈性被更新的人一起吟唱詩篇。……在我第一次進新港社時拒絕我設立教堂的那位軍官，也在前來歡迎我的第一個團體中。西社有一個異教廟宇已成斷垣殘壁，而一些當年傲慢的村民現在努力爭取，期待當地能有一間基督教的聖殿。〔註168〕

回顧起初馬偕在新港社傳道的頭二年，在 1873 年 10 月 5 日、1874 年 3 月 28 日、1874 年 5 月 10 日、1874 年 10 月 25 日、1874 年 12 月 30 日、1875 年 1 月 3 日的日記中，先後六次提到「新港社是心腸很硬的民族」，傳道工作困難重重，但他仍堅信「唯有上帝」能耕耘硬土，讓石心變肉心。果然，從 1872 年 10 月 10 日馬偕初到新港社，截至 1892 年 10 月 2 日來計算，20 年後在新港社地區的信徒確實有極大的改變，積極熱心於聚會聽道和學習。同時間，在後壟教會禮拜時也是坐滿了人。

〔註167〕 《馬偕日記III》，頁 56。
〔註168〕 《北台灣宣教報告IV：馬偕在北台灣之紀事 1890～1893》，頁 161～162。

　　西元 1892 年 10 月馬偕對當時新港社人基督信仰的評論是「多麼大的復興啊！」的確，我們從馬偕於 1893 年 8 月 18 日離開淡水，返回加拿大述職、日本政府還未來臺之前，馬偕在 1893 年 6 月 6 日的日記中，記錄他拜訪各教會的情形，可以知其概況。「……一個樂隊演奏領著遊行隊伍到土牛，那裡施洗 5 人。婦女在遊行隊伍中，整段回程都有樂隊演奏。在後壠，160 人聚會。在新港社，244 人參加晚上禮拜，裡面又熱又悶，施洗 12 人。……7 日到獅潭底，拍許多照片，晚上禮拜。……」而當時鄰近後壠的教會出席情形如下，中港有 271 人禮拜，月眉有 124 人，竹塹有 346 人，紅毛港有 143 人。〔註169〕根據日人伊能嘉距 1897 年 6 月的記載，當時後壠是個特別輸出港，是相當繁榮的地區，後壠街市人口當時有 576 戶，2976 人（男 1502 人，女 1474 人）。東社（新港社）有 60 戶，622 人；西社有 39 戶，304 人；後壠南社有 45 戶，212 人。當時苗栗縣治苗栗街市有 668 戶，2499 人（男 1368 人，女 1131 人）。〔註170〕可見當時在後壠的基督信徒（或者友善接納者）比例相當高、教會興盛一時，而且信徒充滿熱情！（當時地理位置，參圖 3-7）

〔註169〕《馬偕日記Ⅲ》，頁 95、96。

〔註170〕另南庄有 91 戶，323 人（男 181 人，女 142 人）；頭份街有 250 戶，1222 人（南 613 人，女 609 人）；後壠街市有 576 戶，2976 人（男 1502 人，女 1474 人）。東社（新港社）有 60 戶，622 人；西社有 39 戶，304 人。後壠南社有 45 戶，212 人；苗栗街市有 668 戶，2499 人（男 1368 人，女 1131 人）。伊能嘉矩，《台灣踏查日記》上冊，楊南郡譯，台北：遠流，2015，頁 101、107、108、112、113。

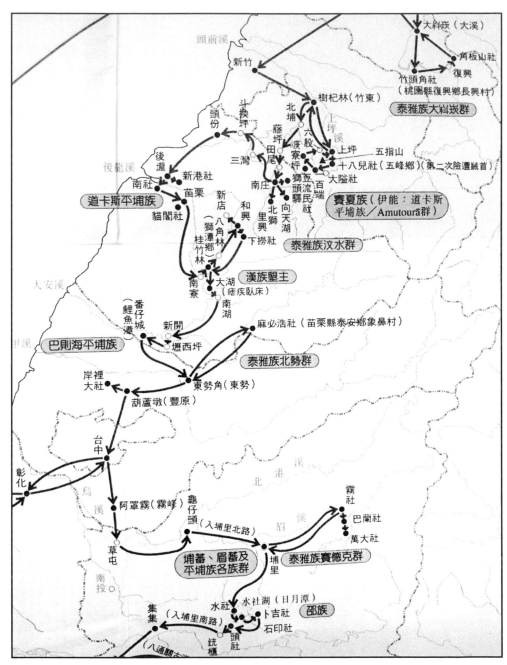

圖 3-7　西元 1897 年伊能嘉矩、粟野傳之丞台灣巡查示意圖（局部）〔註171〕

〔註171〕伊能嘉矩，《台灣踏查日記上》，楊南郡譯註，台北：遠流，2015。附圖。

西元 1893 年 8 月 18 日馬偕離開淡水，第二次回加拿大述職，直到 1895 年 11 月 19 日返回到淡水，期間北台灣的宣教任務就托付宣教師吳威廉和嚴清華牧師主責。1894 年 2 月 15 日，馬偕在多倫多演講的內容是有關「福爾摩沙」，他講新港社、獅潭底、當艋舺教會剛建立時的「4000 位暴民」以及當他要離開時的情景，還有 400 位懷抱信仰而死去的人。還有澄清（Leng-chheng）和 hiu-sin 的故事。沒有講新店在法國侵略前後的事，也沒有描述法國人三次幾乎要取馬偕的性命等事。〔註172〕可見新港社教會、獅潭底，與在艋舺地區艱難佈道工作並列，都深烙在馬偕心中，成了他在福爾摩沙佈道事工中深刻的記憶。

西元 1894 年 3 月初吳威廉和嚴清華牧師訪視北台灣宣教區西南部共 11 所教會的宣教事工。3 月 5 日一路巡視中港、後壠、新港、苗栗、獅潭底、土牛、月眉等教會，發現除了土牛教會以外，教會都健康活潑。3 月 11 日到新竹大湖、紅毛港等巡視。〔註173〕西元 1894 年中國和日本戰爭，戰後台灣被割讓給日本，台灣進入受日本統治時期。當馬偕於 1895 年 11 月 19 日從加拿大回到淡水之後，政局已經改變。直到 1896 年 4 月 8 日馬偕才南下經中港到新港社、苗栗拜訪教會，來到後壠教會，遇見一名日本軍人和三位士兵都是基督徒，也出席參與當天的禮拜。隔天，往土牛、月眉、新竹、紅毛港北上聚會。1896 年 11 月間馬偕和柯玖巡視教會，發現 21 間教會中有中港和新店二間教會被日軍佔用，11 月 22 日馬偕和宋忠堅牧師（Rev. Duncan Ferguson）受邀參與，日本長老會大宜見牧師和河合先生在大稻埕開設日本禮拜堂，任命一位日本執事。〔註174〕11 月 9 日抵達土牛、中港，隔天穿越新港社到後壠，晚上聚會有 40 個人出席。在後壠及附近地區佈道六天，11 月 11 日，柯玖和馬偕去苗栗，發現苗栗的禮拜堂很乾淨。晚上回到後壠聚會，有 45 個人出席。12 日整天都在後壠，晚上有 70 個人來做禮拜，馬偕用以弗所書 3 章 20 節〔註175〕，談到有關上帝預備救世主的真理。14 日，因大宜見牧師未抵達後壠，

〔註172〕《馬偕日記III》，頁 144。

〔註173〕陳冠州、Louise Gamble 總編輯，《北台灣宣教報告V：馬偕在北台灣之紀事 1894～1902》，台北：明燿文化，2015，頁 24～25。

〔註174〕陳冠州、Louise Gamble 總編輯，《北台灣宣教報告V：馬偕在北台灣之紀事 1894～1902》，台北：明燿文化，2015，頁 101；《馬偕日記III》，頁 279。

〔註175〕聖經以弗所書 3:20 神能照著運行在我們心裡的大力，充充足足的成就一切超過我們我們所求所想的（和合本版）。

馬偕先去新港社，對一屋子滿滿的成人和小孩講道。15 日，後壠禮拜堂滿了人，馬偕為 19 人施洗，其中 4 個是後壠人，15 個是新港社民。當天，日籍牧師大宜見（Rev. M. Ohgimi，日本長老教會代表）特派來問候南台灣的英國長老教會與北台灣的加拿大長老教會（同時在幾個聚會中以英語證道、協助為 58 位信徒施洗、任命一位長老和三位執事）。然後馬偕去新港社短暫聚會，續轉往土牛、月眉、新竹北上佈道。〔註 176〕

一年後，西元 1897 年 11 月 5 日，上午 10 點柯玖和馬偕從淡水首次坐蒸汽船南下，約在天黑時到後壠禮拜堂，傳道人李貴〔註 177〕的腳發炎，睡在教堂裡，馬偕要求他回新竹療養腳疾。11 月 6 日中午他們出發前往田寮，發現田寮教堂修理得非常好。馬偕講道，滿屋子的人來聽道理、唱聖詩，在那裡過夜，有兩名資深信徒也在那裡。7 日他們經過新港社、中港，在土牛過夜，日記記錄陳參〔註 178〕的兒子江竹的婚禮全都準備好了。隔天 8 日他們移往月眉、新竹、紅毛港北上。〔註 179〕從這三天的行程，可以看出 1897 年 11 月李貴當時在後壠禮拜堂傳道，而陳參則是牧養新港禮拜堂。二個教會之間互有往來。

西元 1898 年 9 月 25 日，柯玖和馬偕搭「太武號」，上午 10 點從淡水啓程，傍晚 6 點抵達後壠，走進禮拜堂，在這裡聚會。隔天上午又在後壠舉行聚會，然後才到新港社用餐，並在下午舉行聚會。之後，馬偕往田寮講道、施洗。27 日颱風天往中港、土牛聚會施洗，繼續往北巡視聚會。〔註 180〕

「西元 1899 年 3 月 29 日，晚上在學堂聚會，玖仔展示留聲機。」〔註 181〕這是留聲機首次在馬偕日記中出現。從此時開始，留聲機成為馬偕到教會傳道的工具。西元 1899 年 5 月 28 日，馬偕一行人從新竹來到中港，到新港社

〔註 176〕《馬偕日記Ⅲ》，頁 249、278。陳冠州、Louise Gamble 總編輯，《北台灣宣教報告Ⅴ：馬偕在北台灣之紀事 1894～1902》，台北：明燿文化，2015，頁 101。

〔註 177〕李貴又名登貴，竹塹人，1882 年 8 月 22 日（時 21 歲）在竹塹領洗，牛津學堂首屆學生之一。妻於 1888 年 3 月 18 日在紅毛港領洗。貴任傳道，曾牧紅毛港、大科崁（大溪）等教會。賴永祥，〈史話 652 牛津學堂首屆學生〉，《台灣教會公報》2690 期，2003 年 9 月 15～21 日。

〔註 178〕賴永祥，〈史話 660 中港出身的陳禧年〉，《台灣教會公報》2699 期，2003 年 11 月 17～23 日。陳參就是陳禧年。

〔註 179〕《馬偕日記Ⅲ》，頁 328。

〔註 180〕《馬偕日記Ⅲ》，頁 373～374。

〔註 181〕《馬偕日記Ⅲ》，頁 400。

度過雨夜，他們帶來的留聲機唱著「……一切高呼上帝的力量。……」，引起滿屋子新港社人的興趣。5月29日下豪雨，馬偕他們往外埔（約住有2000人的漁村）過夜，發現一間基督徒全白色的房子，有講台和長板凳準備好作禮拜。日記載「看到一架鯨魚的骸骨，約四十呎長，是被沖上海岸而死的。」他們用鯨魚油點亮火炬，傍晚七點外面已經有許多人聚集唱詩讚美上帝，馬偕對他們講道，大約拔了至少 100 顆牙齒。對這麼多人而言，房子太小了。這些人偶而會到後壠教會聽到，大概已經有12年左右的時間了。〔註182〕這外埔即可能就是今後龍鎮外埔里一帶漁村地方，距離後壠街區約 5 公里左右，大概需一個多小時的腳程。可見當時在後壠外埔漁村確實已有基督徒在家庭舉行禮拜聚會。5月 30 日，馬偕來到後壠與信徒聚集講話，還誇獎傳道人林有能做得非常好，然後繼續往客家聚落田寮、愛寮腳、土牛（今頭份）等地傳道。1899 年 9 月 4 日馬偕在滬尾為傳道師考試時，後壠的傳道人林有能前去淡水，報告馬偕 9 月 2 日後壠教會 5 位信徒唱詩禱告時，遭到 3 位日本警察的攻擊，還用棍打信徒，不願賠償。〔註183〕可以想見，當時日本警察對後壠的基督徒並不友善。

> 「本月 2 日在禮拜堂不遠處發生火災。有五個基督徒去滅火，當他
> 們回來時，他們唱著詩歌，進行祈禱，有三個（日本）警察進來，
> 把傳道人手裡的聖經打落下來，掀翻講桌，用棍子打基督徒，隔天
> 也不給予任何賠償。」〔註184〕

西元 1899 年 12 月 18 日，馬偕從新竹來到外埔，為病患拔牙，晚上有 60 人來禮拜、讀聖經、唱詩，並分享他們是如何成為基督徒等。12 月 19 日馬偕替禮拜堂拍照，然後去新港社，柯玖還拍了道卡斯族人舊式「牽田（Khan tîen）」的相片，他解釋那是每一年農作物收成時要跳的舞蹈。在正中間有一個裝酒的大型酒罈，頭目家門口則有一個放著糯米糕和弓箭的托盤。他們手牽著手圍成一圈跳舞，吟唱到天明，頭目戴著配有鹿角的頭飾，其它人則帶著花冠。這新港村民長久以來敬拜皇帝，比中國人還中國人，而且形成一種偶像崇拜，在他們的風俗迷信上又添一層。1873 年在重重困難下，設立教會，多數人已成為基督徒，幾年前受到崇拜偶像的暴徒破壞，日軍來了以後，情勢逆轉，

〔註182〕《北台灣宣教報告Ⅴ：馬偕在北台灣之紀事 1894～1901》，頁 158。
〔註183〕《馬偕日記Ⅲ》，頁 407～408、422。
〔註184〕《馬偕日記Ⅲ》，頁 422。

當地基督徒正預備改建成全新有屋瓦的教堂。馬偕回到後壠聚會、吃晚餐，然後往客家庄愛寮腳、田寮、土牛傳道。〔註185〕

西元 1900 年北台灣宣教事工的統計資料顯示，後壠教會傳道人是陳德〔註186〕，已受洗信徒有 17 人。〔註187〕西元 1900 年 2 月 14 日馬偕日記記載溪州人陳德從後壠拿了 6 座祖先牌位和 2 個偶像去到淡水。4 月 9 日，馬偕在醫院和學堂工作，此時的馬偕經常發燒，卻依然勤於工作，接待從新港社北上拜訪他的兩位朋友。5 月 9 日，魏金遜醫生在滬尾為一位水腫的新港社婦女做手術。〔註188〕從 1892 年馬偕讚嘆新港社教會大復興到 1900 年，不僅在後壠街區或新港社有基督徒，在後壠靠海邊的外埔和溪州也有至少 60 位基督徒禮拜的紀錄，且與馬偕互動密切。傳教區域從新港社、後壠街區，往西擴及臨海的外埔和溪州等地。

西元 1901 年 7 月 13 日，柯維思在寄給加拿大長老教會海外宣道委員會執行幹事偕彼得，報告馬偕臥病臨終狀況的書信時，提到馬偕從 1900 年 4 月間患感冒發燒，由於他熱切為基督工作、忽略休息和治療，陸續衍生病症。同年 11 月 1 日馬偕到香港治療喉嚨的疾病，二個多月後回到淡水，1901 年 2 月 11 日起病況急下，於 6 月 2 日下午三點多因喉癌辭世，息了地上的勞苦，他的一生如他所說攏是為基督。

〔註185〕 《馬偕日記III》，頁 436。《北台灣宣教報告V：馬偕在北台灣之紀事 1894～1901》，頁 165。

〔註186〕 陳德，溪州人，牛津學堂最終屆（1899）學生之一。1905 年時任崙仔頂禮拜堂傳道師。1910 年 2 月 12 日北部中會第 10 屆會聚於滬尾聖道書院召開，傳道更任部吳威廉牧師報告：傳道呂阿添、陳德、林發三名別世，可知陳德死於 1909 年。賴永祥，〈馬偕的學生名錄（柯設偕）〉，這是 1975 年 9 月 25 日柯設偕的調查報告。錄馬偕學生之名：牛津學堂開學以前（1872～1880）21 名、淡水牛津學堂第 1 屆入學生（1882）18 名、最終屆入學生 36 名。http://www.laijohn.com/Mackay/MGL-students/0/Koa,Skai.htm，2016/8/4 檢索。

〔註187〕 《北台灣宣教報告V：馬偕在北台灣之紀事 1894～1901》，頁 186。

〔註188〕 《馬偕日記III》，頁 445、452、456。

第四章　長老教會在後龍的變遷和發展

　　馬偕培養的本地傳道人不是漢人，就是受漢化的平埔族人。幾乎皆由馬偕栽培而成，很難不帶有幾分馬偕的性格。他們一旦受派到地方教會，單身工作者就像馬偕一樣，一手包辦教會事務，如整理禮拜堂、傳教、醫療、牧會等；若是已婚者，多數也僅有妻子與其一起分擔任務而已。教會開拓初代，一人包辦的傳教工作，其艱難辛苦，非文字能充分表述。〔註1〕這些基督徒本身信仰的心路歷程，譜寫地方教會之傳奇歷史。

　　本章節首先撰述馬偕所培訓的學生，接續他在新港社教會和後龍教會的宣教事蹟、信徒的入信經歷，以及後續傳道者委身此地再開拓等故事，其次從教會消長和內部組織的變遷理解教會內部的張力作用，接著探究教堂建築的變遷歷程，歸納先輩宣教經驗的傳道智慧，究明長老教會在後壠地區的變遷和接續發展。

第一節　傳道師和信徒的生命故事

　　馬偕設立當地禮拜堂之後，除了繼續旅行傳道，巡迴訪問各教會，他也派駐本地傳道人，陸續在所設立的禮拜堂，接續傳道任務，培養造就信徒。這些受派的傳道師或信徒，他們的工作事蹟及經歷，活現地方教會歷史最真實的面向。以下考證記述自 1873 到 1998 年間曾在新港社教會、後壠教會服務的本地傳道師或信徒的生命故事，以理解長老會委身認同本地的信仰告白。

〔註 1〕 郭和烈，《宣教師偕叡理牧師傳》，嘉義：台灣宣道社，1971，頁 402～404。

一、新港社教會的傳道師與信徒

（一）許銳（不詳～1873.12.25）：服務時間約於 1873 年 4～12 月期間

許銳從李庥牧師那裡信教，西元 1871 年 12 月甘爲霖初牧師抵台灣時，許銳還在打狗接受訓練，於 1872 年 6 月到淡水跟著馬偕和嚴清華一起學習。後來被重用成爲在淡水之加拿大傳道團一開拓傳道人。

根據馬偕 1872 年 6 月 10 日的日記：「今日有一個人從南部教區來，但他知道的道理並不多，所以讓他和阿華一同讀書。倘若他跟不上進度，我就另外教他。」「有一個人」所指的就是許銳，許銳的知識當然比不上馬偕最早的學生嚴清華（原本就是讀書人）。然而，經過八個月的調教，到了 1873 年 2 月 9 日馬偕第一次爲信徒洗禮的晚上，許銳已能和嚴清華及馬偕對著群眾講道。令人惋惜的是，許銳傳道工作剛起步之時，就不幸喪命。據 1873 年 12 月 25 日日記所載許銳在山中被殺害，新港社信徒已先入山尋找屍首，並且協助馬偕處理許銳的後事。〔註 2〕這時期馬偕和學生的傳道工作正處於初創階段，傳道人必須獨立負擔佈道任務。進出新港社到獅潭底一帶的路途，高山原住民出沒無常，加上當時漢人與高山原住民彼此對立緊張的情勢，一旦狹路相逢，肯定命喪黃泉。許銳就在被派駐的新港社稍進內地處，被一隊原住民（a Party of Mountaineers）所襲擊，遇害殉道。〔註 3〕1873 年 4 月 6 日新港社禮拜堂設立後，1873 年 10 月 10 日有了獅潭底木造禮拜堂。從馬偕日記可以得知，許銳和嚴清華極可能於 1873 年 4～12 月期間來往於新港社、獅潭底二間教會，負責接續馬偕在此的傳道任務。

甘爲霖牧師在其 1874 年 7 月 21 日從廈門寄出的信裡有一段云：「我在內社時，從會友們聽到兄弟「銳」身上發生的悲劇。……此時我無法詳述他獨當一面所作傳道事奉的一切，但相信主本身（the Master Himself）會鑒納祝福他謙卑無私的事奉。」〔註 4〕

〔註 2〕　《馬偕日記 I》，頁 57、101、139、148。
〔註 3〕　賴永祥，〈史話 239 許銳在獅潭底遇害〉，《台灣教會公報》2165 期，主後 1993 年 8 月 29 日。
〔註 4〕　轉引自賴永祥，〈史話 239 許銳在獅潭底遇害〉，《台灣教會公報》2165 期，主後 1993 年 8 月 29 日。

（二）嚴清華（1852～1909.6.2）：服務時間約於 1873 年 4 月到 1874 年 6 月

根據馬偕日記，嚴清華於 1873 年 2 月 9 日受洗（時 22 歲），是馬偕第一位學生，也是首席助手，其協助建設北部教會之功勞甚大。

西元 1873 年 2 月 17 日受派至五股坑駐堂，後又受派至新港、新店、雞籠、大龍峒等牧會，並與馬偕牧師四處奔走傳道設立教會。1882 年 9 月 14 日牛津學堂開學，他與陳火（榮輝）擔任教席，幫助馬偕教學。1885 年 5 月 17 日與陳榮輝同時受按立爲本土牧師，陳榮輝受派至新店牧會，而嚴清華駐在淡水，協助偕牧師處理業務，是馬偕的左右手。

馬偕日記 1873 年 10 月 10 日記載獅潭底教會設立時，「阿華已經由新港來到獅潭底一段時間了，所有的人都喜歡他。」根據馬偕在 1874 年 6 月 13～14 日的日記所載「派一位學生去五股坑，一位前往八里坌，一位前往淡水，而阿華繼續他在新港社的工作。我和其餘的學生前往三重埔。」〔註5〕又據柯設偕 1975 年整理的資料，在 1874 年馬偕已有嚴清華、吳寬裕、王長水、林孽、陳榮輝、蔡生、洪胡、連和等多位學生，且已開拓淡水、五股坑、新港社、洲裡（和尚洲，今蘆洲）、獅潭底、三重埔、八里坌等教會。可見，這時嚴清華仍繼續在新港社傳道工作。從以上推測 1873 年 4 月起到 1874 年 6 月這期間，嚴清華負責新港社教會長時間的牧養工作，而殉道者許銳肯定也是新港社和獅潭底信徒所熟悉的傳道人。

嚴清華受洗後，就受派負責五股坑禮拜堂的傳道工作，但隨著馬偕傳道工作剛剛開展的起初，許銳和嚴清華極可能是在淡水、五股坑、新港社、獅潭底這幾間教會之間來往支援。

我們從黎約翰在 1889 年 3 月 6 日的信函提到他們一同巡視噶珠蘭地區的教會時，發現嚴清華能幹且負責，只要一到教堂，他立刻繞教堂巡視一番，查看一切是否井然有序，接著再從長老執事那裡瞭解信徒狀況，處理事情時能運用老師馬偕的方式來思考或發問，根據這些收集到的訊息在講台上對大家說話。〔註6〕吳威廉牧師在 1893 年底也描述他對嚴清華的可靠表達讚賞：

「我們經常討論，但未有絲毫磨擦，當我愈瞭解他，即愈喜歡他；

〔註5〕　《馬偕日記 I》，頁 101、139、170。
〔註6〕　陳冠州、Louise Gamble 總編輯，《北台灣宣教報告 III:馬偕在北台灣之紀事 1885～1889》，台北：明燿文化，2015，頁 166。

他的誠實使我信賴他，他的正義使我尊敬他；每遇騷擾發生，他必
前往探視，當他回來時，總見他笑容滿面，即知事情很順利，但宣
道會給他的月薪，只 20 銀元（即 11．43 金元）而已。」〔註7〕

馬偕稱讚嚴清華牧師是個了不起的人，儘管是枝微末節的小事，他也能
以台灣人的角度與人對話。他對宣教禾場瞭若指掌，非常熟悉福音教義，而
且能忠實有力地講道。他有 20 年的磨練經驗，具備很高的行政能力。他對
同胞的認識十分透徹，上自台灣巡撫下至抽鴉片的乞丐，因而對每種人都有
影響力。他在宣道上是眞領袖，多年來信徒都從他的事奉及建言獲得益處。
〔註8〕

嚴清華 50 歲時因病體弱，主要協助神學校及巡視教會。嚴清華在社會上
頗受官方信任及民眾欽仰。清期時期，他曾獲五品軍功，亦被保奏候選知縣。
日據時，於 1897 年獲授紳章，任台北廳滬尾辦務署參事，後亦任多種職務（維
新公會幹事、仁濟院委員、華民會館幹事等）。1909 年 5 月間與劉忠堅牧師（Rev.
Duncan MacLeod,1872～1957）〔註9〕巡視宜蘭區教會，返家數日後，因惡性

〔註7〕 馬偕，《福爾摩沙紀事：馬偕台灣回憶錄 From Far Formosa》，林晚生譯，台北：
前衛，2016，頁 320。《北台灣宣教報告IV：馬偕在北台灣之紀事 1890～1893》，
頁 194。

〔註8〕 賴永祥，〈史話 264 能幹的嚴清華牧師〉，《台灣教會公報》2192 期，1994 年 3
月 6 日。馬偕，《福爾摩沙紀事：馬偕台灣回憶錄 From Far Formosa》，林晚生
譯，台北：前衛，2016，頁 321～322。

〔註9〕 劉忠堅牧師（Rev. Duncan MacLeod, 1872～1957），蘇格蘭人。1906 年在加拿
大馬尼多巴開拓一所教會並爲首任牧師。劉忠堅夫妻於 1907 年 11 月向加拿
大海外宣道會申請受派淡水宣教。他到臺灣後很快學會一口流利的台語，招
聚信徒和傳道師組成巡迴佈道團，到各地培靈佈道。他任北部教會的傳道部
長時，輔導教會自立自主，也要求教會要像清教徒嚴守安息日，禮拜天不工
作、不作生意，自己以身做則，禮拜天到教會不是提前一天到、就是步行，
就是不坐車。劉忠堅最大的貢獻是教育，1916 年他接續約美旦牧師（Rev.
Milton Jack）成爲台北神學校校長，在台灣南北兩神學校合一的搖擺期間，他
積極推動兩校聯合，還帶學生到台南授課。之後接續巴克禮牧師成了台南神
學校校長。後因日人的排英運動，於 1939 年離開台灣。二戰期間在加拿大牧
會。戰爭結束後，70 多歲的他又回到台灣，這時教會工作已不分南北，當時
他代表台灣教會接收了日人在台灣的教會。劉忠堅在台灣北部教會設教 50 週
年時，寫下《美麗島》（The Island Beautiful）一書，整理下不少史料。1957
年 7 月 28 日辭世。蘇文魁撰，〈南北二路跑的劉忠堅牧師〉。賴永祥長老史料
庫/〈宣教師人物檔〉，http://www.laijohn.com/archives/pm/MacLeod,D/brief/Sou,
Bkhoe.htm，2017/5/6 檢索。

痢疾、喀血，雖經宋雅各醫生（J. Y. Ferguson,1877～1965）〔註10〕悉心醫治，
6月2日仍不治去世，享年57，信主38年。〔註11〕

（三）陳榮輝（1851～1898.8.8）：服務時間約於1874年2月到1875年

陳榮輝牧師，土名陳火，是馬偕最早期學生之一，1885年5月17日與嚴
清華同時受封的北部最早本地牧師。馬偕在日記、傳道記或書信都叫他陳火。
從他自台灣寄給在加拿大休假中之馬偕的履歷，可知他接受基督信仰，跟隨
馬偕的經歷：

> 我出生於淡水，父親是商販（trader）。8歲至17歲間我上學（指塾），
> 17歲時搬到五股坑住，而在一小農場做工。全家人都是偶像崇拜者
> （Idolaters），而我領頭拜各種鬼神，並向月燒香。1872年7月，我
> 和父親到淡水，而在您（指馬偕）的小房屋裡看到新式的崇拜（a

〔註10〕宋雅各宣教師（Dr. & Rev. J. Y. Ferguson，1877～1965），是醫生也是牧師，1905
年11月3日受加拿大宣道會差派來台，接續馬偕博士的醫療宣教工作。西元
1906年，在宋醫生等人的努力之下，因馬偕牧師過世而停診將近五年的「滬
尾偕醫館」重新開張，病人紛紛前來求診，醫館又恢復昔日景況。患者日益
增多，平均每天約有一百位病人求治。隨著社會的變遷，偕醫館已不敷使用，
為醫館將來的發展，宋雅各醫生一方面向母會要求多派工作人員前來協助醫
療工作，另一方面則與吳威廉牧師審慎商議、計劃醫院將來的發展。1912年
春天，加拿大宣道會派宣教師倪阿倫醫生（Dr. A. A.Gray M.D.）及夫人前來
協助醫療工作。為讓醫館有更大發展的空間，宋雅各醫生向母會提議：將醫
療宣教中心從淡水遷移到更具發展性的首都臺北，並擴建成現代化的醫院，
以紀念北部醫療宣教先鋒「馬偕博士」。後來母會同意撥款二萬五千美元，由
吳威廉牧師設計，在臺北中山北路（現址）興建一座新的醫院，於1912年12
月26日舉行落成典禮，當天由吳威廉牧師主理，吳寬裕傳道、偕叡廉牧師致
詞，一千多位來賓參加，取名為「馬偕紀念醫院」。「滬尾偕醫館」因此功成
身退，成為淡水重要的歷史古蹟。1918年6月宋雅各醫生因病返美，馬偕醫
院又因戰爭的影響，在醫藥及醫療器材缺乏的情況下，再度關閉。直到1925
年1月1日，戴仁壽醫生接任院長，才再次重新開幕。為了幫助蘭陽地區的
百姓能就近接受醫療，宋院長在其任內開設宜蘭分院，1913年倪阿倫醫生受
派前往宜蘭負責分院的診療工作，可惜倪阿倫醫生因為過度操勞，身體欠佳，
返回祖國療養，這宜蘭分院在1919年便關閉。宋雅各醫生育有一男一女，夫
人於1960年過世，宋醫生1965年過世，享年88歲，安葬於加拿大公墓。潘
稀祺著，〈馬偕醫院的籌設者——宋雅各醫生〉，《路加》第241期，財團法人
中華基督教路加傳道會，2009年3月。

〔註11〕賴永祥，〈史話263嚴清華之後半生涯〉，《台灣教會公報》2191期，1994年2
月27日。

new-kind of worship）。我聽您大聲在唸十誡。我第 2 次去，您在談
一位耶穌，而在第 3 次聽到有關聖靈的事。我覺得一切都好而真實，
所以不久，我就不再拜泥及樟木所製的神佛了。同年 10 月，我做您
的學生，而於 1873 年全年跟您讀書。〔註12〕

陳火 24 歲時，1874 年 2 月 15 日在五股坑受洗，隨即被派至新港社，講
道幾個月。1875 年任命爲傳道師，派去後壠幾個月，駐新港社。後來在五股
坑，再轉和尚洲（蘆洲），於 1876 年改到大龍峒〔註13〕事奉，1877 年駐和尚
洲，1878 年改在溪洲及新店講道。雖然禮拜日陳火都在禮拜堂，但一週 5 日，
他和同伴都在馬偕門下讀書，他們以大地爲教室，有時是雞籠的洞、海岸、
山邊、竹叢、或是大榕樹下（在八里岔）。而馬偕修建新的新店禮拜堂的期間
（1885.10～1886），陳火就在中港事奉。1882 年至 1891 年之間，協助牛津學
堂的教學，其後到錫口（松山）。1893 年新店的會友以年薪 204 墨銀聘他駐堂。
〔註14〕

馬偕形容他很真摯且謙虛，對福音深感興趣，沒有人比他更勤讀。教會
裡有許多不同才能的人，凡認識陳火的都會愛他。或者他不像嚴清華牧師那
樣幹練地管理人才，在他自己的領域裡卻是個愉快、有秩序、忠實的牧師，
是良好的講道者，是個富於同情的朋友。他對於他的同鄉多年間發揮了基督
教的感化力。〔註15〕

因他曾與馬偕牧師學西醫，信徒從他受惠的不少。當禮拜完畢時，陳牧
師即爲人醫病，往往到午後一、二點，忙到沒時間用餐，因當時在台之西醫
很少，偕牧師最寵愛他，加拿大母會配來之藥品，新店教會受配特別多。馬
偕牧師同時也贈送陳火牧師一套拔牙器具，爲人拔牙齒。陳牧師每年都爲民
眾種牛痘。有一次發生鼠疫，不論會內會外、染疫或死亡，陳牧師都冒險探

〔註12〕 賴永祥，〈史話 267 陳榮輝牧師的履歷〉，《台灣教會公報》2195 期，1994 年 3
月 27 日。
〔註13〕 大龍峒教會，1875.8.15 設立，1886.12.24 在枋隙重建，改稱大稻埕教會。《馬
偕日記 I》，頁 232；《馬偕日記 II》，頁 160。
〔註14〕 《北部教會大觀》，頁 673；賴永祥，〈史話 267 陳榮輝牧師的履歷〉《台灣教
會公報》，2195 期，1994 年 3 月 27 日。《北台灣宣教報告 V：馬偕在北台灣
之紀事 1894～1901》，頁 139～141。
〔註15〕 《福爾摩沙紀事：馬偕台灣回憶錄 From Far Formosa》，林晚生譯，台北：前
衛，2016，頁 321；賴永祥，〈史話 272 陳榮輝牧師受敬重〉，《台灣教會公報》，
2200 期，1994 年 5 月 1 日。

訪幫忙，得民眾欽敬，稱他爲地方的救星。〔註16〕

陳榮輝於 1852 年 7 月 13 日娶八里岔劉好（劉牛長老的妹，1921 年 11 月 27 日去世，享年 69）。長子陳清義（1877～1942），在其父封牧之後第 21 年也被封牧，而成爲北部第 3 位牧師。陳清義娶了馬偕牧師的長女偕媽連（Mary）爲妻。陳榮輝的次女陳彬卿，適郭水龍牧師（1881～1970）；而郭水龍之媳爲蔡信續（1955 年任後龍教會傳道師，文稍後再論述），郭水龍之孫郭中堂及郭中立皆爲牧師；而郭中堂之子郭恩信、郭中立之女郭恩仁皆爲牧師。是跟隨馬偕的學生之敬虔後代。〔註17〕陳清義於 1898 年 8 月 8 日辭世，息其勞苦。

另記載於此時期受洗信徒，西元 1875 年 4 月 11 日在新港社教會，由馬偕牧師施洗的信徒二位，劉闓（54 歲，劉遠堂弟）、劉和（26 歲，劉遠之子，後任傳道）。而劉闓、劉遠，兩人均於 1888 年 11 月 28 日任新港社教會長老。〔註18〕

（四）劉和（1849～1883.3.7）：時間約於 1878 年到 1879 年

西元 1875 年 4 月 11 日馬偕在新港社守聖餐舉行洗禮，受洗者劉闓及劉和。劉和入信後，就入馬偕之門，跟隨馬偕旅行傳教。在噶瑪蘭平原（又作甲子蘭，今宜蘭地區）傳教，不幸在瘟疫發生時，因護理病人而殉職。根據《馬偕施洗簿》記載劉和於 1883 年 3 月 7 日死在宜蘭，劉和的妻子，生於 1847 年，1877 年 11 月 4 日領洗，卒於 1888 年 9 月 20 日。〔註19〕

根據《北台灣宣教報告》閏虔益宣教師（Rev. Kenneth F. Junor）於 1878 年 12 月 20 日寫給加拿大弟兄的書信，提到 1878 年 11 月 26 日他們來到新港社禮拜堂時，當地的傳道師名叫幽孿，是位熟番平補族人：

> ……到達北台灣最南邊的宣教據點，距離淡水有三天的旅程。這間禮拜堂位於熟蕃（平埔族，他們不是漢人）當中，這點不同於其他各宣教據點。他們是原住民的後裔，降服於漢人的統治，也講中文。

〔註16〕 陳榮輝牧師，http://www.laijohn.com/archives/pc/Tan/Tan,Ehui/biog/ppkhtk.htm，2016/8/4 檢索。

〔註17〕 賴永祥，〈史話 265 陳火就是陳榮輝〉，《台灣教會公報》2193 期，1994 年 3 月 13 日。

〔註18〕 賴永祥，〈史話 531 新港社民劉氏入信〉，《台灣教會公報》2516 期，2000 年 5 月 21 日。

〔註19〕 賴永祥，〈史話 641 新港社出身的劉和〉，《台灣教會公報》2679 期，2003 年 6 月 30 日～7 月 6 日，頁 13。

當地的傳道師<u>幽孿</u>本身也是一位熟蕃。他們生活窮困、勤勉（某方面而言），卻比漢人的資質低落多了。我和偕叡理牧師於星期三前往約三英哩遠的海岸，一處名叫後壠的漢人鄉鎮。……我們去到鎮上的市場，那兒人潮聚集。偕叡理牧師在那兒幫好多人拔牙，也向人們發言，然後我們就回新港。禮拜堂裡坐滿了參加聚會的人，這個宣教據點設立於 1873 年 4 月，因此這地方有許多基督徒。他們形成一群平安喜樂的團契，想到在那麼荒涼的異教地區，住著他們這群基督徒，真感到欣慰。〔註20〕

又有馬偕在 1878 年 12 月 25 日從雞籠寫給麥威廉牧師的書信，提到新港社教會當時駐守的是劉和傳道師。

本月 18 日我們在大龍峒禮拜堂為信徒舉辦大型聚會。除了新港與竹塹之外，男男女女來自各宣教據點，除了駐守<u>新港的傳道師劉和</u>之外，所有傳道師也都到場。……聚會的目的不是為了講道、討論事情，純粹為了讓大家彼此相識……。〔註21〕

可見 1878 年時，駐守新港社教會的傳道師是當地人劉和，他和熟蕃傳道師幽孿一起擔負新港社教會的傳道工作。至於熟蕃傳道師幽孿的記載，僅此「當地的傳道師<u>幽孿</u>本身也是一位熟蕃。他們生活窮困、勤勉（某方面而言），卻比漢人的資質低落多了。」等隻字片語，仍待後人查考。

根據馬偕日記記載：1879 年 9 月 2 日馬偕帶著張聰明來到新港社，隔天去後壠看禮拜堂的地點。10 月 1～2 日馬偕又來到新港社和後壠。11 月 7 日馬偕抵達後壠，之後去新港社。隔天，離中港（今竹南）不遠處，和閏虔益及張聰明會面，大家回新港社，當時嚴清華他已經去到淡水，晚上由閏虔益講道。11 月 9 日，去後壠，那裡擠滿了人，馬偕和蔡生在上午佈道，劉和與馬偕在下午講道，之後再回到新港社對人講道。〔註22〕可見 1879 年時，劉和仍負責牧養新港社教會，而蔡生那時派駐後壠禮拜堂。

劉和於 1883 年 3 月 7 日歿於宜蘭。馬偕日記 1877 年 7 月 13 日的記述前往他八斗仔，隨行的有吳寬裕、林孽、陳萍、陳（雲）騰、劉和等。劉和駐

〔註20〕 陳冠州、Louise Gamble 總編輯，《北台灣宣教報告Ⅰ：馬偕在北台灣之紀事 1868～1878》，台北：明燿文化，2015，頁 213。
〔註21〕 《北台灣宣教報告Ⅰ：馬偕在北台灣之紀事 1868～1878》，2015，頁 216。
〔註22〕 《馬偕日記Ⅰ》，頁 391、394～395。

過波羅辛仔宛（推定於今宜蘭縣五結鄉新店村）是有確證的。根據《馬偕施洗簿》馬偕於 1883 年 2 月 8 日在波羅辛仔宛設教。1884 年 2 月間馬偕訪問噶瑪蘭，16 日到下雙溪，17 日打馬煙，18 日番社頭，19 日奇立板，傍晚抵波羅辛仔宛，20 日清晨去看劉和的墳墓。墓上寫著提摩太後書 2 章 12 節「我們若能忍耐，也必和他一同作王。」（If we endure, we shall also reign with Him.）。〔註23〕

在新港社歸信基督信仰者多為劉姓，根據賴永祥在《教會史話》提到的事蹟：劉闊先從馬偕醫治其氣喘疾病歸信，後有劉遠從一開始極力反對、之後經歷女兒疾病得馬偕診治痊癒而一家歸信等故事，復對照馬偕日記 1872 年 10 月和 1873 年 5 月的日記，看出新港東西社起初對馬偕所傳的福音，對此信仰的接受態度，確有相同的排外心態。賴永祥在〈史話 531 新港社民劉氏入信〉記載：

> 馬偕所接觸的新港社，分東社及西社，後來成為「東西社」村落（今屬苗栗縣後龍鎮新民里）。接受信仰是東社民為先，西社民初不信。西社裡有秀才、頭目及漢人頭人，計謀毀謗、褻瀆說：「這個教會霸佔人家的田園」，就向官憲入稟，捉拿東社的頭人，將之下監受刑。有一個族人劉遠，非常忌恨這個教的傳入，就對外放話說要殺、要打、要用石塊丟擲，並教唆眾人趕逐馬偕及其隨從的人，不給他們在新港過夜，因此馬偕連夜離開新港到後壠（新港社距後壠街區西南西約 3.5 公里處），天亮再往新港社。劉遠有一堂兄弟（按：堂弟劉闊）患有氣喘病，就近馬偕求醫，說：「病若得你醫治痊癒，我願意信教」。上午馬偕給他藥吃，到下午病情就已好轉。那夜劉闊就留馬偕宿於自宅。劉遠聽了消息，就去捉弄他的堂兄弟，劉闊就說：「這是我的家，我要怎麼做，你無權干涉」。
>
> 過了不久，劉遠的女兒生病，跳童、問佛、吃藥皆不見好轉，全家人都擔心不已。他的堂兄弟就建議他找馬偕。劉遠說：「我不敢」。他的堂兄弟就到淡水請馬偕來。馬偕和嚴清華同來。劉遠面紅耳赤求馬偕去看他女兒的病。女兒痊癒了，劉遠非常高興，就要求為馬偕設立教會於新港社。由那時起，他比別人更熱心，全家人都來聽

〔註23〕　《馬偕日記 I》，頁 305；《馬偕日記 II》，頁 9。

道，他的兒子（劉和）成了傳道人，劉遠熱心敬拜上帝廿一年之久，1893 年才安息歸天。〔註24〕

馬偕在 1877 年 11 月 4 日的日記，記錄他在新港社接納 15 位信徒領聖餐，隔天就啓程北返。15 位信徒名錄如下：劉遠 59 歲（1893 年歿），劉遠嫂 58 歲（1882 年 10 月 24 日歿），劉閩嫂 47 歲，劉和嫂 31 歲（1888 年 9 月 20 日歿），劉乞 67 歲（1879 年 6 月 24 日歿），劉乞嫂 71 歲（1879 年 6 月 28 日歿），劉法 32 歲（1888 年 11 月 28 日任執事），劉法嫂 30 歲，劉阿眠 41 歲（1889 年 6 月 7 日歿），劉安問 45 歲，劉永勝 25 歲，劉福嫂 69 歲（1884 年 5 月 4 日歿），劉換 5 歲（女），鐘有年 62 歲，鐘有年嫂 63 歲。〔註25〕

1879 年 11 月 9 日馬偕在新港社教會爲 8 人施洗：劉阿眠 43 歲，劉水勝嫂 21 歲，劉傳勝 17 歲，劉貢勝 1 歲，劉天勝 3 歲，劉富勝 3 歲，劉紀 43 歲，劉阿生 29 歲。〔註26〕

（五）蕭大醇長老（1831～1892）：約於 1879～1886 年間在新港、後壠傳道

蕭大醇，五股坑人，漢醫、漢學家。1876 年 9 月 17 日，於五股坑教會受洗。推測蕭大醇 1879～1886 年間可能在新港、後壠、中港等地傳道。元配乃陳稻女士，陳女士去世後，又續絃社寮島（基隆和平島）一平埔女子，續絃妻婚後亦跟隨蕭大醇信主，並於 1886 年 2 月 17 日在中港教會受洗。〔註27〕

入牛津學院，畢業後開拓教會。先後受派至後埔仔、和尚洲（今蘆洲）、八里坌（今八里）、後壠等地傳播福音，又曾在崙仔頂（三角埔教會前身）、中港、波羅辛仔宛（在今宜蘭縣五結鄉新店村）、頭城、奇立丹（即湯仔城，今屬宜蘭縣礁溪鄉）等地教會服務。馬偕牧師曾稱讚他：他本人西至後壠，東至蘇澳，盡忠從事傳道事業，並獲得各階層（無論是信徒、非信徒）的好評。他心親切，有寬仁的精神，而且他蓄有長而白的美髯，有可敬的容貌，

〔註24〕 賴永祥，〈史話 531 新港社民劉氏入信〉，《台灣教會公報》2516 期，2000 年 5 月 21 日。

〔註25〕 《馬偕日記 I》，頁 316；賴永祥，〈史話 531 新港社民劉氏入信〉，《台灣教會公報》2516 期，2000 年 5 月 21 日。

〔註26〕 賴永祥，〈史話 531 新港社民劉氏入信〉，《台灣教會公報》2516 期，2000 年 5 月 21 日。

〔註27〕 《北部教會大觀》，頁 670。

能消解人的偏見、化敵爲友。〔註28〕

　　約在 1891 年，最後一次東臺灣之旅時，因患腳氣病，於基隆社寮島療養。1892 年 4 月 21 日過世。生子蕭田、蕭湖、蕭東山、蕭安居（其夫人陳眞仁，乃是陳榮輝牧師之長女）。〔註29〕

　　馬偕洗禮簿記載 1883 年 8 月 11 日新港社教會受洗者 2 人：陳燕 1 歲（女），王腓比 2 歲（女）。〔註30〕

（六）連和（1845～1890.4.12）：約於 1880 年間來新港社講道

　　連和，大龍峒人，原爲塾師。30 歲時，1874 年 11 月 15 日在洲裡（和尚洲，今蘆洲）與 23 歲洪湖等 10 人一起受洗。〔註31〕

　　連和是馬偕最早期學生之一，隨馬偕到各地傳道及學習。馬偕日記記載連和於 1876 年 8 月 4 日娶何協爲妻。1880 年 7 月 4 日連和在新港講道。〔註32〕1882 年 9 月 15 日牛津學堂開學，嚴清華及連和擔任教席，連和教授漢文及中國歷史。1883 年 4～5 月間曾和嚴清華帶領學堂學生 17 名搭海龍號前往廈門旅行，曾參觀了新街仔、管仔內、竹樹腳、泰山各教會，在鼓浪嶼的病院及女學，過兩夜再搭同輪返回滬尾。

　　馬偕日記 1889 年 8 月 10 日記載「馬偕《中西字典》原稿已成，陳榮輝、連和、葉順、洪湖等人幫忙甚大，要寄上海付印。」〔註33〕《中西字典》，收有 9451 字，連和與新港社人劉澄清編列漢字，汪式金抄寫，嚴彰以羅馬字寫讀音和解義，1893 年由上海美華書館復版刊行，共 226 頁。連和於 1890 年 4 月 12 日於大稻埕去世，並未見到該字典出版。〔註34〕

　　西元 1888 年 10 月 21 日馬偕在八里坌教會施洗 9 人，其中有二位是新港人，秀才劉澄清（40 歲）以及劉澄清之子劉粧新（8 歲）。同一年 11 月 4 日馬

〔註28〕 《北部教會大觀》，頁 670。《北台灣宣教報告Ⅳ：馬偕在北台灣之紀事 1890～1893》，頁 145～146。

〔註29〕 《北部教會大觀》，頁 670。

〔註30〕 賴永祥，〈史話 531 新港社民劉氏入信〉，《台灣教會公報》2516 期，2000 年 5 月 21 日。

〔註31〕 賴永祥，〈史話 598 塾師連和馬偕高足〉，《台灣教會公報》2600 期，2001 年 12 月 30 日。

〔註32〕 《馬偕日記Ⅰ》，頁 269、429。

〔註33〕 《馬偕日記Ⅱ》，頁 338。

〔註34〕 賴永祥，〈史話 023 馬偕「中西字典」〉，《台灣教會公報》1897 期，1988 年 7 月 10 日；《馬偕日記Ⅱ》，頁 382。

偕在和尙洲（洲裡）爲 8 人施洗，秀才劉澄清之妻是其中一位。〔註35〕

　　秀才劉澄清，生於 1849 年，人長得非常高大，口才亦好，在私塾教書 20 年。他從 9 歲啓蒙，22 歲時考中秀才。後經牛津學堂首屆學生之一的劉琛（Lau Thim）〔註36〕傳道師傳給他這個拯救靈魂的福音，並且送給他一本聖經，規勸他要仔細讀它。之後每個安息日，這位秀才都去後壠，聆聽新的教義，馬偕記述劉琛傳道師和劉澄清一起聚會過，又因他們同姓，結果變成好朋友。漸漸地，劉澄清體認到聖經凌駕於中國文人手裡拿的經書。〔註37〕1888 年 10 月和兒子在八里坌教會受洗，後來成了馬偕的學生，而以傳道終其一生。《中西字典》的漢字即是劉澄清和連和編列。土牛（頭份）的信徒塾師陳大興，也曾聽劉澄清、劉琛講道而歸信。

　　劉澄清在 1891 年 8 月 22 日在淡水牛津學堂，見證他是如何開始信仰耶穌基督。〔註38〕1872 年 10 月馬偕初到新港社傳教時，他曾極力反對。馬偕在新港社傳道的數年，他都是馬偕所稱「一位難以對付的敵人」。〔註39〕

　　　　劉澄清，人長得非常高大，口才亦好，他住在後壠（後龍），那裡有
　　　　禮拜堂，他常和傳道師辯駁道理，認爲儒教該佔上風，但經一年多
　　　　辯論，每次都輸，心裡很不甘願。他一位親人是會友，對他說生氣
　　　　沒有用，參加禮拜聽看看。澄清仍然準備了一些話，準備要與傳道
　　　　決一勝負。他參加禮拜，那日傳道人正好談到人的榮華富貴如花
　　　　草……。禮拜畢，他對傳道人說：「你講的這個道理眞好。」傳道人
　　　　留他一起午餐，他非常高興。從此以後，他每個禮拜天來教會，也
　　　　燒他事奉的孔子、墨子的像。他的妻子、孩子也來禮拜。他信主之
　　　　後，遇到許多難處；他的兄弟親人欲加害於他，那些文人要逼迫他，

〔註35〕　賴永祥，〈史話 531 新港社民劉氏入信〉，《台灣教會公報》2516 期，2000 年 5
　　　　月 21 日；《馬偕日記 II》，頁 277。

〔註36〕　劉琛又名寶琛，是高茶坑人，屬新店教會，牛津學堂首屆學生之一。17 歲時
　　　　（1878 年 3 月 10 日）在新店領洗，於 1882 年 9 月 14 日進牛津學堂，後任傳
　　　　道，曾受派駐淡水、艋舺、崙仔頂、竹塹等教會。賴永祥，〈史話 652 牛津學
　　　　堂首屆學生〉，《台灣教會公報》2690 期，2003 年 9 月 15～21 日；賴永祥，〈史
　　　　話 668 新店的劉貴及劉寬〉，《台灣教會公報》2731 期，2004 年 2 月 9～15
　　　　日。

〔註37〕　《馬偕日記 II》，頁 430、492～493、504。

〔註38〕　《馬偕日記 II》，頁 492～493。

〔註39〕　《馬偕日記 II》，頁 430。

不與他來往，兒童也不來他這裡上課，許多年之久，他未受聘去教書，以致毫無收入。雖然如此，他亦不氣餒。1888 年 10 月 21 日劉澄清（當時 40 歲）及其子劉粧新（當時 8 歲）在八里坌由馬偕領洗，同年 11 月 4 日澄清嫂（時 25 歲）在洲裡受洗。〔註40〕

光緒 18 年 11 月 8 日（1892）官方調查新竹縣保內教堂教士並繳圖說檔案記載：

……惟大英國設教堂二處、公館一處，均係照舊華式，並無增設，亦無育嬰、施藥。一堂在本城義學邊左畔第七間，堂內一教士姓劉名澄清，苗栗縣人氏，一妻三男三女，一公館在考柵前右角，現未有住居。又一小教堂，在離城三十餘里之月眉庄街尾，堂亦照舊華式，內教士一人，姓陳名克華，淡屬人氏，一妻一子，亦無育嬰施藥，現已將各堂繪具圖說。〔註41〕

根據《淡新檔案》記載調查教堂情況，推測可知劉澄清與妻子和三個兒子三個女兒，於光緒 18 年 11 月到光緒 19 年 7 月期間曾派駐新竹教堂傳道（參附錄四）。〔註42〕

（七）李順（李敬德）（1873～1937）：約於 1894 年間傳道

1889 年 4 月 10 日，17 歲時受洗，就跟隨馬偕到處旅行學習。妻子是曾恩長老的女兒。1893 年 5 月間進淡水牛津學堂，讀 4 個月就受派駐八里坌；旋轉至五股坑、崙仔頂、枋橋、社后、月眉、中港、內湖、木柵、新港、三叉河、月眉（第 2 次）、打馬煙、番社頭、利澤簡等地，共傳道 18 年。1894 年間可能在新港、中港、月眉等地傳道。退休後居於蘇澳，與同道王啓成開拓成立「講義所」，這就是蘇澳教會之開端。他擔任蘇澳教會長老 4 年。

李順育 6 男 2 女。次子李盟宗及五子李盟達，曾任蘇澳教會長老，四子李盟結，於 1934 年畢業於台北神學校。〔註43〕

〔註40〕 賴永祥，〈史話 567 新港社秀才劉澄清〉，《台灣教會公報》2555 期，2001 年 2 月 18 日。

〔註41〕 國立臺灣大學圖書館《淡新檔案》（TH11509-018）。台灣歷史數位圖書館（THDL），http://thdl.ntu.edu.tw/，2017/7/12 檢索。

〔註42〕 國立臺灣大學圖書館《淡新檔案》（TH11509-018、TH11509-29、TH11509-35、TH11509-37、TH11509-39、TH11509-46）。台灣歷史數位圖書館（THDL），http://thdl.ntu.edu.tw/，2017/7/12 檢索。

〔註43〕 《北部教會大觀》，頁 669；賴永祥，〈史話 298 水返腳曾恩及其裔〉，《台灣教會公報》2226 期，1994 年 10 月 30 日。

（八）陳禧年（陳參）（1861～1915）：服務時間約於 1897 年

陳禧年是新竹廳中港街人。在教會義學教書的塾師。後成為馬偕的學生（馬偕叫他 Tan Sam，陳參），妻孫碧蓮。

陳禧年於 1880 年 6 月聽道，1882 年 10 月 20 日受洗。中港街（竹南）最早的信徒。1888 年進淡水神學校（就是牛津學堂）讀書。1891 年畢業，受派駐後壠及土牛。馬偕日記記載 1897 年 11 月 7 日到土牛，其子江竹婚禮預備妥當。〔註44〕估計他在 1891～1897 年間極可能於後壠、土牛、中港教會等服務。1914 年教會選他為長老，兼中港傳道，共事主 25 年。1915 年 4 月以代議長老出席於艋舺禮拜堂第 4 屆台灣大會。1915 年 7 月 23 日肝癌去世，以傳道終其一生。享年 54 歲。我們從鄰近後壠教會之貓裡教會歷屆傳教者名單裡，可見在劉澄清之後，陳禧年是第二任（1898 年）傳道師，服務一年。〔註45〕

二、後壠（龍）教會的傳道者與信徒

西元 1874 年 6 月 26 日馬偕開始接觸後壠、貓裡等地，1878 年 4 月和 11 月分別二次從新港社順道往後壠街區傳福音。後壠禮拜堂於 1879 年 10 月 1 日設立以後，馬偕每次來到後壠，同時也訪問相距新港社約 3.5 公里遠的後壠禮拜堂、以及稍北的中港禮拜堂的信徒。以下依時序前後，羅列曾在後壠禮拜堂工作的傳道人和信徒的歸信事蹟。

（一）蔡生（1850～1896）：服務時間約於 1879 年

馬偕日記 1879 年 9 月 3 日記載去後壠看禮拜堂。1879 年 10 月 1～2 日去新港和後壠。1879 年 11 月 7～9 日：「大家都去後壠，那裡都擠滿人，我和生在午前講道，劉和和我在下午講道。之後回到新港，我在那裡對所有出席的人講道。」〔註46〕1879 年 10 月 1 日為後壠教會設教日。〔註47〕馬偕派來後壠教會的第一位傳道人，應該是他的學生蔡生。1879 年 9 月 2 日馬偕到新港，翌日到後壠看地來建禮拜堂，日記並沒有記錄禮拜堂購妥派蔡生，但有馬偕

〔註44〕 《馬偕日記II》，頁 328。

〔註45〕 賴永祥，〈史話 660 中港出身的陳禧年〉，《台灣教會公報》2699 期，2003 年 11 月 17～23 日，頁 13；《北部教會大觀》，頁 467。

〔註46〕 《馬偕日記I》，頁 388、391、394。

〔註47〕 賴永祥，〈史話 566 馬偕在後壠的宣教〉，《台灣教會公報》2554 期，2001 年 2 月 11 日。

於 1879 年 10 月 7 日寄出的信函可作爲佐證〔註 48〕。

　　蔡生是馬偕「逍遙學院」時期的學生之一。1874 年 8 月 16 日，25 歲時在八里坌受洗。接觸福音之前，在小村莊裡他是一位的藥店老闆。1876 年 1 月 21 日在後壠與周燕結婚，生四男，除長子之外的三個兒子——蔡章勝、蔡章德、蔡章意都是台灣總督府醫學校出身的西醫。〔註 49〕他本以中醫爲業，有漢學素養，任傳道兼醫，擔任過「牛津學堂」漢文教席。馬偕曾託蔡生及憨仔（嚴彰，就是嚴清華之弟）帶字典《中西字典》到上海去付印的。

　　蔡生在水返腳時，中法戰爭起，1884 年 10 月 5 日禮拜堂被圍聚而拆毀，物件被擄空，蔡生妻亦被擄。時蔡生不在教堂，由陳熊帶他逃離山間，敵人追急，遂離散，蔡生出錢雇人領路走到淡水。

　　西元 1884 年 10 月 12 日得英領事勸告，黎約翰及馬偕的家眷到香港避難。10 月 21 日馬偕和葉順搭福建號赴廈門，25 日抵香港。學生劉在、蔡生、連和、洪湖等人亦到香港，跟隨馬偕學習新舊約聖經及科學，輪流在禮拜時講道，至 1885 年 3 月 7 日蔡生等四人轉往廈門去。4 月 12 日馬偕到廈門和蔡生等學生會合，4 月 15 日返到淡水。

　　蔡生牧養過艋舺、三峽、新店（1881～1882）、水返腳（1883～1884，汐止）、錫口（松山，1885～1890）、淡水等教會。〔註 50〕1891 年的部分時間和 1892 年裡有 8 個月，他的職務是協助在淡水教會做與醫館聯繫的工作，服事病患、派發藥劑，每晚主持聚會。〔註 51〕

（二）蕭大醇（1831～1892）：服務時間約於 1879～1883、1885～1886 年

　　蕭大醇 1879～1883 年來往於新港、後壠、中港禮拜堂工作。從其續絃妻婚後於 1886 年 2 月 17 日在中港教會受洗，推測 1885～1886 年間，蕭大醇可能仍於新港、後壠、中港禮拜堂工作。

〔註 48〕　http://www.laijohn.com/Mackay/MGL-letter/1879.10.07/PR-1880.02p48-49.htm，
　　　　　賴永祥長老史料庫，2014/5/15 檢索。馬偕信函 Letter.1879.10.07 Presbyterian
　　　　　Record 1880。
〔註 49〕　朱眞一，〈北台灣的醫界故事（4）——最早期醫學校畢業生與馬偕的關聯
　　　　　（2）〉，《台北市醫師公會會刊》第 57 卷第 3 期，2013 年 3 月，頁 81～83。
〔註 50〕　賴永祥，〈史話 642 蔡生傳道生涯點滴〉，《台灣教會公報》2680 期，2003 年 7
　　　　　月 7～13 日；〈史話 579 水返腳的陳熊長老〉，《台灣教會公報》2568 期，2001
　　　　　年 5 月 20 日。《馬偕日記Ⅰ》，頁 177、249、394。
〔註 51〕　《北台灣宣教報告Ⅳ:馬偕在北台灣之紀事 1890～1893》，頁 151。

（三）曾恩（1874～1916）：服務時間約於 1885 年

西元 1878 年新店設教，曾恩就正式受洗。1879 年 3 月 23 日被設立為長老。1883 年 4 月曾恩受派代理傳道師，前往噶瑪蘭，駐奇武荖。1884 年法軍侵台，曾恩家業全部被人搶奪，人適回水返腳，被歹徒所擄，誣他通番，交給軍方，押於淡水縣，經幾層審問，幸得釋放，復往奇武荖，從以上服事的軌跡，我們推測 1885 年後他轉往後壠、雞籠、番社頭、和尚洲、暖暖等地傳教。1916 年告老，月得餉 7 元。〔註52〕

（四）蕭東山（1868～）：服務時間約於 1886、1889～1891 年

蕭東山，蕭大醇之三子。1878 年 3 月 27 日 10 歲和次兄長蕭湖同受洗。1886 年入淡水牛津學院畢業後，派到後壠教會服務。1890 年 11 月 10 日在後壠與當地人陳燕結婚。〔註53〕育三女，即蕭文理（適廈門林錦）、蕭蜜察（適新店，傳林德，經商）及蕭秀惠（適荊桐原生醫院林異醫師，子林明思）。筆者推測於 1889～1891 年間蕭東山仍在後壠教會服務。

蕭東山是位雄辯家，勇敢之士。馬偕於 1887 年 3 月在叭哩沙（宜蘭縣三星鄉月眉村）設禮拜堂，當時禮拜堂在蕃界破布島，出入危險。他受派前往傳道，曾有一次，本來和村民相約於傍晚前往，但屆時有事所阻未能同行，而前往的村民被「蕃」襲擊，有一半的人被砍頭。

西元 1892～1893 年他曾在雞籠任傳道。他也在新店當過傳道，1899 年 4 月 17 日馬偕施洗 17 名，1900 年 3 月 25 日馬偕施洗 9 名，傳道人就是蕭東山。年老時到淡水任宣教師之臺語教師十餘年。退休後，在基隆社寮島二哥蕭湖住處，受姪兒蕭宗榮照顧。〔註54〕

根據《馬偕洗禮簿》記載 1888 年 11 月 28 日馬偕在後壠禮拜堂為 10 人施洗，並按立 3 位長老及 2 位執事。受洗者名單：陳阿協 62 歲、李媽得 52 歲、駱阿門 64 歲、陳定娘 63 歲（女）、陳忠進 46 歲、謝呼 49 歲（女）、阿妹 30 歲（女）、清官 9 歲（女）、劉榮 3 歲。受設立為後壠本堂長老者是陳阿協，執事李媽得。劉閩及劉遠二人受設立為新港社教會長老，而劉法為執事。

〔註52〕《北部教會大觀》，頁 652。賴永祥，〈史話 298 水返腳曾恩及其裔〉《台灣教會公報》，2226 期，1994 年 10 月 30 日。
〔註53〕《馬偕日記II》，頁 430。
〔註54〕《馬偕日記II》，頁 429～430；《北部教會大觀》，頁 671；賴永祥，〈史話 645 蕭田、蕭湖、蕭東山〉，《台灣教會公報》2683 期，2003 年 7 月 28 日～8 月 3 日，頁 13。

1889 年 3 月 31 日，後壠人劉水蛙嫂 44 歲在新店受洗。〔註 55〕

（五）陳禧年（陳參）（1861～1915）：服務時間約於 1891～1897 年

陳禧年是新竹廳中港街人。在教會義學教書的塾師。後成為馬偕的學生（馬偕叫他 Tan Sam，陳參），妻孫碧蓮。

陳禧年於 1880 年 6 月聽道，1882 年 10 月 20 日受洗。中港街最早的信徒。1888 年進淡水神學校（就是牛津學堂）讀書。1891 畢業，受派駐後壠及土牛。馬偕日記記載 1897 年 11 月 7 日到土牛，其子江竹婚禮預備妥當。〔註 56〕估計他在 1891～1897 年間極可能於後壠及土牛教會服務。1914 年教會選他為長老，兼中港傳道，共事主 25 年。1915 年 4 月以代議長老出席於艋舺禮拜堂第 4 屆台灣大會。1915 年 7 月 23 日肝癌去世，以傳道終其一生。享年 54 歲。陳禧年是苗栗教會第二任（1898 年）傳道師，服務一年。〔註 57〕

（六）李貴（不詳）：服務時間約於 1897 年

根據馬偕日記，西元 1897 年 3 月 22 日下午李貴、鍾阿妹〔註 58〕和從各宣教站來的傳道人，都到了客雅庄（今新竹北區、東區交界地帶）聚會。西

〔註 55〕賴永祥，〈史話 566 馬偕在後壠的宣教〉，《台灣教會公報》2554 期，2001 年 2 月 11 日，頁 10；《馬偕日記 II》，頁 287。

〔註 56〕《馬偕日記 II》，頁 328。

〔註 57〕賴永祥，〈史話 660 中港出身的陳禧年〉，《台灣教會公報》2699 期，2003 年 11 月 17～23 日，頁 13；《北部教會大觀》，頁 467。

〔註 58〕北部客庄宣教先鋒－鍾阿妹（鍾亞妹）傳道師。1894 年由嚴清華牧師領洗，同年進牛津學堂，1897 年畢業，隨即赴汕頭長老教會見習，1898 年任北部客庄地區首任傳道師。他傳道歷四十餘年，於 1940 年告老。鍾阿妹傳道師（1865～1955）是台灣北部客家地區的傳道先驅。他是馬偕博士第一位客家籍的門生。27 歲時因一場怪病，不知何故全身痲痺，求神問卜、藥石罔效，適巧馬偕博士到桃園佈道，鍾阿妹的母親請他為兒子得醫治祈禱，非常奇妙地經過數個月竟然完全康復起來。29 歲時受洗歸主，并進入淡水神學校就讀，畢業後，被任命為北部客家地區第一位傳道師。由於客家人民風保守，加上盛行祖先崇拜，傳福音給他們倍覺困難，然而鍾阿妹具有無比的毅力與勇氣，常常形單影隻在北部客庄四處奔波，廣傳福音。為了傳福音，鍾阿妹經常禁食祈禱，也曾冒險犯難，有一次為了在大甲開拓教會差點沒頂於大安溪。鍾阿妹傳道事奉四十餘年中，先後在老湖口、三義、大甲、鯉魚潭、公館、苗栗、新埔、龍潭、竹東、八里分、大溪、頭份、南庄、中壢、東勢、新屋等地開拓與牧養，在北部客庄各地幾乎都可以見到他傳福音報喜信的佳美腳蹤，故有人稱他為「台灣北部客庄的使徒保羅」。〈從鍾阿妹、鍾謙順兩父子的一生看台灣基督長老教會宣教的兩個面向〉，賴永祥長老資料庫，http://www.laijohn.com/archives/pc/Chiong/Chiong,AM/brief/LoEkng.htm，2017/4/3 檢索。

元 1897 年 11 月 5 日，上午 10 點柯玖和馬偕從牛津學堂坐蒸汽船南下，約在天黑時到後壠禮拜堂。傳道人李貴的腳發炎，睡在教堂裡，馬偕要求他回新竹療養腳疾。暫時請駐在田寮的神學生同時間看管二個佈道所。〔註 59〕可見 1897 年當時李貴在後壠禮拜堂傳道。李貴又名登貴，竹塹人，1882 年 8 月 22 日（時 21 歲）在竹塹領洗。妻於 1888 年 3 月 18 日在紅毛港（今新豐）領洗。李貴任傳道，曾牧紅毛港、大科崁（大溪）等教會。〔註 60〕

（七）林有能（1873～1924）：服務時間約於 1899～1900 年

林有能，由陳和牧師鼓勵引介之下，進淡水牛津理學堂，1899 年自學堂畢業，受派駐後壠、苗栗（1900～1905 年間，第 5 任牧師）、五股坑、八里坌、南崁等教會。1899 年 3 月 26 日和李秀英在牛津學堂結婚。從馬偕 1899 年 5 月 30 日的日記「去後壠，對聚集的信徒講了點話，有能做得非常好。……」〔註 61〕當時距離後壠街區約五公里的外埔漁村，已有基督徒在家庭舉行禮拜聚會。1899 年 9 月 4 日的日記：馬偕在滬尾為傳道師考試時，「有後壠的傳道人有能前來報告，本月 2 日在禮拜堂不遠處發生火災。有五個基督徒去滅火，當他們回來時，他們唱著詩歌，進行祈禱，有三個警察進來，把傳道人手裡的聖經打落下來，掀翻講桌，用棍子打基督徒，隔天也不給予任何賠償。」〔註 62〕可見在 1899 年到 1900 年間，受派駐後壠教會可能是林有能傳道師。

在南崁教會時，因健康不佳而辭職，遷住苗栗。因為他從馬偕學過醫而得醫師執照，就開業醫館，稱「仁德」。不過他未忘素志，從事自由傳道。在南庄租屋開拓傳道略有成績，於 1908 年就向北部傳道局申請成立講義所，翌年傳道局派葉作乾駐堂傳道。於 1918 年起擔任鄰近後壠之苗栗教會的長老，一直至過世。妻李秀英，子林彼得、林天生、林壽遠。〔註 63〕

〔註 59〕 《北台灣宣教報告Ⅴ：馬偕在北台灣之紀事 1894～1901》，頁 124。
〔註 60〕 《馬偕日記Ⅲ》，頁 298、328；賴永祥，〈史話 652 牛津學堂首屆學生〉，《台灣教會公報》，2690 期，2003 年 9 月 15～21 日。
〔註 61〕 《馬偕日記Ⅲ》，頁 399，408。
〔註 62〕 《馬偕日記Ⅲ》，頁 422。
〔註 63〕 《北部教會大觀》，頁 667；賴永祥，〈史話 295 三角湧礁溪庄林姓〉，《台灣教會公報》2223 期，1994 年 10 月 9 日。

（八）劉阿秀（生卒年未詳）：服務時間約於 1902～1915 年

劉阿秀，1899 年春天和十餘位友人到苗栗慕道，1900 年 1 月公館教會成立，到公館慕道。1902 年 8 月 16 日，22 歲受洗，成爲公館教會第一代信徒，從平信徒、任執事、長老。

西元 1902 年神學院畢業後到獅潭、龍潭、月眉、後龍、湖口、苗栗等教會牧會。從其服務的地域推測 1902～1915 年之間來回在獅潭、龍潭、後龍、月眉之間服務。1916～1922 年任苗栗教會第 13 任牧師（6 年），1922～1942 年牧養公館教會達 20 年。1934 年 4 月 24 日公館教會升格爲堂會，被設立爲首任牧師。〔註64〕

（九）李水車（1895～1945）：服務時間於 1932～1939 年

李水車〔註65〕生於台北士林社子，1916 年自台北神學校畢業，同年 3 月與同在台北雙連教會聚會的 22 歲馬偕護士陳月霞〔註66〕結婚。育有 11 個孩子。而李水車教師的妹妹李幫助〔註67〕，即是台灣第一位女牧師，終身事主

〔註64〕《北部教會大觀》，頁 666。

〔註65〕李水車，士林社子人，生於 1895.5.27 卒於 1945.9.7，享年 50 歲。父親李甘堂，母親林蜂，其父母共有 22 個子女，四次雙胞胎，生女一律送人撫育。李水車排行老大，另有三兄弟李進興、李活路、李發財。妹妹李幫助，終身事主未嫁，是台灣第一位女牧師。母親林蜂，原篤信佛教，29 歲得友人帶領信主，經歷病得醫治，1905 年 31 歲從當時擔任台北神學校校長的吳威廉牧師領洗歸主，享年 53 歲。李末子，《人間天使：李水車行愛北台灣》，台北：宇宙光全人關懷，2006，頁 26～27。

〔註66〕陳月霞，台北士林後港墘人，生於 1894.5.15 卒於 1945.7.15，享年 51 歲。出生四個月後即送給大稻埕柯郎爲童養媳，柯郎以種花爲業，夫妻都是基督徒，育有六子一女，原許配給長子柯謙卑爲妻，因長子謙卑早逝，遂收爲養女，改名柯玉琴。柯郎後來擔任大稻埕教會（當時稱大龍峒教會）長老。柯家栽培陳月霞就讀淡水女學堂，受信仰影響陳月霞與柯家較親，也因隨先生李水車四處搬遷與原生的陳家日漸疏離。李末子，《人間天使：李水車行愛北台灣》，台北：宇宙光全人關懷，2006，頁 27～28。

〔註67〕台灣基督「道生院」創辦人李幫助牧師。1909 年生於社子島嵛仔頭，爲李甘堂、林蜂夫婦二十二位子女中的第十六位，李水車傳道的妹妹。1924 年就學於長老會淡水聖書院，爾後進入台北馬偕醫院學習護理三年，並於該醫院服務。1936 年畢業於上海中華福音神學院，在福建泉州陳隸教會任傳道師。時逢盧溝橋事變，被誤置於監獄（其間向囚犯傳福音，多人信主）。經宣教師要求司令部協助出獄，前往新加坡、馬來西亞等地佈道。1942 年返台四處傳福音。受託管理淡水宣教師宿舍，改名爲「安樂家」收養孤寡，被日本政府以親美、通敵爲由入監服刑三個月。1945 年應聘在高雄前金長老教會牧會，1950

未嫁。

西元 1917～1918 年在和尚州（今蘆洲）教會見習，見習滿後任命為傳道師、1918～1919 年在大料崁（今桃園大溪）教會牧會、後轉往宜蘭叭哩沙（今宜蘭三星）教會、1921 年到礁溪教會、1923～1930 年在花蓮港教會牧會、1930～1932 年在觀音山教會（今改名迦密山教會）牧會。1932～1939 年在後龍牧會七年，1937 年 2 月 23 日受新竹中會任命為教師，1939 年回花蓮幫助姬望〔註68〕在原住民中的福音工作。

西元 1932 年 4 月 10 日，李水車接到傳道局的命令，派往新竹州苗栗郡的通霄。李水車舉家將遷往通霄的第一個晚上是住花蓮羅梅花的家裡，她是姬望女士的養女。當時在通霄的信徒雖有兩三戶，但李水車的工作卻難以順利推展，於是三個月後李水車舉家北遷到後龍傳道。李末子在其書中寫下父母親之間的一段對話：

年 3 月 29 日在高雄前金長老教會按牧，成為台灣第一位女牧師。經常受邀到各會佈道，且到台南看西街教會舉辦奮興佈道大會並牧養教會，是一位傑出的培靈佈道家。1953 年在前金教會創辦「道生聖經書院」，李幫助牧師任院長。1974 年購得臨沂街一間平房開拓「福音教會」，日後陸續開拓七間教會。1997 年 7 月 24 日息勞歸天。享年 89 歲。2014/6/17 檢索，道生神學院，https://zh-tw.facebook.com/DaoShengShenXueYuanTaoshengTheologicalSeminary/info；賴永祥長老資料庫，http://www.laijohn.com/archives/pc/Li/Li,Pchou/brief/ Niu,Uchin.htm。2017/3/21 檢索。「多元服事，成為「幫助」──台灣第一位女性牧師李幫助之生平、工作與時代意義。」

〔註68〕李末子，在《人間天使：李水車行愛北台灣》第 79 頁，提到 1932 年 4 月 10 日，李水車舉家將遷往通霄的第一個晚上是住羅梅花的家裡，她是姬望女士的養女。前述之姬望女士，全名姬望‧依娃爾（Ciwang’Iwal, 1872～1946，原作「芝苑」），出生於花蓮加灣，頭目之女，是太魯閣族第一位受洗的基督徒。後人尊稱姬望為「台灣原住民族教會信仰之母」。51 歲的姬望正逢人生低谷，1923 年受到當時正在花蓮港教會牧會李水車傳道夫婦的安慰和照顧，她開始研究聖經，並於 1924 年 6 月 1 日在花蓮港教會由劉俊臣牧師施洗。在孫雅各宣教師提供全額學費及生活費的支持下，1929 年李水車親自送姬望到淡水婦學堂接受二年的神學教育訓練。畢業之後，回東部花蓮加灣住處，開始向族人傳福音，雖屢遭日本政府逼迫，然其傳揚耶穌的意志和行動，毫無退縮動搖。1939 年李水車從後龍返回花蓮，同時亦協助姬望的宣教事工。1946 年 4 月 19 日姬望病逝，墓碑上刻著「沒有人能像她一樣，用這麼小的機會，為這麼多的人，成就這麼多的事。」她成為原住民接受西洋教育和宣教的第一人。李末子，《人間天使：李水車行愛北台灣》，台北：宇宙光全人關懷，2006，頁 53～58、131、133；金清山撰，〈台灣原住民族教會信仰之母──姬望〉，《台灣原 Young》原住民青少年雜誌 9 期，2005 年 7 月。

　　有一天，父親忽然問母親：「月霞，我們去後龍好嗎？」

　　母親覺得很訝異，她反問父親：「後龍在哪裡？有多少信徒？」

　　父親沒回答，母親再追問，他才說一個信徒也沒有。〔註69〕

　　李水車覺得後龍人口較多，較有發展的機會，且當地信徒連一個也沒有，他想往那裡開拓教會，得其妻同意後，1932年7月12日，他們離開只住了三個多月的通宵來到後龍庄。當時的後龍廟宇很多。李水車承租到一間便宜的房子，左右兩邊都是樓房，左邊的鄰居吸鴉片，右邊的鄰居娶小老婆，兩戶都是有錢人家，附近還有一座規模不小的寺廟。當地的居民非常排斥基督教，他們認為「信耶穌教，死了沒人哭」。「信耶穌，無米可孝（祭）孤。」（台語）〔註70〕

　　後龍當地人本性純樸、勤儉保守，多數是文盲之後，漢學基礎深厚的李水車，了解民情後便從教育著手，義務指導附近鄰居的孩子學習漢文，家長反應不錯，紛紛將孩子送來學漢文。他的學生當中，有富家子弟、貧寒子弟、也有寺廟管理員的孩子，李水車待學生一視同仁，有教無類，贏得家長們的肯定和友誼。在李水車的學生當中，中醫師江紹恭先生的兩個女兒江春嬌和江月嬌學習的最久，後來江春嬌一家人都信主，成為虔誠的基督徒。如今江紹恭醫師的後代多人都信奉基督教，第四代仍在教會熱心服務。〔註71〕

　　除了教育工作，李水車經常舉辦福音佈道大會，遠從台北請來牧師當講員，包括外國牧師。在宣教物質缺乏的年代，李水車運用其漢學長才，佈道前先將講題與綱要書寫在寬窄不一的白紙上，然後佈置懸掛在講台前面，讓來聽福音的朋友，對當天牧師所講的道理能一目瞭然。講道開始前，所有參與的信徒會先禱告，求上帝祝福當天的講道能感動人心，引人歸信。然後照例到大街小巷，敲鑼打鼓宣傳一番，喧嘩的鑼鼓聲，自然吸引好奇的人潮，因此講義所裡裡外外經常座無虛席，佈道會結束後，總有人受感動願意歸信上帝，福音因此傳開來。

　　李水車的妻子陳月霞本身擁有助產士的資格，對婦女宣教工作大有助

〔註69〕李末子，《人間天使：李水車行愛北台灣》，台北：宇宙光全人關懷，2006，頁81。

〔註70〕李末子，《人間天使：李水車行愛北台灣》，台北：宇宙光全人關懷，2006，頁81～82。

〔註71〕中醫師江紹恭的後代，其子江輝彬亦是中醫師，2017年4月16日受洗，兒媳江施繡絹歷任後龍教會執事。孫子和曾孫等多人受洗為基督徒。

益。因為她勤快熱心的性情、廣得人緣，加上所從事的助產士〔註72〕工作，而結交了許多婦女朋友。在那個年代，婦女生產大多是在家裡生，有錢人遇到難產，才送醫急救；窮人遇到難產，則只能認命接受死神的挑戰，當時台語俗諺：「生贏，雞酒香；生輸，四塊板。」是指生產順利，就可以坐月子吃雞酒，如果不幸難產而死，就只好躺進用四塊板子釘成的棺木裡。因陳月霞接生技術高明，常常化險為夷、轉危為安，找她接生的人自然多起來。陳月霞收取接生費用，視對方的家境、順產、難產而稍有不同。遇到窮人家，不但不取分文，還贈送一些棉花、紗布、藥物之類的東西幫助他們。當時婦女們十之八九都是文盲，因此陳月霞從婦女羅馬字研習班，指導她們學習羅馬字，從最簡單的字母教起，由易而難，由淺而深，最後再進入聖經班，幫助她們學會閱讀羅馬字聖經來明白真理。婦女們參與熱烈且反應良好。

西元 1934 年李水車夫婦專程從台北商請自聖經書院畢業的朋友和外國老師來指導當地婦女。多數參與的婦女從文盲到識字，能拼讀聖經、能吟唱聖詩，確實開拓當地婦女的視野。能幹勤快的陳月霞，富有愛心與熱忱，吸引當地的婦女樂於與她親近，這對李水車的宣教工作直接產生很大的幫助。

當時的後龍是典型的農業社會，白天忙完農事，晚上才是成人最悠閒的時段。李水車夫婦就利用晚上去探訪家庭，舉行家庭聚會，指導大人小孩讀聖經，講聖經故事，帶領他們禱告。白天，陳月霞常帶著兒子到信徒或婦女朋友家探訪，母子親民的訪問，深獲信徒朋友的友誼。禮拜天主日崇拜時，司琴、講道全由李水車一手包辦，而陳月霞則打理 11 個孩子，陪孩子坐在講義所的第一排做禮拜。據其女末子所述陳月霞唱詩悅耳、美妙動聽，深深的影響她的後代。〔註73〕

當時在後龍普遍是窮人、孤兒、寡婦或殘盲的人。李水車夫婦樂於交友廣結善緣，幫忙他們解決問題。李水車一家在後龍三餐不繼時，常向有錢的朋友借貸。就連寺廟管理員也是他的朋友，常常和李水車討論宗教問題，有

〔註72〕 西元 1931 年 1 月，陳月霞通過資格考試，取得助產士的執照。李末子，《人間天使：李水車行愛北台灣》，台北：宇宙光全人關懷，2006，頁 72。

〔註73〕 陳月霞喜愛音樂，全家即興合唱是常有的事。如今，李氏家族合唱團已經成了李家聚會的標誌。李末子，《人間天使：李水車行愛北台灣》，台北：宇宙光全人關懷，2006，頁 143、217。2011 年 8 月 9 日台灣第一個家族合唱團「水車家族」以五代九十人的規模首次唱進國家音樂廳。【聯合報／記者何定照／台北報導】，2011.08.09。

時李水車外出，他們會主動照顧講義所，鄰舍之間互爲敦睦。講義所成爲後龍庄裡人們愛來的地方，他們在此講古、聊天、聯誼，認識聖經眞理，認識上帝。

李水車認爲單憑一己之力畢竟有限，成立組織是一條造福桑梓、關心社會、傳福音的最佳途徑。因此，隨著歸信基督的人增多，他集結當地有名望的仕紳頭人，成立基督教青年會（YMCA），雖然不全是基督徒，但 YMCA 成立當天熱鬧非凡，堪稱當時地方上的一大盛事。青年會結合社會上人力、財力的資源，直接做社會福利的工作，間接推動傳福音的事工。果然在 1935 年 4 月 21 日台灣中部發生規模 7.1 的強烈地震時，發揮了最大救災功能。新竹州竹南郡後龍庄全倒與半倒的戶數達全鎮百分之八十三。〔註 74〕無家可歸的災民，不計其數。地震過後，餘震不斷，人心惶惶。李水車率領 YMCA 的團隊，以愛心以食物和臨時收容所幫助當時的災民。

約三個月後，7 月 17 日黃昏李水車外出去新竹開會，當天半夜又發生一次規模 6.4 的地震，震央就近在後龍溪河口，因此後龍當地的災情極爲慘重。住家損害 2406 戶，佔當時總戶數 3818 戶的百分之六十三。〔註 75〕放眼望去，盡是斷簷殘壁，死傷遍地。李水車的舊家也被隔壁樓房所震落的磚塊夷爲平地。YMCA 會友們在上次地震後以愛心暗中爲李水車一家興建的小木屋，後來保護他們一家安然無恙，幸免於難。

地震過後，百廢待舉，李水車和 YMCA 會友們組織救援小組，設立臨時救護站，由陳月霞指導婦女們學習簡易救護常識，投入救災工作，爲受傷的災民治療；同時成立臨時救難所，使無家可歸的災民得到妥善的照顧，每天

〔註74〕 1935 年 4 月 21 日晨 6 時 2 分，大安溪中游流域（北緯 23.350 度，東經 120.817 度）發生芮氏地震規模（ML）7.1 的強烈地震，全島區域幾乎都有感，更達福州、廈門地區。是臺灣有史以來傷亡最慘重的自然災害。此次地震伴隨有斷層、地裂、山崩、地陷、地鳴、噴砂與噴水等現象。地震共造成後龍 14 人死亡，有 61 人受傷，死傷者共計 75 人。當時後龍人口 5437 人，戶數是 893 戶。房屋全倒達 391 戶，半倒則有 348 戶。同年 7 月 17 日午前 0 時 19 分，發生於竹南、苗栗後龍溪河口附近，芮氏規模 6.4。森宣雄、吳瑞雲著，《台灣大地震——1935 年中部大震災紀實》，台北市，遠流出版，1996，頁 18；花松村編纂，《台灣鄉土續誌》第一冊（台灣續論台灣省），台北：中一出版社，1999，頁 738。林文進總編輯，《魚豐米足後龍鎮》，苗栗縣：苗縣府，1996，頁 10～12。

〔註75〕 中華綜合發展研究院應用史學研究所總編纂，《後龍鎮誌》，苗栗：後龍鎮公所，2002 年，頁 77。

發放飯糰，使災民免於挨餓。這個救援小組在當時發揮了立即的救難功能。因此，YMCA 深獲當地居民和日本當局的肯定與讚許。李水車在後龍的宣教努力斑斑可考，新竹中會於 1937 年 2 月 23 日任命李水車爲教師。同年 4 月 1 日，李水車和江紹恭中醫師等幾位會友，當選爲後龍的司法保護委員和方面委員〔註 76〕。李水車爲人正直、處事公正，深受後龍庄民信賴，當時日本政府特別提供李水車一張免費搭乘火車的證件，一方面讓李水車在工作時進出後龍方便，另一方面是對李水車在擔任司法保護委員和方面委員期間，爲地方慈善貢獻表示尊敬。〔註 77〕

「助人第一，明天的事交給上帝吧！」李水車一生悲憫爲懷，他視錢財爲身外之物，不爲自己留下一分錢而不去幫助人。李末子在其書中描述一則李水車憐憫人的故事：

> 一天晚上約八、九點，外面忽然傳來急促的敲門聲，父親打開門，看見一位陌生中年男子氣喘喘的走進來，用哀求的口吻對父親說：「李先生，我的父親得了急病需要錢看醫生，您能否借我五圓？」父親聽他這麼說，心生憐憫，不加思索就滿口答應，才轉過頭來問母親：「月霞，家裡有錢嗎？」「正好有五圓，是明天買米用的。」母親回答，「把那五圓給他吧，他比我們更需要這錢。」父親告訴母親。母親從房裡拿出家裡僅有的五圓，心想雖然爲著明天沒有米下鍋而著急，可是她明白施比受更有福，何況是爲了救人？經上不是告訴我們「你現在有力量去幫助鄰人，就不要叫他等到明天。」就把明天的事交給上帝吧！〔註 78〕

雖然後龍講義所的宣教工作在穩定中發展，然時值日本發動侵華戰爭，一般人生活清苦，傳道人更是困難。典型農業生活的後龍，除了靠祖產耕作的當地居民外，少有外地人工作的機會，李水車一家食指浩繁，他不得不面

〔註76〕 司法保護委員：專門協助犯罪服刑期滿，重新投入社會工作的青年，使他們在心理上、工作上能適應社會不再犯罪。方面委員：官方委託民間慈善家，在各方面推行社會事業的制度。其中如幫助窮人，協助他們學得一技之長，有謀生能力，進而改善生活；賑災。李末子，《人間天使：李水車行愛北台灣》，台北：宇宙光全人關懷，2006，頁 101～102。

〔註77〕 李末子，《人間天使：李水車行愛北台灣》，台北：宇宙光全人關懷，2006，頁 102。

〔註78〕 李末子，《人間天使：李水車行愛北台灣》，台北：宇宙光全人關懷，2006，頁 120～121。

對子女成長生活就學就業等現實壓力，而且當時在花蓮姬望的山地福音工作，屢遭日本政府迫害，信徒常常寫信邀請李水車回去協助，加上考慮依山傍水的花蓮〔註 79〕除了原住民，都是外來客，只要肯努力，都有立足之地。因此，1939 年 9 月李水車舉家從後龍搬回花蓮，當天在後龍車站擠滿歡送的人潮。

　　李水車將他在後龍成功開拓教會的經驗帶到花蓮，本來希望從家庭聚會開始，因考慮到當時保守的宣教氛圍，不希望造成分裂教會的誤解，因此李水車結束家庭教會，帶領信徒和家人到花蓮港教會聚會，不再牧會。〔註 80〕除了關心姬望原住民福音宣教工作，就是處理長子李路加店裡的業務。李水車到花蓮之後，依然關心後龍，他得知豬肉販魏九先生的兒子柳彬（盲人）〔註 81〕

〔註 79〕　西元 1920 年代以後，從宜蘭、台北、桃園、新竹、苗栗等地的葛瑪蘭族、閩南族、客家族，往往因交通地利之便，或響應官方會社組合移民東墾之號召，或嚮往後山開疆拓土的雄心，紛紛率眾東遷。李末子，《人間天使：李水車行愛北台灣》，台北：宇宙光全人關懷，2006，頁 16。

〔註 80〕　根據 1940 年 2 月 20 日，〈第三回新竹中會中會紀錄〉第四十六條：關係教師李水車問題之審查，部會鄭進丁報告「本部會有斟酌審查後請本人來聽他之意見為參考結局，議決宜指示本人履行向北中所約束之條件，並脫離對花蓮港教會之關係，又與他有二個月猶豫之期間可想，然後本人宜向常委意志表示，倘若無實行本中會之議決，本會欲照北中所照會之內容來處分。」蘇仁清舉議宜接納，莊聲茂助舉，中會准。第四十七條：議長向教師李水車聲明自今日起與二個月之猶豫可想又命令他須脫離對花蓮港教會之關係。第四十八條：鄭進丁舉議關係前條之處分及教師之轉會證書之事托常委設法但教師之轉會證書宜寄與該屬東部中會之議長。郭和烈助舉，中會准。
1940 年 5 月 23 日，召集於臺北神學校會堂，〈第三回新竹中會臨時中會紀錄〉第三條：議長唱明此回大會開催中因有關係教師李水車之問題著設法，故受大會命令來開臨時中會。第四條：書記披讀東部中會所照會之書信。第五條：關係教師李水車之問題照第三回新竹中會議事錄第四十六條所記至今已經經過二個月，然本人無向本會意志表示，故本會議決須照去二月九日之北中常委所照會之文書而免其教師職。第六條：邱天寶聲明此事與他無干涉。第七條：議長林彼得得請本人來中會前以前記之議決文宣告與本人知。第八條：本會托議長以本會之決議報告於北大。1941 年 2 月 28 日，召集於臺北神學校會堂，〈第四回新竹中會中會紀錄〉第十四條之 2、議決將李水車教師轉會籍送交東部中會。第十四條之 6、議決關係東中送還李水車教師之轉會推薦書之件上申來定期中會。理解新竹中會料理李水車之相關決定。資料：臺灣神學院史料中心，新竹中會會議錄。

〔註 81〕　因柳彬是個瞎子，家人本來要送他去學算命，李水車請柯家妻舅作保，送柳杉到台北盲啞學校就讀。學得按摩技術，日後他就靠按摩收入維持一家大小的生活。李末子，《人間天使：李水車行愛北台灣》，台北：宇宙光全人關懷，2006，頁 128。

（從母姓）在後龍的生意不好，便接他到花蓮和長子李路加同住，後來柳彬的弟弟魏敦煌在後龍沒工作，李水車也把他接到花蓮在長子的店裡當學徒。二人日後都所有成，柳彬開了柳彬按摩院，魏敦煌開了一家光明工藝社，後來兄弟倆把住在後龍的父母妹妹都接到花蓮來奉養。另外，李水車在後龍曾傳福音給一位在廟口算命的老先生，在李水車離開後龍的那天，老先生才說他想信耶穌，死後用基督教的儀式。搬到花蓮的某天，後龍算命老先生的兒子來信告知李水車，說他父親已過世，且遵照其父遺囑，葬禮採用基督教儀式，因這位算命老先生已信了耶穌。

在後龍原本極力排斥基督教的人們，後來成為李水車的好朋友，這股原本是福音的強大阻力，被化為助力，在坎坷難行的傳道路上，提供李水車很大的幫助。從 1932 年到 1939 年李水車在後龍影響當地人 7 年。〔註82〕

西元 1943 年，日治時代臺灣總會當時之原北部長老教會有 72 所，在長老會教區中完全沒有新港教會和後龍教會的名稱，因無相關文獻紀錄，對於當時後龍地區的教會發展難以得知。可能隨著李水車離開後龍，此地後繼無人接續牧養工作，教會在 1940～1950 年間日漸荒涼，再度沒落。查新竹中會會議在 1950～1952 年都有關於後龍教會繳付或未繳負擔金等記錄，1953～1954 年則無相關資料顯示教會是否仍存在。直到 1955 年，有蔡信續為囑託傳道駐守後龍教會，當時北部長老教會已經有 89 所，而後龍教會仍歸屬於新竹中會的十個支會的其中之一，在經濟上是沒有獨立的支會。〔註83〕

（十）蔡信續（1903～1997）：服務時間約於 1955～1986 年、1990 年後斷斷續續

根據黃六點主編的《台灣基督長老教會北部教會大觀》之〈附錄18 全省教會一覽表〉中記載，1955 年後龍教會設址於苗栗縣後龍鎮南龍里 89-1 號，屬於新竹中會的佈道所，傳道人是蔡信續。當時蔡信續的兒子郭中立牧師，同在新竹中會轄下的竹南教會牧會，而竹南教會當時已經是獨立堂會。〔註84〕

〔註82〕 《北部教會大觀》，頁 669；賴永祥，〈史話 288 崙仔頂的李恭李沃〉，《台灣教會公報》2216 期，1994 年 8 月 21 日；賴永祥，〈史話 300 李水車教師的父母〉，《台灣教會公報》2228 期，1994 年 11 月 13 日。

〔註83〕 黃六點主編，《台灣基督長老教會北部教會大觀》，台北：台灣基督長老教會北部大會，1972。頁 90、918～920。筆者整理。

〔註84〕 黃六點主編，《台灣基督長老教會北部教會大觀》，台北：台灣基督長老教會北部大會，1972。頁 953～954。

蔡信續，生於 1903 年 8 月 6 日，於 1997 年 8 月 15 日去世，享壽 95 歲。祖父是蔡文從，父親蔡三喜，母親吳蜜（馬偕學生吳寬裕傳道的三女），她是長女。蔡信續自幼聰慧，1923 年就讀淡水女學（今淡江中學），1923 年 6 月 15 日（21 歲）與郭水龍牧師的長子郭啓迪先生結婚，1937 年就讀淡水婦女義塾，1938 年就讀台南女神學，後爲加拿大基督長老教會聘爲宣道婦，於淡水從事聖工。1936 年 4 月 15 日到 22 日宋尚節牧師來到大稻埕，蔡信續傳道擔任大會的司琴，深受宋尚節牧師人格感召。〔註85〕1949 年至香港伯特利神學院留學，堪稱爲早期長老教會婦女宣教之先驅！歷任淡水、泰安、後龍等教會。〔註86〕1955～1986 年間在後龍教會服務達 31 年之久，是「深埋於後龍」最久的一位傳道人，當地居民都尊稱她「耶穌婆仔」（台語），形容她爲人好善樂施，唱詩優美。

西元 1955 年由北大女宣道會派駐後龍爲囑託傳道，至 1986 年 7 月辭任。在任期間募捐購置教會用地，籌建禮拜堂。65 歲以後，義務在後龍教會牧會，自 1971 年女宣道會停發謝禮，有一段時間居住淡水鎮馬偕街 25 號，1990 年 4 月在後龍禮拜堂隔壁，自有土地上建木造屋獨居，1997 年 8 月 15 日辭世。子女中任傳道師者：郭中堂牧師、郭中立牧師（移民美國）。〔註87〕

蔡信續傳道在後龍牧會 31 年，其間的教會活動除影印的教勢報告以外，均無紀錄可稽，從她所留下的紀念相片顯示，後來參加禮拜的姊妹有二至四

〔註85〕據遺族郭恩信牧師口述：她深受宋尚節牧師講道和人格感召。1936 年 4 月 15 日到 22 日宋尚節牧師來到大稻埕，主領一場連續八天的大奮興會，轟動全台灣省人民，特別受到基督信徒的關心，遠近教友將近二千多人來到大稻埕聽道。當時上千人的聚會可以說是非常罕見，因此這樣的情形在當時可謂盛況空前。受大奮興會的影響所及，許多信徒的態度變得熱心、友好，而且組織了 150 隊佈道隊，由大稻埕教會李順天長老擔任總隊長。全省各處教會掀起一股積極參加佈道隊的氛圍。黃六點主編，《台灣基督長老教會北部教會大觀》，台北：台灣基督長老教會北部大會，1972。頁 441。

〔註86〕《北部教會大觀》，頁 709；郭恩信牧師整理之蔡信續追思告別禮拜時分發的故人略歷；賴永祥，〈史話 278 吳寬裕在新店成親〉，《台灣教會公報》2206 期，1994 年 6 月 12 日；賴永祥，〈史話 291 杜子庄的郭姓信徒〉，《台灣教會公報》2219 期，1994 年 9 月 11 日。

〔註87〕馬偕最早按立的本土牧師之一陳榮輝（陳火）的三女陳彬卿，適郭水龍牧師（1881～1970）；郭水龍之媳爲蔡信續（1955～1986 在後龍牧會），蔡信續之子（即郭水龍之孫）郭中堂及郭中立皆爲牧師；而郭中堂之子郭恩信，郭中立之女郭恩仁皆爲牧師。是跟隨馬偕傳道的學生，其敬虔的後代。賴永祥，〈史話 265 陳火就是陳榮輝〉，《台灣教會公報》2193 期，1994 年 3 月 13 日。

位，其他的青年大多數是仁德醫校的學生，約 10～15 位偶而參加禮拜，主日學生 8 名，1979 年 10 月 25 日有一群名為「東海大學倍加小組」15 名學生來本會工作，其中一名學生江明珠姐妹，即是前述曾接待李水車傳道師之江紹恭中醫師的孫女。

西元 1986 年蔡傳道已幾近退休狀態，因身體健康不佳，且年事已高（83歲）行動不便，回淡水居住三、四年，偶爾來後龍主領聚會，教會活動幾近停頓。根據後龍教會江雪芳長老口述：「蔡傳道每次從淡水回到後龍，就以電話招聚信徒齊來禮拜。而蔡傳道在台北跌倒受傷，住院後回到淡水靜養，她不在期間則由聖經學院派員領會，苑裡教會葉茂男牧師也來主領主日禮拜一段時間。」

（十一）鄭美廉：服務時間約於 1986 年 8 月～1989 年 1 月 16 日

西元 1986 年，一位娘家住後龍，嫁至員林的王姊妹因其父病情危篤，欲請傳道師祈禱並施洗，因在後龍找不到傳道，便往訪竹南教會林英聖牧師，林牧師應邀來後龍為其父施洗，不久其父逝世，並為其主持喪禮。那年，林牧師是後龍小會議長，深覺需要關懷後龍教會，適逢竹南教會有一筆七十多萬元的存款，原竹南教會長老和執事們的意見是要修築牧師館，或者另購屋保值，但林英聖牧師認為應該以幫助弱小教會為優先，於是獲得長執同意後，決定聘牧駐後龍教會。於是，就與當時已被中會設立為教師的鄭美廉接洽，得鄭美廉教師同意，由竹南教會聘為副牧，謝禮由竹南教會支付，派駐後龍教會。

鄭美廉牧師，1984 年 6 月畢業於台南神學院，任傳道師派駐龍潭教會，二年後任教師，受竹南教會聘請，於 1986 年 8 月第一主日在後龍鎮中正路 26-1號租屋為佈道所。1987 年 7 月底租期屆滿，移至本教會聚會。1987 年 11 月自行設法在舊禮拜堂上增建牧師館，於 1988 年 12 月完工。1988 年 8 月 10 日與廖正郎（又名：廖隆義）在法院公證結婚。1989 年 1 月 16 日辭職。

鄭美廉牧師在後龍教會牧會期間，據 1986 年 7 月至 1987 年 8 月的教會日誌記錄，禮拜人數出席平均為 6.5 名，主日學無記錄，主日禮拜時間在下午一點半或二點半。教會其他活動，除零星記載的查經祈禱會出席 4 或 5 名外，均無記錄。根據會友的訊息，她曾開辦插花班、英語補習班、協談中心等，並至仁德醫校、聯合工專兼任輔導。自己還兼業販賣女裝數月、美容院工作數月及曾兼人壽保險業務員。

又據 1987 年 9 月至 1988 年 11 月教會日誌記載，教會的情形差不多，1987 年 9 月 13 日記載，主日學 13 人，查經祈禱會 5 人，主日禮拜 8 名，但全年記錄不完整。至 1988 年 7 月 23 日主日禮拜時間改爲上午十點半，到了年底又改回下午三點。根據 1989 年 1 月 31 日出刊之竹中五十禧年，後龍教會現況，信徒戶數兩戶，信徒總數 15 人，每主日禮拜平均出席 13 人，年度總收入七萬元。

（十二）盧瑞祺牧師：服務時間約於 1989 年 3 月～1989 年 8 月 20 日

西元 1989 年 1 月 16 日鄭美廉牧師辭職後，竹南教會決定向中會報告，將後龍教會奉還中會，由中會直轄。中委會於是設置「後龍輔導小組」，關懷後龍教會的後任傳教者與教會的將來。其成員，由林增坤牧師任小組長兼小會議長，鄭葦舟牧師、蔡惠塘長老及謝信惠長老爲組員。小組商得聖經學院盧瑞祺牧師同意後，聘請盧瑞祺牧師爲後龍教會兼任牧師，於 1989 年 3 月 12 日主日起，前來主領主日禮拜。盧瑞祺牧師夫婦於每主日下午駕車來後龍教會主領禮拜，並處理教會事務，一直到 8 月 20 日前往美國匹茲堡神學院進修，辭去本會兼任牧師。

（十三）盧文獻牧師：服務時間約於 1989 年 8 月 30 日～1990 年 7 月 30 日

盧瑞祺牧師離任後，小組聘盧文獻牧師爲新任牧師。盧文獻牧師嘉義縣人，1930 年 5 月 5 日出生，1953 年 6 月 26 日畢業於台灣神學院。牧師娘：黃讚美，子女：盧維信、盧維仁、盧維忠、盧維娗。歷任鶯歌、墩仔腳、水上、梅山、崙背、關子嶺、愛蘭、北斗、龜山等教會。

盧牧師夫婦於 1989 年 8 月 30 日到任，以退任牧師身份在本會爲專任傳教師。盧牧師自 1989 年 9 月 24 日起搜集並整理後龍教會簡史初稿〔註88〕。以「重建教會、信徒增長 10 名」爲年度目標，除主日禮拜時間調整爲上午 10 時，主日學上午 8 點上課，每月召開定期委員會處理會務，爲教會禮拜堂被徵收問題，向縣政府提出訴願，加強尋找失喪的舊會友，盧文獻牧師從 1990

〔註88〕〈1989 年 9 月 24 日台灣基督長老教會後龍教會週報〉。「一、通知事項：4. 本會擬整理教會歷史，如持有本會史料或相片者，請提供牧師，割愛或借用均可。」

年 4 月起每週三下午拜訪尋找龍港信義會信徒，並在水尾顏林潘女士住所舉行家庭禮拜。﹝註89﹞持續為在龍港、外埔、水尾地區信徒復興祈禱。

西元 1990 年 6 月 25～27 日更邀請基層福音車隊來到本鎮，三日來天天以五台福音車遊行街市、外埔、水尾、大山、新港等地，廣播宣傳，並分發福音單張佈道。後因年紀較大，心有餘而力不足，尤其是他於 1990 年 1 月 22 日早晨外出散步，因天雨路滑，滑倒折斷左手腕骨，五個月期間無法騎機車，影響工作頗大，自責有虧職守，乃於 1990 年 5 月 21 日向後龍小會提出請辭，7 月 30 日獲准離任，同日前往后里鄉泰安教會牧會。

因中會未派專任傳道師，其後教會主日禮拜由後龍小組負責安排，其他事工均由教會委員會負責，盧牧師離任前於 7 月 8 日協助安排教會分工事宜，經委員會決定如下：一、委員會召集人：劉清輝。負責召開並主持委員會，商討處理會務。二、教會聯絡人：江施綉絹、江雪芳。負責對外與小會議長、講師聯絡，對內聯絡兄姐、互相關懷。三、教會庶務負責人：劉清輝、江雪芳。負責保管教會簿冊、文件，記錄教會日誌，處理相關公文、編印週報。四、禮拜堂管理人：李興惠、杜李少雲。負責巡視並維修禮拜堂內外及保管教會公物。﹝註90﹞信徒於此時開始受分派起來分工合作等。

（十四）邱乾盛囑託傳道：服務時間約於 1990 年 8 月 1 日～1991 年 7 月 31 日

盧文獻牧師離任後，中會之「後龍關懷小組」商請由聖經學院畢業之邱乾盛先生為囑託傳道，邱傳道本身為一弱視身障者，據江雪芳長老口述邱傳道雖弱視，在後龍教會傳道服務期間，忠心負責。1990 年 8 月 1 日～1991 年 7 月 31 日期間，推動「關心一人，帶領一人，全家歸主」運動，且持續到水尾顏林潘姊妹進行家庭禮拜。

（十五）吳志仁牧師：服務時間於 1991 年 8 月 1 日～1997 年 7 月 31 日

西元 1991 年畢業於台南神學院神研所。1991 年 8 月 1 日派駐本會，1992 年 2 月 9 日在屏東與周亞芳姊妹結婚。1995 年 1 月 23 日受新竹中會封立為巡

﹝註89﹞ 〈1990 年 4 月 8 日、4 月 15 日、4 月 22 日、5 月 20 日台灣基督長老教會後龍教會週報〉，週三下午週三下午拜訪尋找龍港信義會信徒。

﹝註90﹞ 〈1990 年 7 月 8 日台灣基督長老教會後龍教會週報〉，通知事項第一點。

迴牧師。1997 年 7 月 31 日離任，隨即就任高雄前鎮教會。2001 年 9 月 16 日就任屏東南州長老教會第 11 任牧師，2006 年 3 月就任里港教會第 11 任牧師，目前（2017 年）在屏東里港教會牧會。

　　在後龍牧會期間，因適逢政府籌設道路拓寬，教會本體建築不得不受切割，因此四處募款，籌建目前四層樓高的教會。這位從南部來、才剛畢業幾個月，未曾到過桃、竹、苗、中等地區，對新竹各教會的相關地理位置完全無知，連募款都不知如何開始的傳道人，卻和會友口頭約定：「建堂費用一分一毫未償付清楚，不能叫傳道師離開。」於是吳牧師以電話開始洽詢各募款地點，搭火車、轉公車或步行前往各教會為後龍建堂募款。1992 年 8 月 23 日吳志仁牧師開始到各教會募款，原教會主日證道事工則交給師母周亞芳，或商請鄰近教會長老代理。

　　吳牧師自述雖蒙受上帝豐富的恩典，無形的壓力卻經常在夢境中反映出來。特別是在週六夜晚，屢屢夢到隔天主日去各教會募款遇到的麻煩，諸如：自己忘記穿鞋、忘記打領帶、跑錯教會、錯過聚會時間，以致無法募款……等等令人焦慮尷尬的窘境。果真，有一次火車出後龍站，約五分鐘後就停擺了，詢問之下得知電車線因大雨脫落，需要一至二小時才能修復。吳牧師頂著風雨下車，全身濕透奔跑在鐵軌上，出站後趕到山線苗栗火車站，由於雨勢滂沱，火車、公車都誤點，氣喘吁吁趕到桃園大園教會，早已遲到多時（當時並沒有手機可聯繫），幸得教會牧長諒解，雖然當天會友很少，但奉獻金額仍超過吳牧師心裡所求。

　　吳牧師自述其間服事上帝的心路歷程：「感謝上帝恩典，呼召我全家來服事祂，服事過程中最喜愛的二句話：一是舊約『耶和華啊，榮耀不要歸與我們，不要歸與我們；要因你的慈愛和誠實歸在你的名下！』（詩篇 115 篇第 1 節）；另一是新約路加福音 17 章第 10 節「這樣，你們做完了一切所吩咐的，只當說：『我們是無用的僕人，所做的本是我們應分做的。』」〔註91〕

〔註91〕　吳志仁撰，台灣基督長老教會牧師、傳道師在職暨退休福利委員會發行，《傳福之聲》49 期，2012 年 7 月 16 日。吳志仁，台南神學院道學碩士（1991），撰稿時已在里港教會 7 年，牧師娘周亞芳。http://www.pct.org.tw/news_church.aspx?strBlockID=B00001&strContentID=C2012071200033&strDesc=&strSiteID=&strPub=&strASP=,2016/10/10 檢索。〈2012/7/16 領受恩典回報主恩～吳志仁牧師〉

（十六）盧文獻牧師：服務時間於 1998 年 1 月到 7 月 30 日

盧文獻牧師於 1989 年 8 月 30 日以退休牧師駐在後龍教會，並整理後龍教會簡史初稿。1990 年 7 月 30 日離任，往泰安教會。1993 年 7 月 30 日盡程退休。1998 年 6 月，因後龍教會吳志仁牧師離任，再度經小會委任受託暫兼本會牧職，因曾於 1989 年間整理後龍教會簡史初稿，1998 年 1 月到 7 月 30 日任職中，再次重新搜集並整理後龍教會簡史約一萬八千餘字，收錄於 2008 年後龍教會感恩見證集《老樹嫩芽》。

第二節　教會消長和內部組織的變遷

一、教會消長

根據《台灣基督長老教會北部教會大觀》之〈附錄八歷年北部長老教會所在地〉記載，1880 年，當時北部長老教會已有 20 所，新港社教會、竹塹、獅潭底、紅毛港及後壠教會等五間教會，在地理上隸屬於臺北府新竹縣轄區。到了 1889 年臺灣已經獨立為一省，北部長老教會有 34 所，後壠教會隸屬於臺灣府苗栗縣。

根據《福爾摩沙紀事：馬偕台灣回憶錄》的紀錄，1894 年的資料顯示隸屬臺灣府苗栗縣轄區內，有獅潭底、後壠、新港、貓裡等四間教會，那時北部長老教會已有 60 所。〔註92〕根據 1904 年 10 月 4 日，長老會集於淡水大書院之第一屆北部中會，議錄第十五條：堂會界限研究小組報告，共有 12 個堂會，1904 年北部長老教會有 57 所。中港堂會下有中港教會、土牛教會、新港教會、後壠教會、外埔教會等五間。根據 1910 年 2 月 22 日，集於滬尾聖道書院之第十屆北部中會春會議錄第四條：重改堂會區域有 15 個堂會，1910 年北部長老教會有 65 所，新港、後壠、獅潭、苗栗、三湖、公館庄等五間教會，隸屬公館庄堂會。

根據 1913 年第十七屆中會秋會議錄第五條：15 個堂會改編，1913 年北部長老教會共有 47 所，隸屬公館庄堂會只有公館庄本會、苗栗及南湖支會，紀錄中已經沒有新港教會、後壠教會的名號。西元 1923 年北部長老教會有 52 所，隸屬於新竹州苗栗郡下有苗栗、公館庄、貓盂、通霄、鯉魚潭等五間教

〔註92〕馬偕，《福爾摩沙紀事：馬偕台灣回憶錄 From Far Formosa》，林晚生譯，台北：前衛，2016，頁 322～323。

會，也不見有新港教會和後壠教會。1931 年北部長老教會有 73 所，屬於新竹州苗栗郡下有苗栗、公館庄、猫盂、通霄、鯉魚潭、苑裡等六間教會，仍不見有新港社教會和後龍教會的名號。

　　根據以上紀錄可知，從 1913 到 1931 年有 18 年的時間，新港社教會的名號未見於史冊，之後也未在中會中發現任何新港教會的資料。我們要問自 1913 年以後，新港社教會去哪兒呢？如今無法考據教堂硬體建築的去向，然而新港社教會群體是消失、是解散、亦或是遷移？我們從信徒個人信念、或與家庭及大環境之價值文化衝突，以及早期平埔族群與土地的關係分析，推究新港社教會去向可能因素。

　　個人的宗教信仰多半與其家庭及生活的社會環境有密切關係，多數的人會繼承父母及家族的信仰，留在其成長環境的宗教組織中。多數人的成長家庭有其特有的宗教信仰，一個家族的成員突然間要改變宗教信仰，必然背負很大的家庭與社會壓力。〔註 93〕我們從後龍人稱耶穌婆仔之蔡信續傳道的外祖父吳寬裕、新港社劉澄清為例，來說明初代基督教徒面臨的家庭衝突和生計景況。

　　吳寬裕在接觸基督教後，其母親知道後「有時會對他咆哮，有時會哭鬧，並恐嚇他回家就要殺他」。吳寬裕因此不得不離開家，暫時住到馬偕的住處，兩個妹妹私下告訴他，最好離家遠一點，以免發生不幸。有一回馬偕與吳寬裕同去訪問吳母，她正在搗米，馬偕向她說話時，吳母憤怒的拿起手上搗米的木棒，要往吳寬裕的頭上敲，馬偕趕緊把它搶奪下來丟在一邊，並立刻離開，「隨後她口中講出一堆不適合寫在紙上的惡言。」後來吳寬裕的妹妹得了瘧疾，母親到處求神問卜，請漢醫看診，都沒有效，結果服了馬偕開的處方後才痊癒。吳母非常感激，恢復與兒子的關係，最後吳家成為基督教家庭，吳寬裕成為傳道師，在教會服侍 21 年，吳母則擔任 7 年的「聖經宣道婦」（Bible Women）。〔註 94〕另，新港社秀才劉澄清改宗基督教後，其兄弟親友逼迫他並欲殺害他，沒有人願意跟他談話。背棄孔子之教，連學童也不願意跟他讀書，導致沒有收入，經濟陷入苦境。直至神學校成立時，他前往就讀，最後終生

〔註93〕　王政文，〈改宗所引起的家庭與人際衝突：以十九世紀臺灣基督徒為例〉，《臺灣文獻》第六十三卷第四期，2012 年 12 月，頁 12～13。
〔註94〕　《馬偕日記Ⅰ：1871～1883》，臺北：玉山社，2012 年，頁 82～83，101。

奉獻傳道工作。〔註 95〕雖然信仰衝突直接威脅家庭人際關係和生計生存，然忍耐到底的信徒終能堅持所信的；不能否認的是多數信仰根基未穩固者，難免因此衝突或掙扎或妥協，默然離去而消失。

事實上，改宗成為基督徒或者是前往聽道的慕道友，「往往會受到鄰居或親戚的揶揄調侃，以致受到傷害。」〔註 96〕1873 年 2 月 9 日，馬偕在淡水舉行第一次洗禮儀式，當天屋中「擠滿更多有興趣的人」，有些群眾喊道：「我們應當阻止他」、「我們去揍他」、「那是他們的決定，誰在乎呢？」〔註 97〕1872年 10 月 10 日，馬偕到新港社傳道，1873 年 4 月 6 日與由南部來訪的甘為霖一同舉行新教堂奉獻典禮。新港是平埔社，東社人信主，西社人不信。西社裡有秀才、頭目與漢人共同計畫，放話說「這個教，會霸佔人家的田園。」於是請求官方派兵捉拿東社的領袖，將之下監受刑。〔註 98〕馬偕指出當時的社會接納基督徒，往往會招致迫害、經濟抵制，甚至是搶劫。顯然在十九世紀社會脈絡中，宗教信仰不只是個人信仰的選擇，社會的人際網絡對基督教有很強的反抗力量，改宗者受到各種方式的威脅、排擠。

從《道卡斯族後壠社群古文書輯》考證新港社、後壠社、中港社當時簽立的契約，顯示所訂的契約是番社社眾共同訂立的，對於社群經濟層面的影響是全面性的，後壠社群的確因清朝政府腐敗、漢人墾戶對番社的侵占與欺凌，以及番社中為富不仁的社番，嚴重導致整個社群分崩離析，到了道光年間土地幾乎流失殆盡。〔註 99〕我們也從張惠妹《清代後壠地區的開發與社會變遷》的研究瞭解在後龍強勢的漢人文化使平埔族勢力逐漸消退、貧化、或加速漢化，平埔族群在經濟社會文化等層面都遭遇嚴重危機。學者楊克隆指出平埔族原始經濟模式，因殖民外力因素而被迫轉型，耕種技術更新、引水築圳等有利於農作的條件，給予漢人快速擴張的機會，卻無法為平埔族帶來豐衣足食的安定生活，經濟困窘導致招墾、典租及杜賣土地，平埔民族淪為

〔註95〕 黃六點主編，《臺灣基督長老教會北部教會大觀——北部設教百週年紀念刊》，頁 654。

〔註96〕 《臺灣教會報》，第 441 期，1921 年 12 月，頁 2。

〔註97〕 《馬偕日記Ⅰ：1871～1883》，頁 101。

〔註98〕 北部臺灣基督長老教會史蹟委員會編，《北部臺灣基督長老教會的歷史》，臺南：人光，1997，頁 37。

〔註99〕 陳水木、潘英海編著，《道卡斯族後壠社群古文書輯》，苗栗：苗栗縣文化局，2002，頁 7、22。

經濟弱勢者，最後不得不散盡土地，遠走異鄉。〔註100〕新港社信徒極可能於此處境下，遷移他處。根據獅潭長老教會之劉姓家族表述，獅潭地區確實有來自新港社劉姓的後代，繼續在獅潭地區持守基督教信仰。〔註101〕至於遷移其他處之信徒，是否於新故鄉繼續持守基督信仰，留待後人研究探討。

又根據《臺灣基督長老教會百年史》所述，偕牧師逝世不久後，與後壠新港社教會同為熟番教會之葛瑪蘭地區平埔族教會，也沒落到只剩下宜蘭和蘇澳教會而已，平埔族教會消失其主因在於團體性的信仰因領袖歸信而集體信教，個人並沒有真正了解福音；另，信徒出於感激醫療成效而信教，並未明白聖經真理；又有因傳道者言行不一，或者敗德者落人口實，歪曲信仰，絆倒信道者；且隨著北部教區擴大，信徒數多、指導者少、此時期宣教師少且在台短期停留、或忽略培育訓育之責等等因素所致。〔註102〕

此外，我們觀察發現入教者的心態若心存「拿香跟拜」（台語）的思想，以對價關係「靈則信，不靈則改教」的態度看待基督信仰，確實阻礙個人積極明白聖經真理，倘若信徒集體意識偏向於此，教會的確很難不銷聲匿跡。因為一個族群內部社會文化的機制，對一個族群自身的存亡有極大的影響力。

我們從價值文化理解來看，西元1932年李水車到後龍開設講義所，提及當時流傳的台語俚語「信耶穌教，死了沒人哭」、「信耶穌，無米可孝（祭）孤」等等言詞，可以推估信徒面對華人傳統喪葬、祭祖等古老文化儀式的衝突，以及不受其他信仰者理解接納的挑戰或厭棄十分明顯，信徒極可能因此隱身於民間信仰中，無怪乎在李水車之前「後龍，信徒一個也沒有」。在後龍傳揚基督福音，這些世上的眼光，揭露社會文化價值衝突的實況，據筆者生活於此地的觀察體驗，到如今類似的理解，仍是當地人普遍對基督信仰的認識，是傳揚基督信仰不能不正視或探究表明的要項。

至於後龍教會，曾短暫消逝於歷史中，然而後續都有傳道人接替宣教任務，西元1932到1939年間有李水車傳道師開拓的後龍講義所，隨著李水車離開，後繼無人接續牧養工作，1940～1950年間教會信徒再度失散而沒落。1943年，日治時代臺灣總會當時之原北部長老教會有72所，在長老會教區中

〔註100〕 楊克隆，〈帝國之眼審視下的番俗采風——以黃叔璥《臺海使槎錄·番俗六考》所著錄歌謠為例〉，《文史台灣學報》創刊號，2009年11月，頁39。

〔註101〕 陳朝棟，〈獅潭的山林與地景史〉，《苗栗文獻》第21期，2002年10月，頁6～12。

〔註102〕 鄭連明主編，《台灣基督長老教會百年史》，台南：新樓書房，1995，頁90。

完全沒有新港教會和後龍教會的名稱，因無文獻相關紀錄，對於當時後龍地區的教會發展難以得知。

查第 10 屆新竹中會會議在 1950 年 4 月 12 日於後龍教會召開，1951 年有後龍教會負擔金已繳付 40 元記錄，1952 年後龍教會負擔金未繳付 40 元等記錄，1953～1954 年則無相關資料顯示教會是否仍存在。1950～1953 年間的負擔金額低，可以推估這些年間教會經濟薄弱，尚存少數信徒持守信仰。

根據台灣基督長老教會行政法第一章第 6 條：「各教會應屬中會管轄，由小會依行政法規定行使其職權。」後龍教會在地緣上，隸屬新竹中會管轄。西元 1955 年，北部長老教會已經有 89 所，而後龍教會歸屬於新竹中會的十個支會其中之一，在經濟上是還沒有獨立的支會。〔註103〕1972 年黃六點主編的《台灣基督長老教會北部教會大觀》之〈附錄18 全省教會一覽表〉中記載，1955 年後龍教會設址苗栗縣後龍鎮南龍里八九之一號，屬於新竹中會的佈道所，傳道人是蔡信續。〔註104〕

綜觀歷史似乎情勢比人強，然自西元 1955 年後龍設立佈道所以來，蔡信續傳道默默於偏鄉傳遞福音和關懷當地人，傳道人效法基督默默付出的精神好比星星之火，燃起後龍教會持續發展到如今。

二、內部組織的變遷

馬偕牧師在台宣教，起初數年幾乎都是獨力包辦傳道事務，接續有外籍宣教師醫師加入工作。馬偕培養本地傳道師派駐地方教會，本身承受大部分拓荒的任務，從無到有，單身者工作就像馬偕一樣，一手包辦教會事物，如整理禮拜堂、傳教、醫療、牧會、探訪信徒等；如果是已婚者，大略僅有妻子與其一起同工而已。

在馬偕牧師的時代，北部總會尚未成立，當時的新港教會和後壠教會，雖無宣教組織可考，然當時有傳道師的地方，則顯示教會存在於該地，因為教會其本意乃是受呼召的一群人。從新約聖經歷史來看教會，教會制度上是以傳道者為羊群領袖，負責牧養羊群（信徒）的信仰教育。當教會群體漸漸穩定，馬偕牧師幫助該教會從信徒中選出長老和執事，以協助傳道人分擔當

〔註103〕 黃六點主編，《台灣基督長老教會北部教會大觀》，台北：台灣基督長老教會北部大會，1972。頁 80、85、90、918～20。

〔註104〕 黃六點主編，《台灣基督長老教會北部教會大觀》，台北：台灣基督長老教會北部大會，1972。頁 953～954。

地教會牧養或管理的工作。馬偕在後壠地區，最早在 1888 年按立教會長老和執事。根據《馬偕洗禮簿》記載，1888 年 11 月 28 日於後壠禮拜堂，馬偕按立 3 位長老及 2 位執事，後壠本堂一位長老是陳阿協，一位執事是李媽得；新港社教會是劉闆和劉遠這二位長老，而劉法為新港社教會的執事。

西元 1932 年李水車時期，後龍教會僅為一講義所，整個組織單純，教會以傳道人與信徒為基礎，直到 1993 年仍是如此，傳道人獨力擔負宣教任務的情景，類似於馬偕開拓教會初期的處境。西元 1994 年教會選出執事，分擔教會治理責任，教會組織進入正式的分工發展，執事會輔助傳道人共同承擔並執行宣教決策，傳道任務擴及受選執事信徒身上。

西元 1963 年到 1980 年後龍教會，隸屬於新竹中會教區的一個佈道所，蔡信續繼續負責教會牧養和宣教工作，地址登記為後龍鎮南龍里城外 98 號之 1，新竹中會記錄中並無載明蔡信續的身分。1975 年的紀錄開始出現登記聚會人數 6 人，1976 年聚會人數 4 人，1977 年無記載聚會人數，1978 年聚會人數 12 人，1979 年聚會人數 14 人，1980 年聚會人數 14 人，1981 年這一年無教會牧者的紀錄，也無聚會人數紀錄。西元 1982 年到 1986 年 8 月後龍教會清楚列為新竹中會南區的一個佈道所，蔡信續以宣道師的身分負責教會牧養和宣教工作，無記載聚會人數。

西元 1987 年後龍教會仍隸屬於新竹中會南區的一個佈道所，牧者是鄭美廉牧師，地址登記為後龍鎮中正路 26-1 號，電話登記為 037-727561。1988 年地址移回後龍鎮南龍里城外 98 號之 1，鄭美廉以兼任牧師身分牧養後龍教會，同時她與林英聖牧師同列為苗栗縣竹南教會牧者。1989 年 1 月 16 日辭職。竹南教會決定向中會報告，將後龍教會奉還中會，由中會直轄。中委會於是設置「後龍輔導小組」，關懷後龍教會的後任傳教者與教會的將來。其成員，由林增坤牧師任小組長兼小會議長，鄭葦舟牧師、蔡惠塘長老及謝信惠長老為組員。

西元 1989 年後龍教會是新竹中會南區的一個佈道所，3 月 12 日到 8 月 20 日由聖經學院盧瑞琪牧師兼任；8 月 30 日到 1990 年 7 月 31 日盧文獻牧師以退任牧師身分協助牧養教會。禮拜時間調整為上午十時。教會電話改為 037-721250。

西元 1990 年後龍教會與獅潭教會、通宵教會同為新竹中會南區的三個佈道所，雖無牧者紀錄。但經小會商請邱乾盛先生駐堂傳道，從 8 月 1 日到 1991

年 7 月 31 日。

　　西元 1991 年 8 月 1 日到 1993 年 7 月 31 日，吳志仁傳道師以傳道師身分駐會負責傳道任務。1994 年吳志仁教師以教師身分繼續駐會服務。小會於 1994 年 10 月 2 日選出新任執事：杜李少雲、江施綉絹、劉清輝、江雪芳。任期 3 年。1995 年到 1996 年吳志仁以牧師身分駐會服務到 1997 年 7 月 31 日。

　　西元 1997 年 8 月到 1998 年 8 月，後龍佈道所這一年無教會牧者的紀錄，小會 1997 年 10 月 5 日選出新任執事：林金城、江施綉絹、劉清輝（新港社信徒的後代）、江雪芳。任期 3 年。無牧師時期，教會事務大部分落在執事身上，料理財務和分擔關懷事務。小會再度聘請盧文獻牧師，於 1998 年 1 月 1 日到 1998 年 7 月 31 日駐堂服務。

　　西元 1998 年 8 月～1999 年 8 月後龍佈道所，傳道師黃玥仙駐會傳道，記載主日禮拜上午 10 點。1999 年 9 月到 2002 年 8 月後龍教會成為新竹中會南區的支會，仍由傳道師黃玥仙負責傳道任務，2002 年 9 月以後主日禮拜改成上午 9 點 30 分。2004 年由已通過牧師檢定資格的黃玥仙，駐會服務至 2005 年 7 月 31 日。小會議長先後有苗栗教會詹益信牧師、真理大學院牧鄭青萍牧師、竹南教會陳存仁牧師兼任。

　　西元 2005～2008 年教會依然是新竹中會南區的後龍支會，無牧者紀錄。期間主日禮拜，由小會安排牧師或長老負責講道任務，其他事務交由執事分工代勞。這幾年間，一直有三、四位信徒常常禱告、持守聚會、謹守安息日，2008 年初幸得二重埔教會正值輪休之黃益祥長老的幫助，黃益祥長老義務投入後龍地區探訪信徒、尋找信徒、關心慕道朋友，整合執事及核心同工的向心力，共同研擬教會未來十年的異象「活像耶穌、社區宣教、百人敬拜」，積極建造信徒信仰，教導聖經真理，逐步發展社區慈惠教育工作，並於 2008 年 4 月 6 日設教 135 週年主日，為過去傳道人許銳被殺之流血咒詛，舉行認同性認罪悔改禱告禮拜。〔註 105〕自 2008 年 4 月起到 2009 年 3 月受洗人數增加，轉籍或受洗入籍於本教會的信徒人數增長迅速，主日禮拜聚會人數自 2008 年之後逐漸增加。（參表 4-1、圖 4-1）2008 年 11 月出版「老樹嫩芽」感恩見證集，紀錄上帝在後龍教會工作的恩典痕跡。西元 2008 年是教會行政地位翻轉的關鍵年。

〔註 105〕當日活動文稿見本文附錄五、六、七。

表 4-1　後龍教會 1991〜2016 年間主日禮拜各年每週平均出席人數統
　　　　計表〔註106〕

各年	1991	1992	1993	1994	1995	1996	1997	1998	1999	2000	2001	2002	2003	2004
每週平均出席人數	16	16	15	16	17	16	17	17	15	13	13	14	13	12

各年	2004	2005	2006	2007	2008	2009	2010	2011	2012	2013	2014	2015	2016
每週平均出席人數	12	13	28	26	45	62	60	68	72	66	66	61	56

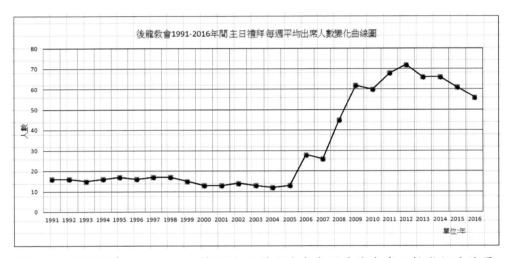

圖 4-1　後龍教會 1991〜2016 年間主日禮拜各年每週平均出席人數變化曲線圖

　　從馬偕時代至 2008 年，教會在組織上曾經歷堂會時代、講義所、佈道所、
支會時代、小組時代。後龍教會從 1978 年到 2005 年教會人數約在十多人之
間，幾乎無增長，加上已無經濟能力聘請牧師駐堂牧養信徒，當時關懷後龍
教會的小會員，根據台灣基督長老教會行政法第一章第 8 條：「支會不能繼續
存在時，其負責之小會得向中會申請停辦，並以適當方法處理之。」的原則，
數度提議關閉此間教會。根據教會將雪芳長老口述 1989 年當時得小會議長林
增坤牧師建議：「再努力看看。」而暫時免於關閉的命運。

　　根據台灣基督長老教會行政法，第一章第 3 條支會係未具堂會條件之教
會，屬堂會管轄或中會直轄。並由管轄之堂會或中會派牧師一名、長老二名
組成支會之小會。第 4 條支會設籍陪餐會員達二十人以上時，得選出長老一

〔註106〕根據後龍教會週報及 1991〜2016 年和會手冊。

名、執事二名參與支會之小會及長執會。陪餐會員達三十人以上時，長老可選出二名。第 5 條支會已具第 2 條所列條件時，負責之小會或該支會設籍陪餐會員三十人以上連署後，得向中會申請辦理昇格。

終於西元 2009 年 10 月 18 日三十人以上會友連署申請昇格爲堂會，正式成爲新竹中會南區之獨立堂會，但尚未有專任牧者牧會。2010 年 3 月 1 日聘請鄭青萍牧師爲後龍教會的首任牧師，服務到 2013 年 2 月底。〔註107〕後龍長老教會於 2009 年 10 月 18 日恢復爲堂會身分，進入自立自治自養階段。根據「台灣基督長老教會行政法第一章第 2 條，堂會係具有下列條件之教會：一、設籍陪餐會員三十人以上。二、長老、執事各二人以上。三、能負擔中會規定之傳道師基本謝禮及總、中會費。」所謂堂會，表示教會在人事和經濟方面已經能夠自立自養自治。

西元 2010 年聘任牧師一位，選出長老四位和執事七位。由牧師和四位長老組成小會。小會爲長老宗教會體制上治理教會最基礎的代議單位，由牧師和長老組成，牧師爲小會議長，長老則由會員選出，兩者共同組成小會，體現長老宗中會中心及長老治會之體制精神。根據台灣基督長老教會行政法第五第 33 條，小會掌理下列十一項：一、宣揚福音與關懷社會。二、禮拜及聖禮典。三、辦理會員籍，維護教會紀律及培養會員信德。四、管理教會附屬機構。（附屬機構指由教會斥資經營，或行政權隸屬教會行政單位，或藉由契約使用全部或部份教會財產、設備，而受小會監督者。）五、管理財政。六、召開會員和會。七、辦理牧師及長老、執事之選舉。八、辦理牧師續聘事宜以及長老、執事之任免。九、向中會申請有關事項。十、選派代議長老。十一、其他有關教會行政。後龍長老教會，於 2009 年 10 月 18 日起進入獨立堂會時期，教會事務和發展，不必勞煩其他教會主責，堂會身分確立、完成聘牧後，確實增強信徒委身認同於本地教會。

第三節　教堂建築的變遷

一、馬偕時代——建新港社禮拜堂、租後壠禮拜堂聚會。

根據馬偕日記，1872 年 10 月他初到後龍地區並無人收留，因此往東到新

〔註107〕根據《台灣基督長老教會一覽表》，台北：台灣基督長老教會總會傳道委員會編印，1963～2013。

港社地區，1873 年 4 月 6 日成立新港社的新禮拜堂。1879 年 9 月 2 日馬偕帶著張聰明經過竹塹來到新港，9 月 3 日往後壠去看房子，也就是看禮拜堂的地點，再從竹塹北返。1879 年 10 月 1 日就設立後壠禮拜堂。到了 1886 年 2 月間，馬偕在後壠租下一間十年租約的房子，並且在 1886 年 4 月間南下巡視教會時，停留在後壠禮拜堂，將近 10 天的時間油漆粉刷整理禮拜堂，可見馬偕對教堂環境整潔的要求。當時後壠教會信徒，確實已有固定聚會禮拜之處。我們從《淡新檔案》鄰近後壠地區北邊的新竹縣四處教堂圖說外觀，以及參考紅毛港教堂（曾有新港社人劉慶雲駐會傳道）的圖說格局（光緒 19 年 2 月所繪），約略能理解馬偕時代基督教堂的建築規劃，屬華式茅屋或瓦屋教堂，門上掛「耶穌聖教」四字，除了主講堂，講堂旁也備有傳道師的住處，便於就近照顧信徒管理教堂。〔註108〕綜合《淡新檔案》TH11509 類檔案紀錄，新竹縣對於教堂的調查除了外型和所處地理位置之外，同時可發現多數教堂傳道人因庄民患病求藥提供給藥服務，少部分提供教讀和醫療，無育嬰服務。（參圖 4-2、圖 4-3、附錄四）

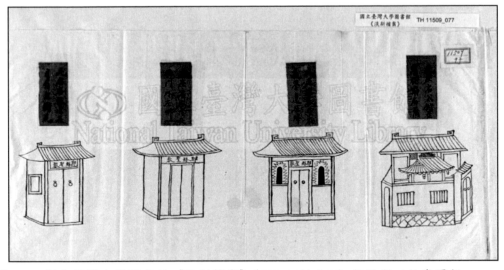

圖 4-2　國立臺灣大學圖書館《淡新檔案》（TH11509-077）新竹縣四教堂圖說〔註109〕

〔註108〕國立臺灣大學圖書館《淡新檔案》（TH11509-077、TH11509-033）。台灣歷史數位圖書館（THDL），http://thdl.ntu.edu.tw/，2017/7/12 檢索。

〔註109〕圖說：左起此座名教堂在月眉街庄尾，此座名教堂在北門外左畔，此座名教堂在義學邊左畔，在此座名公館在考棚前右角。

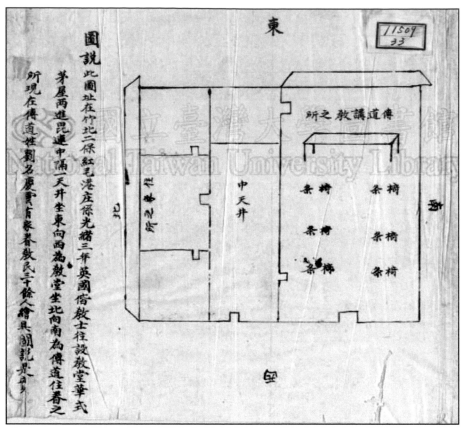

圖 4-3 　《淡新檔案》（TH11509-033）紅毛港庄教堂圖說〔註110〕

二、李水車時期——租屋聚會。

　　日據時期，西元 1932～1939 年李水車在後龍也是租下在廟旁的一間屋子當作信徒聚會之處，根據李末子的記載，當時李水車外出遠行料理事務，廟祝也會協助看管教會。

〔註110〕　《淡新檔案》一一五〇九·二三〔圖說〕（新竹縣竹北二保紅毛港大庄教堂圖說）
　　　　　圖說：此教堂址在竹北二保紅毛港大庄，係光緒三年偕教士始設，現在傳道劉慶雲，係苗轄後壠新港社人氏，妻徐氏，併一女九歲。查教民參拾餘名，無育嬰，有施藥是寔。
　　　　　《淡新檔案》一一五〇九·三三圖說（新竹縣竹北二保紅毛港庄教堂圖說）
　　　　　圖說：此圖址在竹北二保紅毛港庄，係光緒三年英國偕教士往設，教堂華式茅屋，兩進毗連，中隔一天井，坐東向西為教堂，坐北向南為傳道住眷之所。現在傳道姓劉名慶雲，有家眷，教民三十餘人。台灣歷史數位圖書館（THDL），http://thdl.ntu.edu.tw/，2017/7/12 檢索。

三、蔡信續時期──先租屋聚會，後購地首次建堂

　　蔡信續於 1955～1986 年間在後龍教會服務，達 31 年之久。後龍本地人都稱她為「耶穌婆仔」（台語）。西元 1955 年由北大女宣道會派駐後龍為囑託傳道，至 1986 年 7 月辭任，在任期間募捐購置教會用地，籌建禮拜堂。1971年女宣道會停發謝禮，65 歲以後義務在本教會牧會，仍然牧養會友。

　　民 44 年蔡信續來後龍，先於媽祖廟附近租借民房為佈道所，三年後又遷至黃吉公附近民房。民 47 年籌建禮拜堂，向中會申請對外募捐，民 49 年 11月 15 日得苗栗縣政府建設局核准建築禮拜堂，建築師為徐双蘭承建人，業主為郭蔡信續。教堂建築為一層建物，約 20 坪的平房，加上約二坪大之閣樓為傳道師暫時睡臥之處。

　　根據土地基金募捐簿記載，募捐年是民 48 年，推斷購地應為民 48 年間，購買後龍段田心子小段 191-15 地號土地作為建堂用地，購地款共新台幣 10,000元（每坪 100 元，共 100 坪），係蔡信續向親友募捐支付。

　　根據現存捐款收據存根第一、二冊統計募捐結果，捐獻者 172 人（旅菲中華基督教會團體等算一人次），捐獻金額 39,985 元，另美金 610 元，歷時一年半，捐款人遍佈北部，中部及少數南部教會的信徒，時間自民 49 年初至 53 年初，大部份集中在民 49～50 年。另根據建堂金奉獻，民 48 年禮簿統計結果 62 人次，金額 7,992 元，兩筆合計：47,977 元，另美金 610 元。捐獻人 234 人以上。當時的收支報告已無從查考，建堂工程大約於民國 50 年完工，依照台灣電力公司苗栗營業處所發用電証明函記載：係於民 51 年 5月裝錶供電。

　　西元 1961 年 10 月 19 日（四）上午十時三十分舉行獻堂典禮。根據獻堂典禮賀客簽名簿記載，只有總會黃武東、鎮長陳義祥等 29 名，至於參加人數，根據蔡傳道持有的紀念相片計算後為 70 人左右，大部份是外教會來客。1964年 8 月 10 日向竹南地政事務所，登記為北部台灣基督長老教會所有，當時此項土地係楊杜月女等九名共同持有，教會取得持分 1/24。

圖 4-4　第一次建堂於 1961.10.19 舉行獻堂感恩禮拜

　　綜觀購地與建堂經過可見，蔡傳道爲購地訪問 89 人以上捐獻者，募得新台幣 11,555 元整，繼而爲籌募建堂基金曾奔波南北，足跡遍及北中南部，不畏辛苦訪問 234 人以上捐款人，募得 47,977 元，另美金 610 元，而獨立完成購地及建堂工程，奠定教會根基，堪稱後龍教會的一大功勞者。

四、鄭美廉牧師時期——增建牧師館和廁所

　　以下根據盧文獻牧師整理之「後龍教會簡史」記載，西元 1986 年蔡信續傳道已幾近退休狀態，因身體健康不佳，且年事已高、行動不便，回淡水居住三、四年，偶爾來後龍主領聚會，教會活動幾近停頓。

　　鄭美廉牧師在後龍教會牧會期間，於 1987 年 7 月底，其原佈道所房屋租約期滿，而當時蔡信續傳道已經正式辭職。佈道所於 1987 年 7 月底遷回後龍教會本會聚會，但因蔡信續傳道傢俱尚未搬走，鄭美廉牧師仍在外租房居住。此時，她見原教會不僅沒有牧師館，連舊廁所都廢棄不堪使用，還得向鄰居借用廁所，深感急需增建牧師館和廁所，於是決心自力進行此項工程。在徵得江施綉絹、杜李少雲、江雪芳、劉清輝等四位兄姊連帶保証後，向公館教會互助社貸款 27 萬元，並得杜炳輝建築師設計後，僱工進行增建工程，時在

1987 年 11 月。教會建築物是一間約 20 坪的平房，後增建二樓約 12 坪，爲石棉瓦屋頂的牧師館。

　　當時的會計由劉清輝記帳，鄭美廉牧師兼出納，鄭美廉牧師在新竹中山企銀開立支票戶。初時鄭美廉牧師兼出納，發工資、監工、購料，又要向外募捐，一方面攤還互助社貸款，另一方面支付工程款。至於開支票付工資問題，鄭美廉牧師認爲「是爲了要求保持工程品質不好時，可請工人改善，以免吃虧。」但工人不滿拿不到現金，且嫌支票兌現日期太久（一個月或二個月半），而向教會慕道友杜世存老師（乃當時信徒杜李少雲之夫婿，非信徒，國小退休校長，於 2009 年於本會受洗入信）申訴。

　　杜世存老師請求鄭美廉牧師改付現金，雙方在意見上不合，時生誤會。鄭美廉牧師窮於應付，聚會後便匆匆離開，儘量避免與會友接觸，不願與會友溝通，有問題時都由其男友廖先生出面接洽，然而這位廖先生係非信徒，根本無法與會友有良好的溝通。1988 年 8 月 10 日鄭美廉牧師與廖先生於法院公証結婚後，建築工程以及工程衍生的問題都由廖先生出面設法，致與會友間之誤會越發加深。1988 年 11 月 2 日教會領到教會土地被徵收爲道路用地補償費 270,239 元，鄭美廉牧師主張以此項收入，償還公館教會互助社貸款，藉以示負責，並於交清公款後，於 1989 年 1 月 9 日向竹南教會小會提出辭職，經小會接納於 1 月 16 日生效離任。

　　經過此段風波，竹南教會決定向中會報告，將後龍教會奉還新竹中會，由中會直轄。中委會於是設置「後龍輔導小組」，關懷後龍教會的後任傳教者與教會的將來。其成員，由林增坤牧師任小組長兼小會議長，鄭葦舟牧師、蔡惠塘長老及謝信惠長老爲組員。

　　盧文獻牧師評析：綜觀此事件，牧師與會友間之衝突原可避免，但因鄭美廉牧師年輕（時值 30 多歲），缺乏經驗，雖然做事有熱誠衝勁，但缺乏溝通能力。同時也顯示教會財務管理缺乏制度，信徒分工和組織鬆散，牧師掌管教會公款之危險性，頗得傳道人警惕。雖如此，然鄭美廉牧師對教會硬體建設貢獻，確實是不可抹殺的。

五、吳志仁牧師時期──第二次建堂

　　吳志仁牧師於 1991 年 8 月 1 日受派至新竹中會後龍教會。當時禮拜堂地處台一省道 110 公里處，離火車站不過數百公尺。禮拜堂所處之地草比人高，

正門口還有一間廢棄公共廁所，教勢相當荒涼，仍屬於佈道所，會友 15 人，奉獻不足維持教會基本支出。新竹中會曾因教會長期積弱考慮關閉，幸賴數位牧長堅持與長期支持而倖存，當時後龍鎮居民約有 44000 名（2017 年底約 37900 名）。

教會建築物原是一間約 20 坪的平房，後增建二樓約 12 坪，爲石棉瓦屋頂的牧師館。吳牧師初到教會即清理雜草、整理廢棄廁所，栽植樹木綠化環境。1991 年 8 月 11 日後龍小組及委員會聯席召開會議，議決：一、整修二樓客房。二、構築教會圍牆。三、發代禱信。四、11 月 17 日改選委員會委員。[註 111] 每月公告奉獻收支和聚會概況，提供會友關心。吳牧師積極爲教會經費發起以每人每月 1000 元至少 15 人的方式組織後援會，鼓勵會友自發支持本教會發展，並以「努力邁向自立」爲目標，發函新竹中會轄下各教會，商請爲本教會經費奉獻和關心。自此每月書寫禱告信，喚起一些親友和牧長的關心和奉獻，一時間奉獻湧入二十餘萬元。

不料，1991 年 10 月間一紙道路拓寬的最後通牒公文，將教堂縱向拆除，教會立即面臨無處可聚會的危境。吳牧師自述他當時領受強烈異象，要在僅約 80 坪土地上建築嶄新的二樓新教堂。1991 年 11 月 10 日召開後龍小組及委員會聯席會議，小組決議：一、建堂：爲地上二層，建坪 90 坪，經費 350 萬。預估向中會借款 120 萬，自籌款 230 萬（目前 70 萬，貸款 100 萬，會友及僑民 60 萬）。二、都市計畫再訴願書寄交北大，轉呈內政部。三、選出五位委員：杜李少雲、江施綉絹、江雪芳、劉清輝、李興惠。隔週 11 月 17 日當天聚會約有會友 22 名出席討論教會建堂事宜。12 月 15 日邀杜炳輝建築師參與建築座談會。主日平均出席約 18 人的教會，立即要面對的是 350 萬元龐大建築費用。吳牧師發起「爲教會被拆、遷移、重建、募款等」代禱。後龍教會將被拆的消息，也被刊載在 1992 年 5 月 17 日《台灣教會公報》第 2098 期第四版，吸引許多善心人士的關心和注意。

禮拜堂於 1992 年 9 月 30 日完成拆毀，10 月 4 日簽約建堂，並於 1994 年 12 月中旬完成四樓半的建物。在 1995 年 1 月 2 日舉行禮拜堂獻堂感恩禮拜。對於經濟弱勢的後龍信徒而言，能完成建堂是奇蹟。

[註 111] 〈1991 年 8 月 18 日台灣基督長老教會後龍教會週報〉消息報告第一點。

圖 4-5　完成第二次建堂於 1995.1.2 舉行獻堂感恩禮拜

　　募款一開始，吳牧師向上帝祈求：「希望每間教會可募得款項，是該教會出席會友每人平均奉獻 1000 元以上。」上帝的應許果然如此，在 18 個月的募款期間，每一間教會的奉獻金額，都超出吳牧師所求所想的，從未落空。

　　上帝的恩典讓後龍教會從開工後的頭期款毫無著落的情景下，到奉獻款項逐日湧進，速度比建築進度還快，因此，從原定的二樓增建為四樓，金額從 350 萬元追加到 960 萬元，的確在上帝的手中是一無所缺的，神的恩典非常奇妙。終於在 1995 年 1 月 2 日舉行新建禮拜堂獻堂感恩禮拜。禮拜堂獻堂到如今，已經滿二十二個年頭！這些年信徒因著認識聖經、認識神，經歷生命更新和改變，後龍教會教勢漸趨復興，不能不將感謝歸於神，是信神的這些海內外前輩信徒奉獻時間、金錢與才幹智慧，為永續發展，於此建設一處環境清幽且自主的會堂。筆者身為信徒，深感「前人種樹，後人乘涼」！

　　吳志仁牧師在參與 2009 年 10 月 18 日成立獨立堂會感恩禮拜時，分享其感動：「禮拜堂蓋得太小！」

第四節　先輩佈道經驗的啓迪

馬偕在淡水首次租屋時就自問：

「我爲何而來這裡呢？」是否爲了研究台灣的地質學、動物學和植物學嗎？……這些都不是我的目的。我並非爲此而離開故鄉，加拿大的教會亦非爲此授給我聖職，並派我出國。我的任務很清楚，教會之首，也是王，給我的任務就是『你們往普天下去，傳福音給萬民聽。』我無論做什麼其他事情，這個任務必須完成；加之，無論做什麼其他事情，都必須與這個任務的完成有切實的關係。……使異教徒於心中獲得上帝恩典的福音，改宗時，培養他們的信仰，這就是我來台灣的目的。我在最初即認清這使命，絕不爲其他事物所妨礙。〔註112〕

馬偕在他的日記中前後有 6 次使用「攏是爲基督」。每當馬偕面對服事困境，或進入險境時，都會以此話自勉。例如：1885 年 12 月 24 日在新店，儘管當天傾盆大雨，馬偕仍四處探訪教會信徒。在當天的日記他寫下，「攏是爲基督，不是爲錢，也不是爲名聲。」馬偕不畏困難與險阻，不顧身體的疲倦與軟弱，從淡水步行前往宜蘭 19 次、苗栗後龍 51 次（若以馬偕實際在台 25 年計算，平均一年來苗栗後龍 2 次），台北到台南 7 次等，這些現代人難以望其項背的旅行紀錄，背後推動的主力來自於「攏是爲基督」的信念。

西元 1888 年 8 月 27 日黎約翰寫給沃卓帕牧師（Rev. Dr. Wardrope）信函，記載他對馬偕的評述「他天生就是寧願燒盡不願朽壞的人，他日夜操勞並非爲了名聲或自己，他毫不在乎人的榮譽，只願爲基督盡力付出。他經常說：『我永遠無法忍受這種生活，也不能每天都這樣辛苦工作，我絕不爲任何人，只爲了我的上帝。』」〔註113〕「攏是爲基督」的志業思想，培養馬偕「寧願燒盡，不願朽壞」的傳道態度，這樣的生命態度深深影響其學生和信徒後代。例如馬偕學生吳益裕之外孫女，即後龍人稱「耶穌婆」的蔡信續傳道，一樣是效法馬偕那「攏是爲基督」的精神，深埋後龍長達 31 年之久，傳揚耶穌基督愛、犧牲與奉獻的眞理。

〔註112〕馬偕，《福爾摩沙紀事：馬偕台灣回憶錄 From Far Formosa》，林晚生譯，台北：前衛，2016，頁 125。

〔註113〕陳冠州、Louise Gamble 總編輯，《北台灣宣教報告Ⅲ：馬偕在北台灣之紀事 1885～1889》，台北：明燿文化，2015，頁 104。

　　初代傳道人及信徒為傳揚基督福音，採行多種傳教的策略，不外是因應當時的政治社會文化環境發展而成，如馬偕以醫療拔牙給藥醫治人，以十誠單張宣明教義，以詩歌安慰勸勉人悔改，主持結婚典禮傳揚婚姻家庭觀念，在妻子的輔助下教育本地婦女，並以博物博學、活潑講道吸引人，關心社會議題和環境衛生，同時積極栽培本地信徒成為傳道人，接續在台傳道的使命。「寧願燒盡，不願朽壞」，就是台灣基督長老教會宣告的傳道精神。

一、醫療傳教

　　百多年前的台灣，衛生環境不好，沒有醫院，普遍流行瘧疾和牙病。馬偕設立淡水教會時，就展開醫療傳教。馬偕在治癒吳益裕（或名吳寬裕，蔡信續之外祖父）的妹妹瘧疾後，取得篤信傳統之吳母的接納，吳母這才認為基督教並非他人所毀謗那樣壞的宗教，也知道患病求神佛或請巫醫來唸咒、施法術是無益的，從此全家改信基督。林孽、林杯都是經由馬偕的醫療，疾病得治癒而成了基督徒。〔註114〕在新港社劉姓一家也是從疾病得診治而歸信。

　　馬偕帶學生外出巡迴傳教時，通常是站在空地或廟宇的石階上，先唱一兩首聖詩，其次開始拔牙齒，然後講福音的信息。1873 年 5 月下旬馬偕為跟蹤他們到新港社的其中一位清廷士兵拔牙，士兵才破除對馬偕等的誤解。從 1873 年起（按：至 1893 年止），馬偕拔了二萬一千顆牙齒，門徒和傳道師們拔的牙齒大約這個數字的一半。當時的人們知道他們不需再忍受慘烈的牙痛，也不必為解除牙疾的痛苦而冒險。和尚、道士和佈道團的其他敵人，可能對民眾說瘧疾及其他疾病之所以被醫好，是由於諸神明的保佑，不是馬偕提供的藥品的功效，然而解除牙痛，人們卻知道非常顯明是馬偕和學生們所作的。因此，拔牙是比其他任何方式更具體、有效破除人們對馬偕的偏見。〔註115〕

　　馬偕沒有醫師的執照，但我們從他自學的精神及其講學教課解剖實驗的態度，並他設立醫館和多位醫師共事等種種醫療的經驗，可以看見馬偕在醫學和醫藥的常識與臨床經驗肯定都相當豐富。馬偕所診治的病人，並不是每一個都治癒；治癒者，並不是每一個都成為基督徒。可是許多治癒者改信基督教，不僅患者一個人，有時候患者的全家人都歸信基督，並且為基督作見證，帶領人信基督入教會，之後做傳道人的也不少。在新港社有劉和家族就

〔註114〕郭和烈，《宣教師偕叡理牧師傳》，嘉義：台灣宣道社，1971，頁 94～96。
〔註115〕馬偕，《福爾摩沙紀事：馬偕台灣回憶錄 From Far Formosa》，林晚生譯，台北：前衛，2007，頁 302～303。

是其中一例。有些患者雖然治癒而未改信基督，也會在基督教徒受人欺負時，出來幫助基督徒排解。〔註116〕

馬偕學生在新港後壠傳道，也是有傳道人兼醫師的，如蕭大醇長老，蓄有美髯，本身是漢醫及漢學家，爲人寬厚仁愛，傳道盡忠，深獲馬偕讚許，頗得各階層好評及敬重。馬偕學生在後壠教會的第一位傳道人蔡生，本身以中醫爲業，有漢學素養，四個兒子中有三位是台灣總督府醫學校出身的西醫。有醫學背景的傳道者，在關心患者健康提供醫療服務時，傳福音給病患，患者感受到醫者父母心，自然願意聽福音道理。

二、使用十誡單張傳教，強調中國孝道

臺灣一般人往往是以道德來了解宗教，認爲宗教是勸人爲善，〔註117〕馬偕瞭解華人的宗教理解觀，重視用十誡海報來傳教。他一遷入淡水的租屋後，就在門外貼十誡的海報，這張海報被人撕了再貼，第三次才沒被撕掉。〔註118〕淡水教會首批信徒之一的吳益裕，在淡水海關完成油漆工作返家途中，得到馬偕分發的十誡海報，邊走邊看，當他看到第五誡「當孝敬父母」時，大受感動，一週後去見馬偕並和他談道理，悔改信基督，成爲馬偕的學生，之後成爲傳道師。〔註119〕1872 年 8 月 28 日，馬偕和嚴清華來到五股坑，分發十誡的海報給陳炮村長，村長將海報貼在家裡的牆上，並決心依照這張十誡來生活。馬偕初次來到新港社時，唱完聖詩之後就分發十誡的海報來傳教，開啓新港社耆老認同馬偕所傳合其祖宗的天理。

馬偕知道華人的四書五經裡，有「天」、「上帝」或「帝」等相通的字眼及關於其好的思想，但是讀書人並沒有敬拜這四書五經所講論的上帝，一般人普遍敬拜日、月、山、川、河、海、動物、植物、偉人、哲人或祖先爲神明，更甚者敬拜鬼神，向之求五福（壽、富、康寧、修好德、考終命）臨門。不僅如此，還相信一切禍福都受這些神明支配，因此事事都受這些神明的束縛，人不得自由。馬偕從基督教的十誡談起，以第一誡開啓與華人多神宗教的接觸點：

〔註116〕郭和烈，《宣教師偕叡理牧師傳》，嘉義：台灣宣道社，1971，頁 97～99。
〔註117〕於某一本地傳教師對蘭大衛說：「你傳耶穌，而很少人了解，我教十條誡，他們倒都了解了。」台灣基督長老教會總會歷史委員會編著，《臺灣基督長老教會百年史》，台南市：新樓書房，1995，頁 74。
〔註118〕《馬偕日記Ⅰ》，頁 48～49。
〔註119〕郭和烈，《宣教師偕叡理牧師傳》，嘉義：台灣宣道社，1971，頁 118。

除了我以外，你不可有別的上帝。不可為自己雕刻偶像，也不可做
什麼形象彷彿上天、下地、和地底下、水中的百物，不可跪拜那些
像，也不可事奉他，因為我耶和華你的上帝是忌邪的上帝，恨我的，
我必追討他的罪，自父及子，直到三四代。愛我守我誠命的，我必
像他們發慈愛，直到千代。〔註120〕

　　透過分發十誡傳單，馬偕希望人發現基督教也有上帝，同時也反對偶像，
而喚起華人注意聽道，馬偕研究華人文化和傳統信仰不餘遺力。郭和烈認為：
「台灣的神學者或傳教者，應該研究些本地的宗教社會經濟政治倫理道德文
學……等，才能真實知道本地所需要的是什麼。」〔註121〕馬偕恐怕是首位如
此做的典範傳道者。

　　馬偕牧師理解漢人之祖宗崇拜，部份出於人類的天性，其動機雖出於害
怕，卻以孝順為根本。因此，他習慣於不公開指責或批評人們珍視為神聖的
想法及作為，反倒去認定其中的真善美之處，並根據這些珍視來開啟人的心
門。他用十誡中的第五誡「當孝敬父母，使你的日子在耶和華你上帝所賜你
的地上得以長久。」讓人知道聖經的誡命包含華人的孝道思想，藉此共通點，
馬偕將中國人的孝道思想移轉到對上帝的孝敬。馬偕牧師曾無數次站在寺廟
的台階上，先唱聖詩，然後唸十誡中「當孝順你的父母」，吸引人聽講道。馬
偕從在世對父母盡孝談起，進而引申談論「在天上的父」，真理能修正人的偏
見，導引人明白福音的道理。此外，馬偕用十誡傳教的意義也在於傳講守安
息日聽道的重要，指明基督教注重倫理和華人崇尚倫理道德的思想是相通
的。〔註122〕人聽了福音後，他們可能是先不去寺廟拜拜，但要他們放棄神主
牌位〔註123〕，卻得要等上好幾個月、甚至幾年以上的時間。教會對於靈魂、

〔註120〕聖經出埃及記第20章第3～6節。（和合本）
〔註121〕郭和烈，《宣教師偕叡理牧師傳》，嘉義：台灣宣道社，1971，頁120。
〔註122〕郭和烈，《宣教師偕叡理牧師傳》，嘉義：台灣宣道社，1971，頁122～124。
〔註123〕漢人所敬拜的神，幾乎都是已逝之傑出人物的神靈。然而，漢人真正宗教並
　　　　不是拜這些神明，神廟還不是他們最神聖的地方，他們真正的宗教是拜自己
　　　　的祖宗，他們真正的神明是祖宗的神主牌。傳統認為人有三條魂，死時，第
　　　　一條魂進入看不見的靈界裡，第二條魂下墳墓裡，而第三條魂則在老家附
　　　　近盤旋。第一條魂由道士負責，第二及第三條魂由活著的親人負責。這個教
　　　　理，使華人視祖先牌位為家中最神聖之物。住在這個牌位上的祖宗，對於自
　　　　己子孫的禍福比其他神的關係更大，對於其他的神只要敬畏、不去冒犯他們
　　　　就可以；但對於自己祖先，卻要敬愛並盡力供給他們在陰間的需要。不信基
　　　　督的人，的確不了解「在天父的家已預備好許多房間」，在那裡「他們不再飢

死亡及死後有關的一切真理，有責任正面教育、討論澄清價值信念，讓人確實理解、掌握、領悟，否則要他們除去神主牌位時，他們的心裡常感到為難與折磨！

　　日本據臺時，日本政府不敢輕視馬偕牧師的人格、他的研究、醫療服務及傳教工作，因馬偕說話有信用。所以有時信徒受冤枉被捕，馬偕可以做保證，把他保釋出來。有人利用馬偕的便宜來信教，做假信徒，有事時請託馬偕與日本政府交涉，以獲得金錢上的利益，或被捕後能得釋放。因此，教會外的人譏刺信基督教的人是「吃教人」。「教」的台語與「狗」同音，「吃教人」有「占人便宜的人」或「欺人」的意思。馬偕很注意「吃教人」，曾經以「十誡」來識破「吃教人」。〔註124〕

三、詩歌傳教

　　馬偕的宣教事工從一開始就強調要以唱詩為重要的教導方式。〔註125〕他經常用唸或唱聖詩，觸發情感引起共鳴來幫助傳教。基督教的聖詩是敬拜神的藝術，藝術本身抒發人審美的情感，有很大的影響力，能引起注意、仁慈、優勝的感覺，或激起勇氣保護社群，提高人類的精神等等。從原住民的妝飾及歌喉，就能明白藝術在原始民族的生活極為發達。〔註126〕馬偕第一次來到新港社，在這個熟番道卡斯族社群裡，面臨危及生命極不友善的處境下，就是用唱〈我認救主不驚羞愧〉及邊唸邊唱〈咱人生命無定著〉二首台語聖詩來吸引人靠近、注意聽他的講道。然後，走遍大街小巷，邊走邊唱聖詩，在新港社展開他的傳教工作。馬偕從新港社進入當時獅潭底深山生番區時，就是帶著新港社民陪同入山，在高山深谷間以詩歌頌讚造物主，歌聲吸引了當時所謂的生番認同應和。

　　　餓，也不再口渴」。漢人認為死者得靠活著的親人供養，如果親人不照顧，他們在陰間就會變成乞丐，沒得吃、沒得穿、沒得花，真如此，他們就會以其鬼魂的力量來懲罰這些不敬不孝的子孫。這些恐懼制約活著的親人，在神主牌前要祭奉食物，使祖宗的魂餓了有得吃，祭燒紙錢讓祖宗在陰間生活得以自立，通過這樣的祭祀及飲食文化間接凝聚宗族關係。馬偕，《福爾摩沙紀事：馬偕台灣回憶錄 From Far Formosa》，林晚生譯，台北：前衛，2007，頁 121～122。

〔註124〕　郭和烈，《宣教師偕叡理牧師傳》，嘉義：台灣宣道社，1971，頁 448。
〔註125〕　《北台灣宣教報告Ⅳ：馬偕在北台灣之紀事 1890～1893》，頁 122。
〔註126〕　郭和烈，《宣教師偕叡理牧師傳》，嘉義：台灣宣道社，1971，頁 106～111。

基督教在後龍讓人有另一印象，人們認為那是一個「吟詩（台語）的宗教」。日據時代在後龍的李水車夫婦，嫻熟音樂唱詩歌聲優美，影響李家後代在藝術方面多樣傑出表現。民國 44 年以後，廣為後龍當地人熟知的蔡信續傳道，即馬偕學生吳益裕的外孫女，一樣在後龍地區挨家挨戶走訪佈道時，一邊彈風琴一邊吟台語聖詩，又一邊教導主日學，吸引當地文盲婦女和孩童來聽聖經學道理。據江雪芳長老口述蔡信續過去在後龍外埔佈道時，偶然發現正在彈琴的青少年時期的洪榮宏（臺灣早期台語歌手），蔡信續傳福音給洪母，並引薦洪榮宏入淡江中學就學，這個家族後來因信基督，互相原諒接納，彼此蒙受祝福。足見，詩歌佈道柔軟鐵石心腸，啟發人心靈高貴美善的一面。

四、主持婚禮，闡明婚姻的意義強調一夫一妻的重要

台灣早期，每個人都被認為理當結婚，主要是為了獲得子嗣，以便日後家族的墳墓有人掃，靈位有人祭拜。婚姻通常由父母來安排，童養媳是很普遍的婚姻習俗，娶小老婆的風俗在富貴人家也是很平常的事，祭祖和喜宴是婚禮的主要項目。

馬偕為信徒舉行第一次的基督教婚禮是在五股坑禮拜堂村長陳炮的家中，村長的第二個兒子陳雲騰經過淡水學堂的洗禮後，思想和視野大受開啟，斷然拒絕父母為他預備卻無感情基礎的童養媳，選擇自由戀愛認識的玉娘（嚴清華之妹）為妻。雖然陳炮一家當時都已是基督徒，但是兩代對於婚姻制度，各有堅持，馬偕在探訪時為他們說明基督教婚姻的本質和聖經中有關婚姻的教導。陳父日後多次表示若非上帝的恩典和聖經的真理，他的確很難接納兒子的行為。陳家童養媳後來嫁給一位農人，還經常接待馬偕和他的學生。〔註 127〕

馬偕主持基督教婚禮時，經常吸引為一探究竟的大批人潮，其中大部分是婦女，雖然當時漢人婦女的地位高於原住民婦女的地位，但是普遍低於基督教地區的婦女的地位。基督教的婚禮程序，有男女基督徒擔任伴郎和伴娘，陪伴新人，牧師當眾宣布婚姻制度是上帝所設立的，由基督聖化，人人都當尊重，並強調一夫一妻的重要，以及彼此尊重忍耐扶持，男女宣誓後正式被宣佈結為夫妻。百姓目睹馬偕主持陳雲騰的婚禮後，對宣教師和基督教婚禮的負面臆測

〔註 127〕馬偕，《福爾摩沙紀事：馬偕台灣回憶錄 From Far Formosa》，林晚生譯，台北：前衛，2007，頁 112～115。

急轉爲稱讚和羨慕，一傳十，十傳百，基督教婚禮後來被認爲十分美好。之後，馬偕爲數百對新人證婚，典禮後也留下來參加喜宴，甚至到非基督徒家庭參加喜宴時，那些負面的謠言和批評早已消失得無影無蹤。〔註128〕

　　如今基督教婚禮的儀式，常成爲新人羨慕的方式之一。在這價值多元變動快速的環境中，婚姻和家庭倫常受設立的意義，的確需要被釐清和尊重，是基督徒信仰教育不能輕忽的一環。

五、妻子的幫助

　　馬偕來臺灣北部傳教的第七年，1878 年 5 月 27 日在淡水英國領事館與張聰明結婚。婚後，馬偕隨即帶著妻子外出，巡迴訪問他在北部所建立的教會：大龍峒、三重埔、艋舺、溪州、新店、後埔仔、五股坑、新港社等地。台灣的六、七月是颱風期，大雨、暴風是無法預期，那個時代，這樣的蜜月旅行是辛苦又危險的，雖然新娘坐轎子、新郎步行，但是途中遭遇許多無法逆料的困難考驗。1878 年 6 月 10 日馬偕帶著妻子張聰明，和學生陳雲騰、陳火、連和走到新港社。張聰明到新港社挨家挨戶、鼓勵婦女和男人來禮拜。隔天，馬偕爲著要去看兩位在油田工作的美國人，渡河時遇到暴雨山洪險些淹死，雖然沒見到那兩位美國人，但足見馬偕關懷人的熱情不受環境阻撓。當時因爲馬偕第二位助理牧師閏虔益牧師和其家眷已經來到淡水，6 月 12 日馬偕一行人從新港社北上與閏虔益牧師會面。張聰明在與馬偕結婚後約一年，1879 年與閏師母從事教會內婦女關懷教育的工作。1880 年 1 月馬偕帶著妻子張聰明回加拿大第一次述職，1881 年 12 月在離開加拿大之前的歡送會上，張聰明上台報告來加拿大的觀感，由馬偕翻譯。一百多年前，未滿二十歲就能做教會內的婦女工作，勇敢站在外國人面前說話，實在是了不起！〔註129〕

　　馬偕巡迴傳教或巡視教會，有時候要數日或數週才能回家，隨時都會遇到意外，甚至失去生命。一旦回家，也因研究博物、動植物、宗教、醫學，還要教書，晝夜忙得團團轉。他的學生也是他的女婿柯維思說：「先生喜好閱讀書籍，幾乎不抱他自己的三個孩子。雖然偶爾抱著次女，因他那樣耽樂於讀書，故幾乎離開著自己的家庭生活。」在華人文化孕育下的張聰明，性情

〔註128〕馬偕，《福爾摩沙紀事：馬偕台灣回憶錄 From Far Formosa》，林晚生譯，台北：前衛，2007，頁 112～115。

〔註129〕郭和烈，《宣教師偕叡理牧師傳》，嘉義：台灣宣道社，1971，頁 125～132。

溫柔，知曉聖經使徒保羅的教導「基督是各人的頭，男人是女人的頭。」照著聖經順服丈夫。夫唱婦隨，張聰明在婦女傳教工作上是馬偕最親密的助手。〔註130〕

　　娶當地女子張聰明爲妻，是馬偕融入當地文化的表現。早時在漢人社會，男女不同席、不共食、不同群、授受不親，馬偕要傳福音給婦女是十分困難的，雖然他曾探試各種技巧方法要婦女來參與，但聚會有百分之一婦女參與已算是最佳情態了。馬偕並不是沒有見過年輕、肯專心事奉、熱心的女信徒，不過他體驗到當時的台灣，氣候是外國婦女所難的，華雅各牧師兼醫師於1875年1月29日舉家來台，之後因爲華雅各夫人1877年10月4日病逝於淡水而帶孩子返國，另外閏虔益夫婦於1878年抵淡水，成了馬偕的助手，在台期間，他失去五歲男孩法蘭克，本人亦不大適應本地氣候，而於1882年11月回國療養等等情況，都顯示外國人對台灣濕熱的氣候難以應付。馬偕自己認爲外國婦女需要在鄉下的禮拜堂生活，如果只住在貿易港埠，是無法接近當地婦女們的。賴永祥引用馬偕於1877年12月17日寄給母會海外宣道會主席麥威廉牧師（Rev. Wm. Mclaren）函件（FMC Letter 742）裡的話，可以明白馬偕娶中國婦女爲妻的傳教考量：

> 馬偕寫道：我想起一件事應該告訴您。我在當地（台灣）長久看了婦女一直被輕視、被忽略，當她們丈夫或兄弟守禮拜，她們卻留在家裡而傷心。爲此事我懇求、祈禱、流淚（pleaded, prayed and wept）。因爲這緣故，我經長期祈禱祈求上帝的指示及考慮，我決心要娶一位漢人婦女爲伴侶而爲被放棄的這一群婦女們來工作。她是一位年輕、肯專心事奉、熱心的基督徒。我相信她會一生爲拯救靈魂盡其一切。我或許會錯，但我在這事上的最大動機是「爲救更多的靈魂有所幫助」（To be instrumental in saving more souls）。婦女不是我個人之力所能及的。我心裡相信，在上帝面前漢人、加拿大人其地位是相同的。我行動如前所說。或許您會覺得驚奇，但希望您不要怪我。我謙卑地祈求，請審酌我的動機。人家要怎麼樣想，我倒不認爲重要的。我考慮的，就是如此做，是否爲救更多的靈魂有所幫助，而我相信我能！〔註131〕

〔註130〕郭和烈，《宣教師偕叡理牧師傳》，嘉義：台灣宣道社，1971，頁128～129。
〔註131〕賴永祥，〈史話552 馬偕爲何娶本地妻〉，《台灣教會公報》2538期，2000年10月22日。

　　夫唱婦隨，不僅馬偕夫婦如此，李水車在後龍宣教，助產士妻子張月霞以接生服務，挨家挨戶探訪，智慧結交婦女朋友，終得機會以白話字聖經造就婦女，開啓文盲婦女識字機會及視野。這些都是在後龍傳道人得妻子幫助，開展傳道任務的具體事例。

六、博物傳教

　　馬偕來臺灣，以傳道爲終身志業，做什麼事情都與傳教有切實的關係。他研究臺灣的博物，如天文、地理、礦物、動植物、人種以及宗教等等，馬偕不僅自己研究，也講解傳授給他的學生。馬偕訓練學生觀察自然，期待學生眞實了解自然，進而對創造宇宙萬有、管理萬物的上帝越發敬畏。馬偕自己說：「我常常想要訓練我的學生以眼睛觀察，以心智了解海中、叢樹中和山谷中自然的大信息。」馬偕講解信仰，同時教學生觀察大自然。〔註132〕馬偕多次經由新港社往獅潭底向山區原住民佈道，他在日記中記載了沿途所看見的壯麗山川、台灣動植物，讚嘆上帝創造的奇妙！

　　從逍遙學院一直到牛津學堂、女學堂，看見馬偕熱衷學習、研究學問和教育信徒，自本身起到他的傳道學生或傳道人的妻子，還有女學堂中平埔族的宣道婦等等，可說都深受馬偕博物好學研究精神所影響。博學多聞，大大助益其講道。

七、活潑的講道

　　馬偕好學、勤於記錄和觀察的特質，豐富他對百姓講論神的道，活潑有力且能說服人！柯維思：「先生（指馬偕）雄辯。先生講道時，非常活潑，生氣勃勃。許多成年人都說：『我小時候曾聽過偕牧師的講道，至今，其講道的大部分還記得呢！』」另一位學生嚴彰：「恩師馬偕博士是我六十年之久所經驗過的講道最好的人。凡聽過博士講道的人，都覺得不管他講得多長的道，也聽不厭。」從他的學生讚美他講道有力可以知道，馬偕堅毅的傳教精神加上本身博學多聞，自然而然將當地自然、人文、宗教的事例融入他的講道中，清楚證實上帝的能力、保護、經綸、愛和恩典，不僅在人心裡也在這大自然的環境裡。這即是馬偕採用大自然爲教材來講課傳道的方式。〔註133〕

〔註132〕郭和烈，《宣教師偕叡理牧師傳》，嘉義：台灣宣道社，1971，頁112～115。
〔註133〕郭和烈，《宣教師偕叡理牧師傳》，嘉義：台灣宣道社，1971，頁115～116。

　　馬偕學生中不少人是塾師出身，有豐富的漢學背景。在後龍的傳道人蕭
東山，即漢醫蕭大醇長老之三子，蕭東山本身是位雄辯家，勇敢之士，能言
善道。李水車傳道在後龍佈道期間，也善用其漢學長才，設計海報講道，有
條有理，引進佈道團到後龍傳道，配合當時文化敲鑼打鼓，吸引人來聽道。
盧文獻牧師在後龍牧會時，也曾邀請基層福音隊下鄉佈道，採用宣傳車掃街
廣告，招攬百姓來聽道。傳道人爲傳揚眞道，因應社會文化處境經常巧妙創
意！

八、關心社會議題和環境衛生

　　馬偕關心社會的問題，知道吸菸、喝酒對健康不好，所以提倡禁菸、禁
酒運動；關心婦女纏足的痛苦，提倡放腳會等改革社會惡俗的運動。郭和烈
發現「自偕牧師起，至今（筆者按：1971 年）北部教會的傳教者與信徒，大
體上沒有吸菸喝酒的習俗。這是從偕牧師的禁菸、禁酒運動而來的。從此形
成北部教會好的傳統。」除此之外，馬偕注重禮拜堂禮外的美觀整潔，例如
在 1886 年 4 月溼熱難耐的梅雨季節期間，馬偕整理新竹禮拜堂後，接著到後
壠，花了九天的時間整修清理油漆禮拜堂。

　　我們從馬偕差派傳道學生前往地方教會駐堂時，馬偕都會剪夾竹桃及連
翹這二種植物，讓傳道者帶到禮拜堂去栽培種植，美化禮拜堂的環境等細節，
發現馬偕對環境美觀衛生的重視。由於馬偕初到台灣時，傳道旅行下榻的旅
店，不是與牲畜同處，就是蚊蟲多、氣味雜，衛生條件相當惡劣的環境，讓
他和傳道學生幾乎得不到好的休息，這些經歷可能也促使馬偕在教會建築物
的規劃，將傳道人居住的地方安排在教會裡，一方面是就近管理教會、教導
照顧會友，另一方面也希望傳道人能有一個乾淨衛生的生活環境。〔註 134〕根
據西元 1887 年 3 月 24 日黎約翰寫給沃卓帕牧師（Rev. Dr. Wardrope）信函，
記載馬偕和嚴清華巡視噶珠蘭地區的教會、陳火巡視淡水及其附近地區教
會、黎約翰則巡視竹塹地區教會（桃子園、紅毛港、竹塹、中港、後壠）。黎
約翰強調他所見的教堂仍然保持整潔。

　　　「……發現各個教會的傳道師都堅守崗位，每座教堂也像往常那般
　　　乾淨整潔。您或許奇怪我們爲何經常強調乾淨，但在這裡的我們實
　　　在太經常看到其它地方的髒亂，光是乾淨就是很大的對比了。我們

〔註 134〕郭和烈，《宣教師偕叡理牧師傳》，嘉義：台灣宣道社，1971，頁 442～448。

也能很愉快地在這些教堂休息，而不需時時小心，害怕並處到週遭的東西。……」〔註135〕

馬偕自述「……在北台灣宣教區的西岸，從後壠教會再走一天的路程就到教區的界限。若要巡視各個宣教據點，每天都可再一處教堂過夜，再也不需進入骯髒黑暗又潮濕的中國客棧。……我相信簡單、乾淨和節約的建築，整個教區都是如此。」〔註136〕

多年後，隨著教會開拓建立，教堂成爲馬偕旅行佈道關心信徒時最好的旅店。遠遠優於馬偕初到台灣旅行佈道當時他認爲最好的中壢旅店──皇后客棧。

九、培訓本地傳道學生

觀察外國宣教士難於適應台灣北部瘴癘濕熱的氣候，以及考量人事經濟成本〔註137〕，同時考量本地教會日後長遠的發展，馬偕一開始就積極培養當地傳道學生。從馬偕日記所載，馬偕起初是通過與人討論或解答問題，開始信仰教育工作，後來第一批信徒受洗後，陸續有更多人來向他問道理，因此晚上的時間幾乎都是馬偕自學或教育學生的時刻。牛津學堂開校以前，八年無校舍之「逍遙學院」時期，學生跟著馬偕在山上海邊樹下，研究各種知識，認識世界地理和歷史。1882 年淡水牛津學堂第一屆入學生 18 名，進入更有系統地培育本地信徒。據張聰明在 1887 年 12 月 31 日寫給哈維夫人的信函描述，馬偕開設女學堂所設計的課程，首先是聖經，第二是羅馬字的閱讀和書寫，第三是縫製、修補並洗滌自己的衣服，第四是廚房的工作、衡量準備並烹煮食物，第五是教導對她們有用的任何資料，〔註138〕如此啓迪女學生的見識，培養許多宣道婦，讓她們回到家之後能助益家庭和傳道工作。不論從哪裡來

〔註135〕 陳冠州、Louise Gamble 總編輯，《北台灣宣教報告III：馬偕在北台灣之紀事 1885～1889》，台北：明燿文化，2015，頁 50。

〔註136〕 陳冠州、Louise Gamble 總編輯，《北台灣宣教報告III：馬偕在北台灣之紀事 1885～1889》，台北：明燿文化，2015，頁 214。

〔註137〕 根據 1888 年 3 月 29 日黎約翰寫給寫給沃卓帕牧師（Rev. Dr. Wardrope）信函，記載當時有 40 多位本地傳道師在各地駐堂，他們 10 個人的聘薪還少於一個外國宣教師的薪水。陳冠州、Louise Gamble 總編輯，《北台灣宣教報告III：馬偕在北台灣之紀事 1885～1889》，台北：明燿文化，2015，頁 83。

〔註138〕 陳冠州、Louise Gamble 總編輯，《北台灣宣教報告III：馬偕在北台灣之紀事 1885～1889》，台北：明燿文化，2015，頁 229。

的信徒，他都不厭其煩或由他親自教導〔註139〕、或由學生分擔教導工作，教導學生唱詩，訓練學生反覆練習講道。黎約翰記載馬偕注重學生傳講福音的技巧與成就，注重演說術、日常行為舉止、並經常練習辯論技巧，馬偕取材內容主要來自聖經和大自然，他們在牛津學堂的課程多樣化，文學、神學和科學訓練都包含在內。〔註140〕

這些傳道師中包含各個階層的人士，他們曾經是教師、農夫、商人、木匠、油漆匠、藥師、漁夫、演員、作家、佛教徒、道教教士、乩童和儒學家。〔註141〕在馬偕旅行佈道時，他必帶著學生實地見習操練，幫助本地信徒建立信仰基礎，同時具體關心教會現狀。朝夕相處的師徒制，以生命影響生命，傳承信仰。

除此之外，馬偕注重孩童的信仰教育，1891 年間聘雇 8 位老師教導 150 位孩童，孩童必須學習中文字、白話字和聖經真理，並且必須接受測驗。他們學習舊約問答、新約問答、天文、地圖、馬可福音、69 篇詩篇與聖詩、讀寫白話字等科目。〔註142〕

基督信仰核心之一就是分享愛的生命。馬偕在北台灣成功拓展宣教任務，與不斷教導「基督徒門徒職分」的根本真理有很大的關係。歸信基督的人被教導，上帝的恩典給予他們，並不只益其本身，同時也藉由他們將真理福音傳給別人。宣教中最令人感到歡欣安慰的，莫過於看到那些歸信基督的人，自己甫從過去的黑暗中掙脫出來，就積極熱切地去幫助別人來接近這真理的光。從人的立場來說，許多教會之所以被建立，並不是單單由於宣教師的功勞，也由於已歸信之人的熱心，和他們那種為基督奉獻的進取精神，積極在宣教路上，找到最特出和有用的工人，就像安德烈找到他的弟兄西門彼

〔註139〕根據 1887 年 2 月 26 日馬偕寫給寫給沃卓帕牧師（Rev. Dr. Wardrope）信函，記載他測驗學生的學科項目，如 1.中國歷史 2.中國詩 3.自然史 4.天文學 5.植物學，採集研究花 6.地理及亞洲自然地理學 7.生物學，實地解剖研究豬內臟 8.生理學 9.貝類學 10.常用本地藥物 50 種 11.地質學，馬偕收集的標本等等，以及舉行信仰辯論比賽，以聖經為課本，試驗新舊約教義問答。陳冠州、Louise Gamble 總編輯，《北台灣宣教報告III：馬偕在北台灣之紀事 1885～1889》，台北：明燿文化，2015，頁 45～47、90。

〔註140〕陳冠州、Louise Gamble 總編輯，《北台灣宣教報告III：馬偕在北台灣之紀事 1885～1889》，台北：明燿文化，2015，頁 118。

〔註141〕陳冠州、Louise Gamble 總編輯，《北台灣宣教報告III：馬偕在北台灣之紀事 1885～1889》，台北：明燿文化，2015，頁 79。

〔註142〕《北台灣宣教報告IV：馬偕在北台灣之紀事 1890～1893》，頁 126～127。

得一樣，並帶他去見耶穌。〔註 143〕通過在北台灣的宣教工作，馬偕於 1895
年描述「……做人正直、堅忍，對基督信仰堅定、宣教服務從不懈怠，這樣
的人，今天在北台灣的宣教教會裡，有數百人，而他們也將爲任何基督教國
度裡的社群或教會增光。……」〔註 144〕

　　傳道前輩在北臺灣傳喜信開拓教會的經驗路徑，值得後生晚輩宣教參
考。通過前人寶貴的傳道智慧，鑑往知來，變通應用於基督徒傳道使命。事
實上，在臺灣宣傳福音本來就不是容易的事，因爲臺灣宗教的思想方式異於
基督教思維。我們從梅甘霖牧師在其傳道經歷，表述他對當時臺灣宗教理解
的心得「我們若以爲從基督教來臨以後，他的啓示是人人皆知，人人可解，
那麼我們就錯了。」〔註 145〕馬偕也認爲「若有人或宣教會認爲一個好的理論，
必能通用在世界各地，因而無須去考慮社會力量、生活習俗，甚或氣候的影
響，那就犯了嚴重的錯誤。」〔註 146〕過去文盲多、加上經濟困難的處境，多
數人無心也不會主動去理解基督教這個信仰。馬偕本身勤於研究也教導傳道
人必須勤於探討合適的宣教策略，黎約翰在 1888 年 4 月 7 日的信函，就記載
馬偕一再叮嚀他用心研究並檢討其它教區及北台灣的宣教方法，如此才可能
提出適用於此地更好的宣教方式。〔註 147〕當時運用拔牙、給藥醫病、探視關
懷、教育、教唱聖詩、教導聖經等種種方式滿足當時人的需要，因而傳開了
基督耶穌救贖的福音。

　　社會經濟文化環境已經變遷，世代已經交替，今日的後龍教會並不是當
年李水車牧會的講義所、也不是馬偕時代的後壠教會或新港社禮拜堂，然而
不變的是人是「從信耶穌是基督」而成爲信徒，絕非從世代遺傳承襲基督信
仰。綜觀現今台灣環境，健保制度爲醫療提供相當保障，教育普及開化民智；
交通便捷促進人群移動；手機網路普及，資訊和知識不再是某階層人群的專

〔註 143〕 馬偕，《福爾摩沙紀事：馬偕台灣回憶錄 From Far Formosa》，林晚生譯，台
　　　　　北：前衛，2007，頁 141～151。聖經約翰福音第一章第 35～42 節。

〔註 144〕 馬偕，《福爾摩沙紀事：馬偕台灣回憶錄 From Far Formosa》，林晚生譯，台
　　　　　北：前衛，2007，頁 327。

〔註 145〕 台灣基督長老教會總會歷史委員會編著，《臺灣基督長老教會百年史》，台南
　　　　　市：新樓書房，1995，頁 73。

〔註 146〕 馬偕，《福爾摩沙紀事：馬偕台灣回憶錄 From Far Formosa》，林晚生譯，台
　　　　　北：前衛，2007，頁 274。

〔註 147〕 陳冠州、Louise Gamble 總編輯，《北台灣宣教報告III：馬偕在北台灣之紀事
　　　　　1885～1889》，台北：明燿文化，2015，頁 89。

利，只要「有心」探詢眞理，人人都有充分的機會得以閱讀聖經、或聆聽傳道者解經證道。

　　然而快速變動的社會和多元價值衝擊的大環境，使人心在複雜變動的價值選擇中更容易迷網及失落，我們從精神憂鬱病患增長、倫常失序、價值衝突增生……等社會躁動變異，可知現代人承受更多新興的壓力和衝突。自古以來關於人從何處來？要往何處去？如何安身立命？不是哲學就是宗教生命議題。本文論及基督教信仰，在後龍地區到目前爲止，還不是多數人會去主動探索研究的。關於基督赦罪賜平安的眞理，必須「有心人」來實踐傳揚，聖經羅馬書第 10 章第 14 到 17 節：

> 然而，人未曾信他，怎能求他呢？未曾聽見他，怎能信他呢？沒有傳道的，怎能聽見呢？若沒有奉差遣，怎能傳道呢？如經上所記：報福音、傳喜信的人，他們的腳蹤何等佳美。只是人沒有都聽從福音，因爲以賽亞說：主啊，我們所傳的有誰信呢？可見信道是從聽道來的，聽道是從基督的話來的。

　　基督教信仰是從願意活出被改變的生命、經歷神，而逐步發展成長。信徒經歷神的恩典，以合適的語言說明眞理，方能具體傳揚復活耶穌的福音，引導眞裡追尋者在聖經及上帝的愛裡享受眞平安。〔註148〕

〔註148〕馬偕，《福爾摩沙紀事——馬偕台灣回憶錄》，林晚生譯，台北：前衛出版社，2007，頁 121～124。

第五章　結　語

　　馬偕在後壠的宣教任務，到 1893 年（屆滿 20 年）可以說是大復興，二間教會的信徒都超過百人，後壠教會信徒比例佔後壠街區當時人口數達 5%、新港社教會則占新港社全居民高達 26%，整體而言當時後壠信徒比例達 10%。馬偕過世後，傳道學生接續在後龍牧養這二間教會，雖不見輝煌統計紀錄，但二間教會依然存續約 34～40 年（以新港社教會 1873～1912 年、後壠教會 1879～1912 年計算）。

　　後龍地區的教會曾經浮沉於歷史洪流中，然於西元 1932 年有李水車、1955 年又有蔡信續等傳道人接續在後龍傳揚基督福音，宣揚救恩關心人的靈性。身為後龍當地的信徒，回顧傳道前輩在此牧養的勞苦，以及教會起起落落的變化，的確我們是踏著前人披荊斬棘所拓之路往前行。

　　現今處境確實迥異於過去，然地方教會非以扎實的聖經真理教育，基督信徒非以無比的確信和勇氣、誠信的生活見證，難以在民間信仰多元之地，擺脫親族的鄙視或抵制反對。除此之外，教會對於普羅大眾的關心不能僅圈於教堂圍牆內，應當「將光放在桌子上，而非藏於斗底下」，把握與世俗對話的機會，研究了解所處環境之政治社會文化生活樣態，住民遭遇的難處，甘願定根在本地，以愛和接納實踐真理，適時展現表達定根於本地的關懷行動。繼續在此地成為活的見證，展現誠實光明之基督徒生活方式。

　　進行本研究的同時期，巧逢台灣基督長老教會總會籌辦馬偕宣教 150 週年紀念活動，相關歷史研習或史冊陸續翻譯出版，其中尤以《福爾摩沙紀事》新譯本、第一手史料《馬偕日記》、《北台灣宣教記錄》等中譯本出版，提供更充分的資料進行地方教會歷史探究，這些史料直接助益筆者從中抽絲剝繭、拼湊馬偕在後龍地區傳道工作的樣貌，認識此地宣教歷史的辛酸。根據

《台灣基督長老教會百年史》和《教會史話》，我們將傳道人服務教會工作的軌跡和信徒故事，依序對照排序其人曾在後龍地區工作的記載，恐難免有疏漏，望前輩先進不吝指教，以為後續研究之修正。

筆者從「賴永祥長老史料庫」之網路資源，取得許多珍貴的研究資料，又獲得與筆者同教會的信仰前輩，提供過去教會存續之關鍵口述史實，林林總總方得彙整馬偕在後龍地區及原住民區域傳福音的部份史實。礙於筆者史學訓練粗淺、學術能力有限，整體而言，本研究尚處於努力拼湊彙整教會零星史實、以及歸納傳道者自述記實等日記或文獻，屬於基礎性之地方教會歷史研究，重點在於重現地方教會歷史發展脈絡，串結可考故事編織教會歷史。所探究的成果僅是教會歷史議題中極微小的點，盼能有益於身處此地的信徒或其家庭，進一步了解後龍信仰前輩如何辛勤耕耘栽植，以至於來者得蔭其福澤，有根有基效法美好信德者，繼續傳揚耶穌基督的好消息。筆者心願以教會歷史研究考證，摘下這段拼湊串結的教會歷史紀錄，為所委身的後龍教會貢獻微薄的心力。

至於日據時期與後龍地區相關的教會歷史資料，本文的研究明顯非常薄弱，期待有心人接續教會研究工作時，發揮研究和省思的精神，繼續寫下這地方教會展新接續的新頁。關於本研究涉及牧師館建堂的詮釋，因非本研究者探討的焦點，又礙於筆者研究素養仍待加強，僅能引用信仰前輩盧牧師於教會簡史的研究分析。

隨著長老教會史料或譯本出現，探究地方教會歷史的研究論文也逐年增加。近年來國內有多篇大專院校論文，例如 2005 年黃欣怡碩士論文〈隆田基督長老教會的成立與發展〉，2011 年李靖唐碩士論文〈埔里愛蘭長老教會的設立與發展〉，2012 年蔡孟芹碩士論文〈富里基督長老教會的成立與發展〉，2015 年康雅貞碩士論文〈台灣基督長老教會的傳教及發展──以台南新化教會為例〉，2015 年連嬌美碩士論文〈台灣基督長老教會艋舺教會之創立與發展〉，2015 年施惠固碩士論文〈台南玉井基督長老教會研究〉……等等都是探究個別地方教會歷史沿革或信徒信仰歷程。其中研究者多數與筆者相似，是該研究教會之信徒，對於理解所處教會的歷史源流，似乎不約而同興起地方教會尋根運動，並以學術論文具體呈現各地方教會之史實是斑斑可考。這些個別教會歷史的研究成果，若能百花齊放，點點相銜，或有益於豐富台灣基督長老教會更詳實的歷史全貌。

　　教會設立，所爲何來？很明顯地是基於信仰的忠實「攏是爲基督」（All for Christ）。對現今教會而言，這群受上帝呼召的人，如果背後的動力不是來自「攏是爲基督」的精神，教會難逃墮落的命運，而成爲「人的組織」、中產階級的「俱樂部」，雖其榮景如野地的百合花，儘管今時茂盛，卻難逃明日凋零的命運；若不是爲了基督，教會必成失味的鹽，終將被上帝丟棄。〔註1〕

　　教會歷史如何接續下去？不是研究者的巧思構築，乃是傳道者本著愛、善行，遵照聖經眞理，去使萬民做上帝的門徒，奉父子聖靈的名爲他們施洗，教導信徒遵行聖經眞理。行道信徒得勝的生命故事，好比華鍊上那極寶貴的珍珠，以愛串結教會歷史。

〔註1〕 林昌華，〈馬偕：攏是爲基督（All for Christ）〉，《台灣教會公報》3102 期，2011年 8 月 8～14 日，頁 11。

參考文獻

（一）出版之著作

1. 中村孝志，《荷蘭時代臺灣史研究上卷概說產業》，台北：稻鄉，1998。

2. 尹章義總編纂，《後龍鎮志》，苗栗：苗栗縣後龍鎮公所，2002。

3. 代國慶，《聖母瑪利亞在中國》，新北市：臺灣基督文藝，2014。

4. 伊能嘉矩著，楊南郡譯，《臺灣踏查日紀》上冊，台北：遠流，2015。

5. 安倍明義，《臺灣地名研究》，台北：武陵，2000。

6. 江日昇，《臺灣外紀》，臺北市：新文豐出版公司，1997。

7. 余文儀，《續修臺灣府志》，台北：台灣銀行經濟研究室，1962。

8. 呂榮泉總編輯，《苗栗地名探源》，苗栗：苗栗縣地名探源編輯委員會，1981。

9. 宋國英編纂，《重修苗栗縣誌交通志》卷十三，苗栗：苗縣府，2005。

10. 李末子，《人間天使：李水車行愛北台灣》，台北：宇宙光全人關懷，2002。

11. 李末子，《人間天使：李水車行愛北台灣》修訂版，台北：宇宙光全人關懷，2006。

12. 沈茂蔭，《苗栗縣志》，南投：臺灣省文獻委員會，1996。

13. 沈茂蔭，《苗栗縣志》，臺北：臺灣銀行經濟研究室，1962。

14. 阮昌銳，《臺灣民間信仰》，臺北：交通部觀光局，1998。

15. 卓淑娟編纂，《重修苗栗縣志役政志》，苗栗：苗縣府，2005。

16. 周鍾瑄，《諸羅縣志》，臺北：臺灣銀行經濟研究室，1962。

17. 林文進總編，《漁豐米足後龍鎮》，苗栗：苗栗縣政府，1996。

18. 花松村編纂，《台灣鄉土續誌》第一、五冊，台北：中一出版社，1999。

19. 胡家瑜，《道卡斯新港社古文書》，台北：國立台灣大學出版社，1999。

20. 胡衛清，《從教育到福音》，台北：宇宙光全人關懷，2006。

21. 若林正丈、吳密察編，《臺灣重層近代化論文集》，臺北：播種者文化公司，2000。

22. 范揚坤編纂，《重修苗栗縣志卷一大事志》，第一冊，苗栗：苗縣府，2005。

23. 徐清明編纂，《重修苗栗縣志卷五住民志》上冊，苗栗：苗縣府，2007。頁214。

24. 馬偕著、陳宏文譯，《馬偕博士日記》，台南：人光出版社，2001。

25. 高拱乾，《臺灣府志》，臺北：臺灣銀行經濟研究室，1960。

26. 偕叡理著，北部台灣基督長老教會大會史蹟委員會策劃翻譯，《馬偕日記 I II III》，台北：玉山社，2012。

27. 偕叡理著，林晚生譯，《福爾摩沙紀事——馬偕台灣回憶錄》，台北：前衛出版社，2016。

28. 張瑞恭編纂，《重修苗栗縣志住民志》，苗栗：苗縣府，2007。

29. 張德水，《臺灣種族地名政治沿革》，台北：前衛，2002。

30. 連橫，《臺灣通史第一冊》，臺北：臺灣銀行經濟研究室，1962。

31. 郭和烈，《偕叡理牧師傳》，嘉義：台灣宣道社，1971。

32. 陳水木、潘英海編著，《道卡斯族後壟社群古文書輯》，苗栗：苗栗縣文化局，2002。

33. 陳冠州、Louise Gamble 總編輯，《北台灣宣教報告 I II III IV V：馬偕在北台灣之紀事 1868～1901》，台北：明燿文化，2015。

34. 陳國棟，《臺灣的山海經驗》，台北：遠流出版社，2005。

35. 陳培桂，《淡水廳志》，臺北：臺灣銀行經濟研究室，1963。

36. 陳運棟編纂，《重修苗栗縣志卷首》，苗栗：苗縣府，2007。

37. 森宣雄、吳瑞雲著，《台灣大地震——1935年中部大震災紀實》，台北：遠流，1996。

38. 湯錦台，《大航海時代的台灣》，台北：如果，2011。

39. 黃叔璥，《臺海使槎錄》，臺北市：臺灣銀行經濟研究室，1957。

40. 黃武東等編著，《台灣基督長老教會歷史年譜》，台南：人光出版社，1995。

41. 黃智偉，《省道台一線的故事》，台北：如果出版社，2011。

42. 黃新發，《苗栗我的家鄉》，苗栗：苗栗縣政府，1992。

43. 黃鼎松等撰述，《苗栗縣文化資產彙編上冊》，苗栗：文化觀光局，2012。

44. 黃鼎松編纂，《重修苗栗縣志人文地理志》，苗栗：苗縣府，2007。

45. 黃鼎松編纂，《重修苗栗縣誌卷八宗教志》，苗栗：苗縣府，2007。

46. 楊英，《從征實錄》，南投：臺灣省文獻委員會，1995。

47. 廖綺貞編纂，《重修苗栗縣志地政志》，苗栗：苗縣府，2006。

48. 臺灣省文獻委員會，《重修臺灣省通志》，卷七政治志，建置沿革篇，南投：臺灣省文獻委員會，1991。

49. 臺灣基督長老教會年鑑編輯小組，《台灣基督長老教會設教 120 週年年鑑》，台北：台灣基督長老教會總會，1985。

50. 臺灣基督長老教會編輯，《認識臺灣基督長老教會》，台北：使徒出版社，2008。

51. 臺灣教會公報週刊，《古早教會巡禮》，台南：台灣教會公報社，2007。

52. 臺灣銀行經濟研究室，《清高宗實錄選輯》，台北：國史館台灣文獻館，1997。

53. 臺灣銀行經濟研究室編，《番社采風圖考》，臺北：臺灣銀行經濟研究室，1961。

54. 遠流台灣館編著，《臺灣史小事典》，台北：遠流，2000。

55. 劉定國監修，《臺灣省苗栗縣志（卷首)》，苗栗：臺灣省苗栗縣文獻委員會，1960。

56. 鄭世楠，葉永田，徐明同，辛在勤等著，《台灣十大災害地震圖集》，台北：交通部中央氣象局地震測報中心，1999 年。

57. 鄭連明主編，《臺灣基督長老教會百年史》，台南：新樓書房，1995。

58. 鄭鵬雲，曾逢辰編，《新竹縣志初稿》，臺北：臺灣銀行經濟研究室，1959。

59. 賴永祥，《教會史話（一)》，台南：人光，1990。

60. 賴永祥，《教會史話（二)》，台南：新樓書房，1995。

61. 賴永祥，《教會史話（三)》，台南：新樓書房，1995。

62. 賴永祥，《教會史話（五)》，台南：人光，2000。

63. 賴永祥，《教會史話（四)》，台南：人光，1998。

64. 戴寶村著，《近代台灣海運發展：戎克船到長榮巨舶》，台北：玉山社，2000。

65. 蘇文魁，《台灣女婿黑鬚番》，台南：教會公報社，2012。

（二）教會出版

1. 〈1989 年後龍教會週報集〉，苗栗：後龍教會，1989。

2. 〈1990 年後龍教會週報集〉，苗栗：後龍教會，1990。

3. 〈1991 年後龍教會週報集〉，苗栗：後龍教會，1991。

4. 《台灣基督長老教會總會第卅二屆通常年議事錄》，台北：長老教會總會，1985。

5. 《台灣基督長老教會總會第廿九屆通常年議事錄》，台南：長老教會總

會，1982。

6. 《和合本聖經》，香港：聯合聖經公會，1961。

7. 《第三回新竹中會中會紀錄》，1940 年 2 月 20 日，召集於臺北神學校會堂。

8. 《第三回新竹中會臨時中會紀錄》，1940 年 5 月 23 日，召集於臺北神學校會堂。

9. 《第四回新竹中會中會紀錄》，1941 年 2 月 28 日，召集於臺北神學校會堂。

10. 台灣基督長老教會音樂委員會編輯，《聖詩》，台南：人光，2003。

11. 台灣基督長老教會總會信仰與教制委員會發行，《教會禮拜與聖禮典》台語漢字版，台北：永望文化，2005。

12. 台灣基督長老教會總會傳道委員會編印，《台灣基督長老教會一覽表 1963～2016》，台北：台灣基督長老教會總會，1963～2016。

13. 台灣基督長老教會總會歷史委員會編著，《臺灣基督長老教會百年史》，台南：新樓書房，1995。

14. 朱三才主編，《2011 台灣基督教會教勢報告》，台中：基督教資料中心，2012。

15. 朱三才主編，《2013 台灣基督教會教勢報告》，台中：基督教資料中心，2014。

16. 後龍長老教會編輯小組，《老樹嫩芽：感恩見證集》，苗栗：後龍教會，2008。

17. 陳宏文譯，北部臺灣基督長老教會史蹟委員會，《北部臺灣基督長老教會的歷史》。原 1923 年北部臺灣基督長老教會禧年紀念部編輯發行；臺南：人光，1997 年。

18. 黃六點主編，《台灣基督長老教會北部教會大觀－北部設教百週年紀念刊》，台北：台灣基督長老教會北部大會，1972。

19. 黃武東等編著，《台灣基督長老教會歷史年譜》，台南：人光出版社，1995。

20. 鄭連明主編，《臺灣基督長老教會百年史》，台南：新樓書房，1995。

21. 盧文獻，《後龍教會簡史》，收錄於《老樹嫩芽：感恩見證集》，新竹：未刊稿，1998 年 6 月 29 日。

（三）期刊論文

1. 王政文，〈改宗所引起的家庭與人際衝突：以十九世紀臺灣基督徒為例〉，《臺灣文獻》第六十三卷第四期，2012 年 12 月，頁 12～13。

2. 朱眞一，〈北台灣的醫界故事－馬偕牧師的拔牙故事（上）〉，《台北市醫師公會會刊》第 58 卷第 1 期，2014 年 1 月。頁 82～86。

3. 朱真一，〈北台灣的醫界故事──馬偕牧師的探險（3）新港社行〉，《台北市醫師公會會刊》第 57 卷第 10 期，2013 年 10 月。頁 80～85。

4. 朱真一，〈北台灣的醫界故事──誰輔助馬偕牧師的醫療服務？〉，《台北市醫師公會會刊》第 56 卷第 12 期，2012 年 12 月。頁 80～85。

5. 朱真一，〈馬偕牧師對臺灣醫療的貢獻及影響〉，《台北市醫師公會會刊》第 52 卷第 4 期，2008 年 4 月，頁 78～53。

6. 吳志仁，〈2012/7/16 領受恩典回報主恩～吳志仁牧師〉，台灣基督長老教會牧師、傳道師在職暨退休福利委員會發行，《傳福之聲》49 期，2012 年 7 月 16 日。

7. 吳學明，〈終戰前在臺基督教派關係之研究〉，《臺灣文獻》第六十三卷第四期，2012 年 12 月，頁 128。

8. 吳學明，〈臺灣基督長老教會的三自運動（一八六五～一九四五）〉，《臺北文獻》直字第 121 期，頁 86。

9. 林昌華，〈馬偕：攏是為基督（All for Christ）〉，《台灣教會公報》3102 期，2011 年 8 月 8～14 日，頁 11。

10. 林昌華撰，〈甘為霖牧師：一位十七世紀台灣教會史的研究者〉，《台灣風物》，54 卷 1 期，2004 年 3 月，頁 167～182。

11. 林治平，〈提起筆來，寫下歷史！──華人基督教史與我〉，《基督教與華人文化社會研究中心通訊》第三期，桃園：中原大學基督教與華人文化社會研究中心，2014 年 3 月，頁 5～6。

12. 查時傑，〈臺灣教會史之研究現況─以基督新教近五十年的相關史料介紹為例〉，收入於林治平主編，《從險學到顯學：二○○一年海峽兩岸三地教會史研究現況研討會論文集》，台北：宇宙光，2002 年，頁 93～156。

13. 韋煙灶，曹治中，〈桃竹苗地區臺灣閩南語口音分布的區域特性〉，《地理學報》第 53 期，2008 年 9 月，頁 49～83。

14. 張妙娟，〈臺灣基督長老教會史研究之回顧與展望──以近二十年來學位論文為中心〉，《史耘》第六期，2000 年 9 月，頁 133～140。

15. 陳梅卿，〈清末加拿大長老教會的漢族信徒〉，《臺灣風物》第 41 卷第 2 期，1991 年 6 月，頁 40。

16. 陳朝棟，〈獅潭的山林與地景史〉，《苗栗文獻》第 21 期，2002 年 10 月，頁 6～12。

17. 楊克隆，〈帝國之眼審視下的番俗采風──以黃叔璥《臺海使槎錄·番俗六考》所著錄歌謠為例〉，《文史台灣學報》創刊號，2009 年 11 月，頁 39。

18. 廖安惠撰，〈兩個太陽底下的台灣教會──日治末期教會面臨的難題〉，《台灣教會公報》2392 期，1998 年 1 月 4 日，頁 10～11。

19. 潘稀祺著，〈馬偕醫院的籌設者──宋雅各醫生〉，《路加》第 241 期，財團法人中華基督教路加傳道會，2009 年 3 月。

20. 蘇文魁主編，〈淡水教會第一位信徒嚴清華〉，《滬尾江河淡水教會設教 120 週年紀念冊》，1992 年 10 月，頁 138～141。

（四）學位論文

1. 李靖唐，〈埔里愛蘭長老教會的設立與發展〉，台中：中興大學歷史學系所碩士論文，2011。

2. 施惠固，〈台南玉井基督長老教會研究〉，台南：長榮大學台灣研究所碩士論文，2015。

3. 康雅貞，〈台灣基督長老教會的傳教及發展──以台南新化教會爲例〉，桃園：中央大學歷史研究所碩士論文，2015。

4. 張惠妹，〈清代後壠地區的開發與社會變遷〉，台北：師大歷史研究所碩士論文，2008。

5. 張雅玲，〈北部台灣長老教會研究（1872～1945）〉，高雄：中山大學碩士論文，1990。

6. 連嫦美，〈台灣基督長老教會艋舺教會之創立與發展〉，台南：長榮大學台灣研究所碩士論文，2015。

7. 陳東昇，〈十九世紀後期西方傳教士眼中的臺灣漢人社會〉，台北：台灣師範大學碩士論文，2015。

8. 彭奕靈，〈薪火相傳：從牧師家譜歷史人物檔案──論歷史中上帝恩典的記號〉，台北：台灣神學院道學碩士論文，2013。

9. 黃欣怡，〈隆田基督長老教會的成立與發展〉，台南：成大歷史所碩士論文，2005。

10. 蔡孟芹，〈富里基督長老教會的成立與發展〉，臺東：東華大學台灣文化學系碩士論文，2012。

11. 蔡昇彰，〈日治時期臺灣「特別輸出入港」之研究〉，桃園：中央大學歷史研究所碩士論文，2008。

12. 魏廷原，〈傳統復振與發明：苗栗道卡斯族新港社儀式展演的民族誌研究〉，南投：暨南大學碩士論文，2010。

（五）網站資料

1. 台灣歷史數位圖書館（THDL），http://thdl.ntu.edu.tw/

2. 台灣河川復育網，http://trrn.wra.gov.tw/

3. 台灣基督長老教會教勢統計，http://churchstat.pct.org.tw/intro.htm

4. 長老教會總會，http://www.pct.org.tw/

5. 苗栗縣戶政網，http://mlhr.miaoli.gov.tw/tables2.php?y=102&m=7&unit=

6. 清代汛塘分布，http://thcts.sinica.edu.tw/themes/rc06.php

7. 葉高華，地圖會說話，http://mapstalk.blogspot.tw/2010/02/1684-1945.html

8. 道生神學院，https://zh-tw.facebook.com/DaoShengShenXueYuanTaosheng
   TheologicalSeminary/info

9. 臺灣文獻叢刊資料庫，http://tcss.ith.sinica.edu.tw/cgi-bin/gs32/gsweb.cgi/
   login?o=dwebmge&cache=1495017632527

10. 臺灣日日新報，http://2011hj01.litphil.sinica.edu.tw:8035/login_rrxin.htm

11. 賴永祥長老史料庫，http://www.laijohn.com/

12. 鯤鯓工作室，http://blog.xuite.net/ccy1217/Formosa/66405556

附錄一：馬偕與新港社、後壠及鄰近地區的互動來往

序號	日期	停留天數	傳教士及同行者	停留地點
1	1872.10.10-13	4	馬偕、嚴清華	新港社
	1872.10.14-22	9	同上、遇德馬太、甘爲霖	大社、內社
			馬偕、嚴清華	
	1872.10.23	1		新港社
2	1872.11.27-30	4	2 位新港社人	淡水
3	1872.12.10		新港社人	淡水
4	1872.12.28-29	2	馬偕、嚴清華、巴克斯船長、挑夫	新港社
			同上，和 30 位新港社民	
	1872.12.30-31	2	馬偕、嚴清華、巴克斯船長、挑夫	原住民區
	1873.1.1-1.2	2		新港社
5	1873.4.3	1	馬偕、嚴清華、甘爲霖	新港社
	1873.4.4-12	9	馬偕、嚴清華及其團隊	原住民區
	1873.4.13-14	2	馬偕、嚴清華	新港社
6	1873.5.24-28	5	馬偕和學生	新港社
	1873.5.29-30	2	同上	獅潭底
7	1873.7.18	1	馬偕和學生、領事巴伯及隨從	新港社
	1873.7.19-21	3	馬偕和學生、領事巴伯、平埔番、原住民	獅潭底、原住民區
	1873.7.22	1	馬偕和學生、領事巴伯、平埔番	新港社
8	1873.10.3-5	3	馬偕和學生	新港社
	1873.10.6-7	2	同上	內社
	1873.10.8	1	同上	新港社
	1873.10.9-10	2	馬偕和學生、遇見嚴清華	獅潭底原住民區
	1873.10.11-12	2	馬偕和學生	新港社

9	1873.11.27	1	馬偕和學生、好博遜海關長	新港社
	1873.11.28-30	3	同上	獅潭底
	1873.12.01	1	同上	新港社
10	1873.12.31- 1874.01.02	3	馬偕、嚴清華和學生、新港人 （料理許銳的後事）	新港社 山裡
11	1874.3.27-29	3	馬偕和學生	新港社
12	1874.5.8-10	3	馬偕和學生	新港社
	1874.5.11-12	2	馬偕和學生	獅潭底、新港
13	1874.6.26	1	馬偕和學生（嚴清華在此工作）	新港社
	1874.6.27-30	4	馬偕和學生	後壠、猫裡
14	1874.10.24-25	2	馬偕和學生	新港社
	1874.10.26-27	2		內社
	1874.10.28	1		新港社
15	1874.12.30-31	2	馬偕和學生	新港社
	1875.01.01	1		原住民區
	1875.01.02-03	2		新港社
16	1875.4.7	1	馬偕和學生計 34 人	新港社
	1875.4.8-9	2		內社
	1875.4.10-11	2		原住民區
17	1875.11.12	1	馬偕	新港社
	1875.11.13- 1875.12.30	47	12/21-23 臺灣府會議	沿內社南到 臺灣府、打狗
	1875.12.31- 1876.01.02	3		新港社
18	1876.10.20-23	4	馬偕、Corner、甘爲霖、巴克禮	新港
19	1877.10.31-11.5	6	馬偕和學生、德馬太醫生從猫裡來	新港
20	1878.04.06-07	2	馬偕和學生	新港、後壠、溪州
	1878.04.08-09	2	馬偕和學生、會見李庥夫婦	內社
	1878.04.10	1	馬偕和學生	新港
21	1878.06.10-13	4	馬偕和妻子張聰明、陳雲騰、陳火、 連和	新港
22	1878.11.26	1	馬偕	新港
	1878.11.27-28	2	馬偕、閏虔益	後壠
23	1879.09.02	1	馬偕	新港
	1879.09.03	1		後壠
24	1879.10.01-02	2	馬偕	新港、後壠
25	1879.11.7-9	3	馬偕（從南部台南府往北來）、張聰 明、閏虔益、蔡生、劉和	後壠、新港、中港
	1879.12.27- 1881.12.19		馬偕第一次回加拿大述職 p.s. 1880.07.04 連和現在新港講道	加拿大 煙布羅 Embro

26	1882.01.30 1882.01.31	1 1	馬偕、巴得勝（Petersen）	後壟 新港
27	1882.05.05	1	馬偕	後壟、新港
28	1882.09.05 1882.09.06 1882.09.07	1 1 1	馬偕	後壟 大甲 後壟、新港
			1883 的日記無下落	
29	1884.03.11-12	2	馬偕	後壟、銅鑼、 苑裡、後壟
	1884.10.21- 1885.04.19		馬偕一家五口和佣人、黎約翰全家、 學生葉順、劉在、連和、蔡生、洪湖	滯留香港
30	1885.05.11-12	2	馬偕	後壟
31	1886.02.16 1886.02.17		馬偕和學生	後壟 新港、中港
32	1886.04.12- 1886.04.20	9	馬偕和學生 整修禮拜堂	後壟
33	1886.12.29	1	馬偕	後壟
34	1887.04.01 1887.04.02	1 1	馬偕和學生、柯爾曼	中港、新港、 後壟、中港
35	1887.11.03-4 1887.11.05	2 1	馬偕和學生	月眉、頭份 後壟、中港
36	1888.03.21	1	馬偕和學生、後壟傳道人和民眾	中港
37	1888.08.30	1	50 位從南部靠近後壟來的人	淡水
38	1888.11.28 1888.11.29	1 1	馬偕 52 位病人洗禮 10 位按立劉閩、 劉遠、陳阿協三位長老及二位執事 馬偕和學生、中港傳道人洪湖、新港 潘通士、臺灣府的涂牧師	後壟 銅鑼、內社、貓 裡、新港、中港
39	1889.07.09	1	來自後壟的寡婦淑，跟著馬偕學習	淡水
40	1889.11.03-04		馬偕和學生	中港、後壟 中港
41	1890.11.10-11 1890.11.19	2	馬偕和學生 蕭東山、陳大興、劉澄清？ 三位新港社信徒到淡水拜訪馬偕	從月眉經斗 煥坪、頭份到後壟
42	1891.07.11-12 1891.07.13	2	馬偕和學生、客家人	後壟、獅潭底 土牛、三灣、內灣
	1891.08.23		劉澄清演講	淡水

43	1891.12.30	1	馬偕和學生	中港
	1891.12.31- 1892.01.01	2		後壠
	1892.01.02-04	2		大甲、內社
	1892.01.05	1	盧嘉敏醫生	後壠
	1892.01.06	1		中港
44	1892.10.02	1	馬偕和學生	中港、土牛、後壠、新港
	1892.10.03	1	客家人	田寮、獅潭底
45	1893.06.06		馬偕和學生	土牛、後壠、新港獅潭底
	1893.06.07		後壠 160 人，新港 244 人。	
	1893.08.18- 1895.11.19		馬偕第二次回加拿大述職	加拿大
46	1896.04.08	1	馬偕和學生、日本人	中港、新港、貓裡、後壠
47	1896.11.10- 1896.11.15	6	馬偕和學生、柯玖、大宜見牧師	後壠、貓裡、新港
48	1897.11.05	1	馬偕和柯玖、李貴	後壠
	1897.11.06	1	馬偕和柯玖	田寮
	1897.11.07	1	馬偕和柯玖、陳三的兒子江德	新港中港土牛
49	1898.09.25	1	馬偕和柯玖	後壠
	1898.09.26	1		新港、田寮
	1899.03.09		馬偕將偕瑪連許配陳清義，偕以利許配柯玖	淡水
50	1899.05.28	1	馬偕和柯玖	中港、新港
	1899.05.29	1		外埔
	1899.05.30	1	林有能傳道師	後壠、田寮、土牛
	1899.09.04		林有能傳道師到淡水報告後壠教會狀況	淡水
51	1899.12.18	1	馬偕和柯玖	外埔
	1899.12.19	1	同上	新港、後壠、田寮
	1899.12.20	1	馬偕和柯玖、鍾阿妹、林有能、鍾添枝、林眞方、林瑞興、林石方，林義、林禮、林智、林信	愛寮腳、田寮
	1900.02.14		陳德從後壠拿 6 座祖先牌位和 2 個偶像去淡水給馬偕	淡水
	1900.04.09		兩位來自新港的朋友拜訪	淡水
	1900.05.09		魏金遜醫生爲水腫的新港婦女手術	淡水

附錄二

表一　牛津學堂開校以前，八年間（1872～1880）無校舍時期學生 21 名

年份	1872	1873	1874	1875	1876	1877	1878	1879
馬偕的學生	嚴清華	吳寬裕 王長水 林孽	陳榮輝 蔡生 洪胡 連和	姚陽 劉和	蕭大醇	陳雲騰 蕭田 陳能 陳萍 陳九 陳存心	李炎 李嗣	陳芳德 陳王

表二　淡水牛津學堂 1882 第一屆入學生 18 名

（馬偕博士於 1872 年 3 月 9 日登陸淡水，於 1882 年 9 月 14 日牛津學堂開校）

學生姓名	洪安	陳厄	高振	曾俊	郭主	陳才	劉在
所在地	八里坌	南港仔	雞籠	水返腳	崙仔頂	水返腳	八里坌
學生姓名	陳英	高才	李牛港	陳和	李貴	許菊	葉順
所在地	五股坑	雞籠	崙仔頂	五股坑	竹塹	新店	滬尾
學生姓名	陳順枝	何獅	劉琛	陳添貴			
所在地	紅毛港	雞籠	高茶坑	五股坑			

表三　淡水牛津學堂 1899 最終屆入學生 36 名

學生姓名	胡昌	郭水龍	葉金木	連天枝	柯新約	林佛梨	潘阿新
所在地	三結仔街	崙仔頂	雞籠	坑仔	大稻埕	北投	打馬煙
學生姓名	陳阿德	林水柳	李俊德	林清潔	王春生	羅何春	林達久
所在地	劉劉仔	三角湧	武暖	雞籠	馬祖田	通霄	南崁
姓名	林煙	張成	陳霖	林發	陳千	劉阿明	潘 TuTai
所在地	五股坑	五股坑	北投	五股坑	北投	大竹圍	打馬煙
學生姓名	郭福生	潘水木	葉塗城	陳筆	王俊	鄭聰	陳德
所在地	紅毛港	北投	新竹	南安	白沙墩	外埔	溪洲
學生姓名	葉永能	曾清財	張金波	簡登賢	李太發	偕恩貴	陳富貴
所在地	外埔	水返腳	林洲城	茄苳林	冬瓜山	董門頭	唭里岸
學生姓名	張欉						
所在地	唭里岸						

資料來源：
1. 柯設偕教授 1975 年 9 月 25 日調查報告。
2. 馬偕的學生名錄（柯設偕），http://www.laijohn.com/Mackay/MGL-students/0/ Koa,Skai.htm，2016/8/2 檢索。

附錄三：新港早期受洗者名單

茲錄下新港早期受洗者名單，值得注意是新港平埔社民多姓「劉」！

序號	時間	人數	信徒姓名
1	1875 年 4 月 11 日在新港社教會受洗	2	劉閩（54 歲） 劉和（26 歲，劉遠之子，後任傳道，1885 年 3 月 7 日死於宜蘭。） 註：劉閩或就是劉遠的堂弟，兩人均於 1888 年 11 月 28 日任長老。
2	1877 年 11 月 4 日在新港社教會受洗	15	劉遠 59 歲（1893 年歿）， 劉遠嫂 58 歲（1882 年 10 月 24 日歿）。 劉閩嫂 47 歲， 劉和嫂 31 歲（1888 年 9 月 20 日歿）， 劉乞 67 歲（1879 年 6 月 24 日歿）， 劉乞嫂 71 歲（1879 年 6 月 28 日歿）， 劉法 32 歲（1888 年 11 月 28 日任執事），劉法嫂 30 歲， 劉阿眈 41 歲（1889 年 6 月 7 日歿）， 劉安門 45 歲閃（參見《教會史話》532），劉永勝 25 歲， 劉福嫂 69 歲（1884 年 5 月 4 日歿）， 劉換 5 歲（女）， 鐘有年 62 歲， 鐘有年嫂 63 歲。
3	1879 年 11 月 9 日在新港社教會受洗	8	劉阿眈 43 歲，劉水勝嫂 21 歲， 劉傳勝 17 歲，劉貢勝 1 歲， 劉天勝 3 歲，劉富勝 3 歲， 劉紀 43 歲，劉阿生 29 歲

4	1883 年 8 月 11 日	2	陳燕 1 歲（女），王腓比 2 歲（女）
5	1888 年 10 月 21 日在八里盆受洗	2	劉澄清 40 歲（秀才，後任傳道師），劉粧新 8 歲（秀才劉澄清之子）。
6	1888 年 11 月 4 日在和尚洲（洲裡）受洗	1	劉澄清嫂 29 歲。

資料來源：賴永祥，〈史話 531 新港社民劉氏入信〉《台灣教會公報》2516 期，2000 年 5 月 21 日。

附錄四：西元 1891 年到 1894 年新竹縣教堂情況調查紀錄

教堂 時間傳道人	新竹城內教堂	月眉庄教堂	紅毛港教堂	中港街教堂	土牛庄教堂	新竹北門外 左畔教堂	大湖口教堂
1891.8.27	陳鵬爲和妻子及二子二女，教民或百餘十人 ○施醫 ○給藥 ×育嬰	陳克華和妻子及三子，教民40-50人 ×施醫 ×給藥 ×育嬰	教民萬勇 ×施醫 ×給藥 ×育嬰	李昆弟 ×施醫 ×給藥 ×育嬰		施醫 給藥 育嬰	
1892.11.8 ↓ 1893.4.9	劉澄清和妻子3男3女 ○施醫 ○給藥 ×育嬰	陳克華和妻子一子 ×施醫 ×給藥 ×育嬰	劉慶雲和妻子及一幼女30餘人 ×施醫 ○給藥 ×育嬰	莊耕周 教讀讚新到 教民40多 ○施醫 ○給藥 ×育嬰 ×教讀	林天送 教民20餘人 ○施醫 ○給藥 ×育嬰	○施醫 ○給藥 ×育嬰 ×教讀	北勢仔庄教堂，許圳清，教民20餘人 ○施醫 ○給藥 ×育嬰
1893.7.11	劉澄清和妻子3男3女 ○施醫 ○給藥 ×育嬰	林耀宗 ○施醫 ○給藥 ×育嬰	林煥章和妻子及子、媳，30餘人 ×施醫 ○給藥 ×育嬰	莊耕周 教讀讚新到 教民40多 ○施醫 ○給藥 ×育嬰	林天送 教民20餘人 教讀 ○施醫 ○給藥 ×育嬰 ×教讀	○施醫 ○給藥 ×育嬰 ×教讀	
1893.9.29 ↓ 1893.10.11	謝雅藍和妻子1男和妻2媳 ○施醫 ○給藥 ×育嬰	林耀宗 ○施醫 ○給藥 ×育嬰	林煥章和妻子及子、媳，30餘人 ×施醫 ○給藥 ×育嬰	莊耕周 教民40多 ○施醫 ○給藥 ×育嬰	林天送 教民20餘人 ○施醫 ○給藥 ×育嬰	左畔教堂，張仁壽 ○施醫 ○給藥 ×育嬰	北勢仔庄教堂，許圳清，教民20餘人 ○施醫 ○給藥 ×育嬰
1894.1.29 ↓ 1894.4.1	謝雅藍和妻子1男和妻2媳 ○施醫 ○給藥 ×育嬰	林耀宗 ○施醫 ○給藥 ×育嬰	林煥章和妻子及子，30餘人 ×施醫 ○給藥 ×育嬰	莊耕周 教民40多 ○施醫 ○給藥 ×育嬰	林天送 教民20餘人 教讀 ×施醫 ○給藥 ×育嬰 ×教讀	洪昌年 ×施醫 ○給藥 ×育嬰	北勢仔庄民移到大湖口教堂，許圳清 ○施醫 ○給藥 ×育嬰
1894.4.28	謝雅藍和妻子1男和妻2媳 ○施醫 ○給藥 ×育嬰	林耀宗 ○施醫 ○給藥 ×育嬰	林煥章和妻子及子、媳、40餘人 ×施醫 ○給藥 ×育嬰	莊耕周 教民40多 ○施醫 ○給藥 ×育嬰	陳福年 教民20餘人 ○施醫 ○給藥 ×育嬰	洪昌年 ○施醫 ○給藥 ×育嬰	許圳清 教民20餘人 ○施醫 ○給藥 ×育嬰
1894.7.12 ↓ 1894.10.7	謝雅藍和妻子1男和妻2媳 ○施醫 ○給藥 ×育嬰	林耀宗 ○施醫 ○給藥 ×育嬰	林煥章和妻子及子、媳、40餘 ×施醫 ○給藥 ×育嬰	莊耕周 教民40多 ○施醫 ○給藥 ×育嬰	陳福年 教民20餘人 ○施醫 ○給藥 ×育嬰	洪昌年 ○施醫 ○給藥 ×育嬰	許圳清 教民20餘人 ○施醫 ○給藥 ×育嬰
1894.12.28 ↓ 1895.1	謝雅藍和妻子1男和妻2媳 ○施醫 ○給藥 ×育嬰	曾南昌 ○施醫 ○給藥 ×育嬰	林煥章和妻子及子，教民40餘人 ×施醫 ○給藥 ×育嬰	莊耕周 教民40多 ○施醫 ○給藥 ×育嬰	陳福年 教民20餘人 ○施醫 ○給藥 ×育嬰	洪昌年 ○施醫 ○給藥 ×育嬰	張仁壽 和許圳清 教民20餘人 ○施醫 ○給藥 ×育嬰

整理自國立臺灣大學圖書館《淡新檔案》（TH11509）。台灣歷史數位圖書館(THDL)，http://thdl.ntu.edu.tw/，2017/7/12檢索。

附錄五：「破除流血土地的咒詛」講道

2008.3.2 主日講道 黃益祥長老

李笑珠姊妹整理

　　經文：「只要他們向我禱告，並且謙卑悔改，離棄他們所做的壞事，我就會從天上垂聽他們，赦免他們的罪，重新使他們的土地繁榮起來。」（歷代志下七：14）

　　有一位小男孩暑假時和他的姐姐到鄉下的外婆家玩，外婆家房子很大，空地很大，更美的是，外婆家後面有一座山，小男孩帶著一把玩具槍，要到山裏打獵，但是他一整天都沒有打到獵物，就垂頭喪氣的回外婆家，剛好在他眼前出現一隻鴨子，他就拿玩具槍去射牠，可能距離太近了，一槍就把牠打死了，這是外婆養的鴨子，他很緊張，趕緊把屍體埋在附近的木材底下，除了小男孩和姐姐看到以外，沒有別人看見。於是他就和姐姐商量：「姐姐拜託，請不要講出去，不然外婆知道了，一定會把我罵慘，而且會把我們趕回去，我們就不能在這裏玩了。」姐姐說：「好，我絕對不說出去這個秘密。」這時，外婆叫他們二人去吃飯，吃飯時小男孩觀察外婆，覺得沒什麼異狀，就安心地去休息了。這時外婆叫姐姐洗碗，姐姐回答：「外婆，弟弟說他很喜歡洗碗，弟弟說他要洗啦!」就回頭對弟弟說：「不要忘記鴨子的事。」弟弟只好表現得很喜歡洗的樣子去洗碗了。第二天清早，外公對姐弟二人說：「你們二人和我去溪邊釣魚吧!」二人高興不已，但外婆臨時加上一句：「姐姐你留下來和我去買菜吧!」姐姐回答說：「外婆，弟弟說他喜歡去逛市場，所以他說要陪你去買菜，我陪外公去釣魚。」就轉頭對弟弟說：「不要忘記鴨子的事情。」弟弟咬牙切齒陪外婆去買菜。接著二天，弟弟每天加倍做家事，姐姐卻快樂的享受她的假期，弟弟愈想愈生氣，愈不甘心，最後他主動去對外婆說：「外婆，我要告訴你一件事，但是妳不能生氣哦!那隻鴨子是我打死的，但是我不

是故意的，是不小心的，你可以罵我，但是不要把我趕回去。」外婆說：「這件事我早就知道了。」弟弟問：「那你爲什麼沒有罵我，把我趕回去？」外婆說「傻孫子，那天的事情，我剛好從窗戶裏看得一清二楚，因爲我愛你，我知道你不小心打死鴨子，所以我早就原諒，但是我不知道你還要做你姐姐的奴隸到什麼時候？」

在我們的生活中，常常會不小心得罪神，得罪人，我們就要來到神面前悔改認罪，得到赦免，因爲天父上帝愛我們，像外婆愛孫子一樣，早就赦免我們了。不要像小男孩一樣把罪偷偷放在心裏，在心裡自己責備自己，害怕會得到處罰，讓魔鬼撒旦有合法的地位進入你的心裏綑綁你的心靈，壓抑你的意志。我們到底要當魔鬼的奴隸到什麼時候呢？

經文：創世紀 4：1～12——我們的始祖亞當、夏娃原本在伊甸園非常快樂，但自從聽從蛇—魔鬼的話以後，背逆神的旨意，被趕出樂園，他們就必須汗流滿面，才得糊口。但是神憐憫他們，賜給他們二個兒子，老大叫該隱弟弟叫亞伯，該隱從小看見他父母在田裏工作，長大就跟著父母在田裏種田。亞伯出生時，可能五穀、蔬菜、水果都夠了，長大後他就牧羊，每早晨擠牛奶給全家人喝，他是牧羊人。當二個小孩長大成人時，亞當對他們說：「當你們有收成時，要向上帝獻上感謝的祭。」所以該隱就將土產獻給神。亞伯是將頭生的羊，宰了，把內臟、油脂一起獻給上帝，而且當火燃燒到油脂時很香。聖經說：「上帝悅納亞伯的獻祭，不悅納該隱的獻祭。」

當我高一時讀到這節經文，覺得很納悶，難道上帝是吃葷的不吃素嗎？不是的。因爲該隱是到田裏割些五穀蔬菜，就放在祭壇上，隨便獻祭。但是亞伯是這樣，他從眾羊群中選最上好頭生的羊，用虔誠的心獻祭。這讓我想起一件事：有一次週五和明機、雪芳去探訪時，明機在車上向我介紹後龍有三種名產：花生、地瓜、西瓜。但是這幾年風不調、雨不順，所以沒有好出產。明機說：「我有預感，今年後龍的西瓜一定很棒。」就馬上打電話給朋友：「今年西瓜若有出產，『頭番』的西瓜幫我留下來，我要送人。」我聽了很感動，我想自己不過只是上帝卑微的僕人，明機因爲尊敬我，準備出熟的西瓜要送我，何況我們更應該尊敬創造宇宙萬物的上帝。祭物有沒有被接納完全在於心態，不在所獻的東西，假使該隱拿初熟的土產、選最好的、洗得乾乾淨淨，放在祭壇上，上帝一樣會接納的。

經文：希伯來書 11：4，由於信心，亞伯比該隱獻了更好的祭物給上帝，

他藉著信心，贏得上帝的讚許，被稱為義人，因為上帝親自悅納他的禮物。他雖然死了，仍舊藉著這信心說話。亞伯被神接納是因為「信」，什麼是「信」？因為他將上帝當做上帝來敬拜、感謝、榮耀祂，所以他被接納不是因為那隻羊，是他的信心。該隱為什麼不被接納？因為他所行的是惡的。他行什麼惡？只有一件：他父母告訴他神是創造宇宙萬物者，但他卻對神隨便、馬虎，不把神當作神來敬拜、感謝祂。該隱如此獻祭，神有處罰嗎？沒有。神勸他要悔改。但他有悔改嗎？他愈想愈生氣，心裏想：「為什麼我種的較差，他養的羊較好？」他把氣發洩在弟弟身上。一天，該隱約了亞伯到田裏去，怒火中燒，拿起石頭要教訓弟弟，沒想到竟然把弟弟打死了，滿地是血，該隱就把他埋在土裏，以為沒人看到，連亞當、夏娃都不知道。上帝對該隱說：「你弟弟在哪裏？」他說：「我豈是照管我弟弟的嗎？」上帝說：「你弟弟的血從地下出聲，向我哭訴，你殺他的時候，大地張開口吞了他的血，現在你受詛咒，再也不能耕犁田地，即使你耕種，土地也不生產……。」

在 135 年前，神差派馬偕博士到後龍來傳福音，後龍街上百姓沒有接納他，他只好往東邊山地走，到現在新港社，叫做平埔族住的地方。新港社有分東社和西社，東社有人要信耶穌，西社沒人要信耶穌，在西社有一個人叫劉遠，他剛開始很排斥馬偕，在一次廟會中，他煽動群眾要攻擊馬偕。上帝奇妙的帶領，劉遠有一個弟弟患氣喘病，很嚴重，馬偕對他說：「來吃我給你的藥就會好。」結果真的好很多，他就開始邀請馬偕和他的學生到家裏住。但劉遠很生氣，他不要弟弟接納馬偕。不久，劉遠有一位極疼愛的小女兒生病，到處求神問卜，吃了很多藥都治不好，劉遠只好順著弟弟的意見，請馬偕來醫治他的小女兒。劉遠的弟弟坐船到淡水請馬偕到西社，小女兒果然康復了，於是劉遠在馬偕面前悔改認罪信耶穌，且立志要幫助馬偕在後龍傳福音，就在現在新港社紫雲官旁邊建立後龍第一間禮拜堂，劉遠忠心事奉神二十一年而死。

之後，馬偕回到淡水時派了一位僕人許銳到後龍教會繼續傳福音，很遺憾地，許銳竟被生番─原住民殺害。聖徒的血流在後龍這塊土地，後龍土地受詛咒。135 年來，後龍沒有得到很大的發展與興旺，因為這流聖徒的血給魔鬼撒旦一個合法的地位可以進入後龍百姓的心靈、綑綁人心，使人天天憂愁掛慮，沒有盼望，壓制後龍的發展，這罪隔開了神的愛和祝福。從我探訪至今，聽到這個社區許多賭博、淫亂、貪婪、暴力，罪惡充滿這地方，使這裏

沒辦法發展。教會是社區的一部分，這個咒詛也臨到教會，教會教勢微弱，除了馬偕時代最多有 165 名會友有外，發麵粉、奶粉時期不算，信徒只有 1 到 20 名而已。怎樣才能破除這個詛咒呢？

　　上帝的話說：「我會看顧這聖殿，垂聽在這裏所獻的禱告，因為我選擇了它，使它分別為聖，作為永遠敬拜我的地方，我要時時看顧它，保護它。」（代下 7：15～16）

　　耶和華的聖殿是代表神同在的記號。在舊約摩西將會幕製作好了放在西乃山下，此會幕與神的百姓一起出入。到了大衛王時代，大衛想為上帝建聖殿，但是神沒有答應，因為大衛在戰場上殺了敵人，所以神不用流人血的手來建聖殿，神喜悅它的兒子——所羅門來建聖殿。當聖殿完成時他向天舉手，跪下禱告，向神獻上讚美、感謝、悔改、認罪的禱告和祭物。上帝對他說：「我選擇這聖殿作為獻祭給我的地方，當我不降雨、或蝗蟲吃盡農作物、或降瘟疫在我子民身上，只要他們向我禱告，並且謙卑悔改，離棄他們做的壞事，我就會……」（歷代誌下 7：12～14）如果你們像所羅門一樣，半夜聽到神對你說這些話，你會有什麼反應？這是極大的祝福，我會高興得起來跳躍。

　　你相信在三千年前，上帝賜給所羅門和以色列百姓的應許在今天依然會臨到後龍教會及社區嗎？會。只要照著聖經的原則，來到聖殿認罪悔改就能。

　　當我向原住民提到這件事，他回答說是他們祖先的事，而且沒有歷史記載，與他們無關。那要什麼人來為這事認罪悔改呢？感謝神，只要後龍教會眾聖徒來認同祖先聖徒流血的罪，作「認同性悔改認罪」。簡單地舉例：冠錄是後龍的兒子，美玲是後龍的女兒，雪芳是後龍的媳婦，這三位執事承認祖先流聖徒血的罪，不只如此，我們這些外來的信徒，也願意承認後龍教會是我們敬拜的教會，這地百姓是我們疼愛的百姓，我們願意和後龍眾兄姐來認同承擔這流血的罪，到神的面前悔改，就是作「認同性的禱告」。

　　135 年來，沒有一個人為這罪悔改，弟兄姊妹，你是否願意為這罪做認同性的悔改禱告嗎？願意的請舉手。（全數會眾舉手）請起立，舉起右手，和我一句一句的奉耶穌的名禱告：「我認同我祖先流聖徒血的罪，將這罪當成我自己的罪，我也預備心要在聖殿公開正式認罪，懇求聖靈幫助我如何做，才能合你的旨意，討你的歡喜，奉耶穌的名禱告，宣告，阿們。」今天我們不需要像所羅門時代那樣宰了許多牛、羊來獻祭認罪，我們只需要依靠十字架上耶穌的寶血，就能聖過千萬牛、羊的血，祂的寶血要洗淨我們及我們所認同

的罪，且醫治這地，讓這地從今以後風調雨順、五穀豐收、六畜興旺、國泰民安，讓教會得到復興，拯救更多的靈魂，讓社區重新得到興旺。

　　未來一個月，我們有三項重要的行動：（一）4 月 6 日是我們 135 週年紀念主日，在當天要請三位執事代表教會跪在聖殿作悔改認罪禱告。（二）3 月 16 日到 4 月 5 日有 21 天，每天最少有一位信徒為 4 月 6 日的聚會做禁食禱告。（三）3 月 31 日到 4 月 5 日這一週每天晚上 7 點半到 8 點半在教會有禱告會，也是為 4 月 6 日的聚會預備心。我們不要像該隱一樣隨便拿東西來當贖罪祭，要像亞伯那樣預備心，用謙卑虔誠的心將我們最好的，初熟的預備來獻上贖罪祭，這是神所悅納的。

附錄六：後龍教會 135 週年認罪祈禱文 2008.04.06（台語）

慈悲憐憫愛疼阮的阿爸父上帝：

阮讚美祢！阮感謝祢！祢是至高、至大、至尊、至仁愛的上帝，祢是賞賜涼風、活氣、日光、雨水，養飼萬物的創造主。哈利路亞！哈利路亞！哈利路亞！阮讚美祢！

親愛的主耶穌，阮感謝祢！感謝祢在 135 年前，差遣祢忠心的奴僕馬偕牧師來到後龍地區建立教會、傳揚福音、拯救靈魂，感謝祢保守後龍教會 135 年來，雖然微小軟弱，總是猶久存在。

主啊！阮也感謝祢，在眾罪人的中間，揀選拯救阮這些卑微了小的人，用十字架的寶血洗清赦免阮的罪，使阮成爲祢所愛的兒女。阮雖然猶久不完全，雖然不配，總是今仔日阮要

2008/04/06

用做兒女的身份，坦然好膽對祢祈求。懇求主憐憫！阮要謙卑來認同 135 年前，阮的祖先在後龍這塊土地，流聖徒許銳（Joe）的血的罪，將這個罪當作阮自己的罪，用憂傷痛悔的心靈，來到主耶穌十字架的面前，懇求上帝的羊羔的寶血，閣再一次洗清阮個人的罪，赦免阮所認同流血的罪，醫治這塊土地，破除流血的詛咒，使後龍這塊土地及百姓復到祢起初創造的美好。主啊！感謝祢聽阮的祈求，赦免阮的罪，因爲主耶穌祢受鞭打使阮得著醫好，祢受刑罰使阮得到平安。

　　聖神上帝也懇求祢！充滿灌沃在<u>後龍</u>教會每一位信徒的身上，阮要全然悔改，離開歹路，努力行在上帝的眞道，聖神膏油膏抹阮，使阮帶著天父豐盛的愛，活出基督的款式，歡喜將拯救的恩典傳入社區，懇求聖神大權能柔軟後龍百姓的心靈，備辦要來承受福音的種子。

　　懇求主上帝賜福後龍社區，風調雨順、五穀豐收、六畜興旺、國泰民安，賜福每一位百姓，身體健康、事事順利、靈魂飽足，復興<u>後龍</u>教會，得救的人數日日加添。

　　奉主耶穌基督的名祈禱　阿們

附錄七：「芥菜種子的信心」證道

講員：吳志仁牧師 2008.4.6

李笑珠姊妹整理

經文：路加福音 17：6——耶穌說：你們若有信心像一粒芥菜種子。就是對這棵桑樹說，你連根拔起，投到海裡，它也要聽從。

昨天傍晚當我回到後龍時很感動，讓我想起 16 年前教會也像現在一樣在搭鷹架。昨晚看到一些以前的會友，心中很高興，因為已經很久沒有見面了。但是令我更感動的是看到很多陌生的面孔，這表示芥菜種已經開始在發芽，開始長大了。

今天的經文告訴我們，天國像一粒芥菜種，是世上最小的種子。2002年我有二次機會去以色列，第一次去時剛好是芥菜樹開花結果時，我問導遊有沒有芥菜樹可以看？他馬上說旅館外面剛好有一株。那時是六月天，有些已開花，有些也結果。我跳上去採下一顆果子，是小條狀的果子。剝開裏面，種子很小，像灰塵那麼小。聖經說，它的種子雖小，但長大以後像一棵樹那麼大，有飛鳥來停在它上面，在以色列的芥菜樹和台灣的芥菜是同一科，但以色列的特別高大，可以到五公尺高。不在它的微小，是在它的生命力。考古學家曾經挖出一千多年前的種子，把它重新種植，給它適當的水份，陽光，養份，它就能發芽，成長，只要種子仍有生命力。

當我要來參加 135 週年時，重新翻閱台灣的古早教會巡禮一書，裏面介紹台灣建立超過 100 年的教會，後龍教會歷史一篇是我寫的，又翻閱其它教會歷史，發現，有哪一間教會一開始就 100 人、1000 人的？不都是外國宣教

士或當地一些信徒，從一、二個人開始流汗、努力，甚至流血，像後龍教會有宣教士許銳在這裏被殺。

生命力才是關鍵，教會一直被人認為微小，但並不代表永遠微小。這個生命力是透過我們相信主耶穌的生命力。復活節剛過，耶穌死了又復活了，這是我們信仰的確據，假如耶穌沒有復活，我們今天不必坐在這裏了，因為是枉然。不論後龍教會多麼微小、如何被人看不起（台語：給人看無），因為耶穌從死裏復活，我們有了新的生命。

我曾去過以色列的花園公墓，它是一個小墓穴，裏面空無一物，所以你看一眼就想出來。在出口處有一塊牌子寫著，翻成中文是：祂不在這裏，已復活了。如果我們在墓穴裏看到耶穌屍體，我們就要哭了，因為這個信仰是假的。但是我們沒有看到耶穌的屍體，因耶穌復活了，所以我們歡喜快樂。生命力也是一樣。後龍教會一直都被人看不起，但是今天我們相信要重新站起來。我第一次覺得教會空間太小，參加週年慶的人很多。當初杜炳輝建築師在設計會堂時，為了使結構更堅固，就在會堂的前後牆中間多加一根柱子，但我向杜先生說：「前面講台牆中間的柱子可不可以不要加？我盼望以後講台可以往後面車庫移。」「你們，阿們嗎？」「阿們！」（會眾高喊）

路加福音 7 章 6 節，耶穌說：你們若有信心像一粒芥菜種子，就是對這棵桑樹說，你連根拔起，投到海裏，它也要聽從。以色列的桑樹長得像榕樹一樣高大，大約有五層樓高，所以撒該可以爬上桑樹看耶穌。只要我們有像芥菜子那樣微小的信心，就能叫大樹連根拔起投入海裏。你會說，這可能嗎？這可能。後龍教會雖微小，它卻能震動後龍全地。

離開後龍教會 11 年了，但從電視新聞看到的都是不好的消息，像是有一位鄉代表殺人，被判死刑。另外一件爆竹爆炸案，看了心裏很難過。我的小孩也是在這裏出生的。當初我被派到這裏，有中會的長輩說：二年前，後龍教會想要關閉，你知道嗎？但是感謝主，那時的會友他們堅持不要關閉。當我們裏面有耶穌復活的生命時，我們要繼續存在，仍要發揮它最大的功用，影響後龍全地，正如會堂前的標語寫著「社區宣教」一樣。